黄意明　著

先秦儒道名篇精义阐微

上海三联书店

前　　言

在当下的语境中,中国优秀传统文化是个热门的话题,也是一个有点令人尴尬的话题。

一方面,现在的主流意识形态提倡优秀传统文化,在高校和文化系统,研究和传播传统文化变得很时髦。在民间,各种国学班、国学院也如雨后春笋般兴起;但另一方面,过去存在的许多问题仍然没有解决。传统文化产生运用于传统历史时期,其中哪些存有时代的局限性?哪些又具有较恒久的普世价值?也就是过去常说的精华和糟粕,依然没法得到很好的界定。进一步说,这一问题还可关涉到一百多年来讨论的本末体用以及传统与现代关系等问题。由于这些问题并未形成一定的共识,造成的结果就是传统文化或国学表面看起来热闹兴旺,其实基本流于各说各有理的状况;一些人借传统文化为幌子,宣传自己的主张;更有甚者,借传统文化传播一些落后腐朽的观念以牟利,这必然遭到有现代意识和科学观念的人士的抵制。因此怎样看待优秀传统文化,仍是一个重要的命题。

以本人的理解,优秀文化的一个前提是具有创造性或创新性。判定中国古代优秀文化的标准,首先也必须具有原创性。春秋战国时期，大一统的王官之学被打破，各种思想和思想家纷纷涌现，出现了儒家、道家、墨家、名家、阴阳家等很多学说，这些学说都具有极高的创造性和创新性，影响了后来的中国历史文化。其次，优秀传统文化应该具有独立性，他们不应该依赖于某种体制或政权，相反，优秀文化思想还有教化规范统治者和影响民众的作用，不是"学成文武业，货与帝王家"的学问。历史上以董仲舒为代表的今文经学，因为应和了汉代统治者的需要，在汉代地位很高，所谓"罢黜百家，独尊儒术"，但独尊虽然提高了儒家的地位，影响了汉代大一统的意识形态，却也有负面影响。独尊的代价是在某些情况下不得不割裂原来的儒家思想以削足适履，而"罢黜百家"则直接消除了儒家可以争论互动的对象，削弱了其思辨性与合理性，所以后代儒者往往不承认其正统地位，宋明理学甚至直接将周敦颐接续孟子，认为儒家的道统断裂了一千年。再次，优秀文化必须具有超越时代局限的普世价值，如孔子提出的"己所不欲，勿施于人"，《中庸》提出的"不诚无物"，老子提出的"道法自然"和墨子提出的"兼爱非攻"等思想，在今天的世界上仍然具有指导价值。

基于以上三个标准，本人以为先秦的诸子百家之学中的合理思想，无疑最符合优秀传统文化的标准。

本人感兴趣的专业为中国哲学和美学等，这本著作是我在上海戏剧学院所授课程《中国哲学史》（本科生）和《中国古典文化名著导读》（研究生）的讲稿基础上选择、思考、整理而成的，相关内容也在其它的院校包括一些机构讲过。多年的讲课和研究，使我逐渐形成了对中国传统经典阐释的如下理念。

第一，对中国传统经典的阐释，应该与时偕行，成为今天文化建设的有机组成部分。

先秦的思想家们，在提出自己的思想时，有很高的自我期许，他们并不认为仅仅在为自己的时代立言，而是希望"百世以俟圣人而不惑"。人类的价值，例如对"真善美"的追求，对"诚"的追求，对仁爱与慈悲的追求，具有恒久的普适性，但这些理念，在不同的时代，不同的环境中，会有不同的运用和表现，因此美好的价值观必须契理和契机，具有共时性和历时性。《周易》提出的"唯变所适""与时偕行"，《中庸》提出的"君子时中"，庄子提出的"与时俱化""以和为量"等思想，都符合这一原则。因此我们今天讨论先秦儒道的经典，照着先贤的注解重新讲解一遍，虽然不为无益，但意义毕竟有限，我们应该承接宋明理学"接着说"的传统，在契理的前提下，注重传统文化的创造性转化和现代性阐释，这样就能更好地服务于当代社会。

第二，对中国传统经典的阐释，应该具有比较角度，他者眼光。

今天的世界已经全球化，现代西方文化是一种强势文化，民主和科学也是今天人类的发展方向。现代中国人中的大多数也都或多或少地受过西方知识的熏陶，今天如果再关起门来自说自话，已经没有意义，和他者文化增加交流，平等对话，不仅能增加文化的内涵，也是在建设一种面向未来的新文化。

第三，对中国传统经典的阐释，应该感悟和思辨并重。

过去我们的教育比较偏重感悟，教师讲学生听，不理解的地方自己悟。现在某些国学院尤其是针对童蒙的教育仍然停留在这种方法上。今天看来,这有着很大的局限性,并不是一个好方法。教学过程必须有疑问,有反思,有驳难。这样才能让传统经典所表达的理念更为契机。这也是《中庸》所提倡的方法,"博学之,审问之,慎思之,明辨之,笃行之"。当然中国的学问具有知行合一的特质,这一点还是应予继承。

这部《先秦儒道名篇精义阐微》著作,就是以上这些想法的初步尝试,或许有些经验可供参考,但笔者也知道,要真正完善对传统经典的现代阐释,还有很长的路要走。

本书共有六篇组成,其中前三篇"《大学》精义阐微""《中庸》精义阐微"和"《周易·说卦传》精义阐微",是关于先秦儒家经典的解读;后两篇"《庄子·齐物论》精义阐微""《庄子·秋水》精义阐微",是对先秦道家经典的解读;最后一篇"《礼记·月令》精义阐微",是因为《月令》综合了儒道阴阳家等多种思想,时代又较后,所以放在本书最后解读。

真诚地希望得到方家的批评指正!

黄意明

2023.1.30

目　录

第一篇　理想的人格

《大学》精义阐微

概　　说

　　《大学》原是《小戴礼记》中的一篇,《小戴礼记》的编者是戴圣,西汉人。戴圣的叔叔戴德编辑了《大戴礼记》,后人称他们为大小戴。《大戴礼记》中记载了很多先秦礼仪的内容,包括一些传统的历法等。《小戴礼记》又称《礼记》,流传下来的一共有四十九篇,大部分文章的时代很难确定,有少部分学者认为是春秋时代,较多学者认为是战国时代的,还有一部分认为可能是汉代成立以后编写收集的。《礼记》主要记载儒家有关礼的规定和对礼的认识。按照汉代学者刘向《别录》的分类,《礼记》可分为"通论""制度""祭祀""明堂阴阳记"等十一类,其中《大学》和《中庸》属于"通论",后面将讨论的《月令》属于"明堂阴阳记",而按照今人台湾学者高明《礼学新探·礼记概说》的分类,《礼记》可分为"通论"、"通礼"和"专论"三部分,《大学》《中庸》属于"通论"部分,《月令》属于"通礼"部分。《礼记》和《周礼》《仪礼》合称三礼。《大学》是《礼记》中的一篇。

《大学》过去一般认为是曾参写的,曾参是孔子的学生,他主要活动的时期大概在春秋末期到战国初期。现在学术界对《大学》的作者有不同的看法,认为不一定是曾参写的,但普遍承认是孔孟弟子所作。古代儒家无论是思想还是文章著作都讲求传承,故《礼记》中另一经典《中庸》也有说是孔子之孙子思写的,但不一定由他独立完成。孔子有众多弟子,有所谓"七十二贤人",因此《大学》《中庸》确定为孔门遗书,这一点毋庸置疑。

到了北宋二程时代,程颢、程颐非常重视《大学》和《中庸》,觉得这两篇文章反映了儒家的某种思想体系和理论体系,非常重要。因为即使是儒家最重要的典籍《论语》,也并没有完整的思想体系,它只是记录了孔子及弟子们的言行。《孟子》中有些专题讨论,比如说人性是善还是恶,仁义礼智是先天的还是后天的等等,但是这些专题讨论还不够严谨,也不能直接反映出儒家的思想体系,而《大学》《中庸》两篇文章结构严谨、思路清晰,所以在唐代的时候就有人开始推崇这两篇文章。这里有个历史要提一下,从东汉到魏晋南北朝再到隋唐,中国出现并发展了一种新的思想,就是来自印度的佛学,印度的佛教思想体系是很严谨的,论证逻辑非常清晰,这与我们中国的思维方式较为不同。我们中国人一直到现在也不太喜欢逻辑的,老百姓吵架也不太讲逻辑的,大家都是情绪用事,这一点在网络上表现得尤其明显。但是印度的人、印度的佛学不一样,他们非常重视逻辑。佛教有一种学问叫"因明学",相当于西方的逻辑学。这种学问重视概念、判断、推理,注重前提和结论。当然佛学里面还有本体论、心性论、宇宙论、解脱论等内容，也非常重要。

佛教思想传到中国以后，吸引了中国读书人的注意力，当时的文人觉得佛学思想非常精妙，前所未见，许多原本学习孔孟老庄的人也被吸引过去研究佛学。然而，儒学主体是统治思想，是入世哲学，佛学作为出世之学，一旦将中国的知识分子都吸引过去，维护国家统治的力量便会被削弱。所以到唐代天下一统后，像韩愈等一些知识分子感觉到了这个问题，开始重新提倡儒家思想，但影响并不很大。直至宋代周敦颐、张载之后，这部分知识分子慢慢将佛学的思想吸收了，同时也吸收了一些道家的思想，建构出了一个新体系。之后的程朱理学进一步借鉴了道家的本体论和宇宙论，吸收了佛教的心性论和体用观，强化了原本的儒家思想。

具体表现为，二程和朱熹发现原本《大学》、《中庸》中就有本体论和心性论的思想，只是过去没有标注与强调，于是他们重新对这一部分进行了梳理和阐释。这里需要指明的是，中国的哲学思想一直以来就有一个非常重要的特点，即通过不断阐释来推出新的思想。一方面是"我注六经"，学者通过注释的方式来表达他们对经典的理解，不同的注家解释不可能完全相同，这样就会有新思想产生。另外一种是"六经注我"，用儒家经典来表明自己的思想。相当于现代西方阐释学所谓的"视域融通"。程朱等人对《大学》和《中庸》的解读，在这两方面都有体现。比如朱熹注的《四书章句集注》，是中国文化的经典，但其中的解释，就不一定符合原作者的意思。北京大学做先秦学术研究的学者李零，就曾提到宋明理学中的儒家思想有较多发挥，并不是原作的意思。

但是，研究宋明理学的人觉得程朱理学或者陆王心学这样的研究没有什么不好，它把儒家原本较少的或隐含着的思想说出来了，只有这样中国的学术思想才能够发展。冯友兰先生把解读《大学》《中庸》的二程朱子等，称作新儒家。冯先生认为新儒家的特点是"接着说"，而不是像两汉郑玄等注释家是"照着说"。

宋明理学思想究其根本还是在原有的思想基础上生发出来的，是把儒家隐含着的心性论、天道观开发出来。孔子在《论语》中不提天道，不讨论宇宙的相关问题，也不直接定义"道"是什么。宋明理学则将这些心性论、天道观、宇宙论都开发出来，并重新解释定义。《论语》和《孟子》在儒家的地位原本就是极高的，但《论语》是语录体的散文，《孟子》是专题性的论文，二者都缺乏系统性，因此二程在《礼记》中重新发现了思想比较系统的《大学》和《中庸》，自此《大学》与《中庸》成为了儒家的经典，与《论语》《孟子》合称"四书"。之后朱熹从中年开始注解《四书》，直到临终之前，终于完成了《四书章句集注》，包括对《大学》《中庸》《论语》和《孟子》四本儒家经典的阐释。元代以后，《四书章句集注》成为科举考试的必读书，特别是明清考试的八股文，对《四书》的解释都用朱熹的注，考试不允许发挥己意。

事实上，《大学》文章的前后顺序，朱子做过调整，和《大学》原本并不完全相同，历史上的另一些大儒，如王阳明、刘宗周等，对《大学》的理解和朱熹也并不完全一样，但是由于朱熹的《四书章句集注》成为官方指定教科书，成了主流意识形态，因此影响最大。我们此次讨论《大学》的思想，主要也是参考朱熹的解读。

二程对《大学》的评价非常高，他们说《大学》是孔门遗书，是初学入德的门径，通过《大学》，你就可以看到古人读书的次序。古人读书与现代人不同，现在有的小朋友幼儿园就开始学剑桥英语，学唱歌、跳舞。古人需要先学做人，学有余力再去学文艺，文艺是末，道德是本。孔子说："弟子入则孝，出则弟，谨而信，泛爱众，而亲仁。学有余力，则以学文。"（《论语·学而》）讲的就是这样一个次第。因此，二程的看法是有依据的，也符合《大学》的内在思路。

这里先说明一下《大学》名称的意义。汉代郑玄《礼记目录》说："名曰《大学》者，以其记博学可以为政也。"郑玄认为"大学"为"博学"，即广泛地、广博地学习的意思。朱子认为，"大学者，大人之学也。"后人一般较认同朱子的说法。所谓"大人"是和"小人"相对的概念，前者指统治者或有文化的人，后者则指没有受过教育的人，这样"大人之学"就指成为统治者和有德之人的学问。

王阳明对"大人"有一个独特的解释，很有启发性。他在《大学问》一文中提到："大人者，以天地万物为一体者也。其视天下犹一家，中国犹一人焉。若夫间形骸而分尔我者，小人矣。"他认为大人就是把自己看作和他人及世界具有相关性、一体性的人，而小人则是指那些认为自己和他人及世界不具相关性的人。这样"大人之学"就变成培养人与万物一体感情的学问。而过去一般说法是统治阶级是大人，不当官的庶民是小人，或说有道德修养的是君子、是大人，没有道德修养的人就是普通人、小人。

"其视天下犹一家，中国犹一人焉。"王阳明认为"大人"

能把天下看作一个大家庭，互帮互助。现在我们中的一些人热爱慈善事业，会帮助非亲非故的穷苦人，这样的人就是"大人"。当然，这并不意味着我们现在要把钱全部拿出来送给贫穷的非洲人，这样做于己于人都无好处。儒家强调"仁"，但是有差别的，首先我自己的父母孩子要吃饱，我才能去帮助别人，如果自己的孩子没吃饱就帮助别人，这是墨子的"兼爱"。照儒家的说法，这是"无父无君"，没有远近亲疏的差别，这是不恰当的。但是"若夫间形骸而分尔我者，小人矣"，即如果因为身体形态的不同而分你我，不肯为他人和社会出力，那就是"小人"。这些是王阳明对传统的"大人"和"小人"概念重新做了定义。

事实上，世界上的人有男女之别，贫富之分，肯定不是一样的，但因此就强调区别，我的事情就是我的事情，你的事情就是你的事情，我们不需要互相关爱；你的痛苦跟我没关系，你的快乐跟我也没关系，持此种看法的人确实是小人。因此，王阳明认为大人是把整个世界当作他的身体的外化的人，小人是把别人的世界和自己的世界分割得非常清楚的人。

王阳明还提到："大人之能以天地万物为一体也，非意之也"。大人之所以能把整个世界看作是他自己的一部分，这不是臆想出来的，也不是推演出来的。"其心之仁本若是"。这是他内心的本体，是天命之性，具有良知，因而本来就有这种情感在身体里面。王阳明的解释，和他"致良知"的哲学思想是一致的，"致良知"也就是把人天生具有的善良情感发扬光大。由此看出，儒家的理想非常高远，但是做不做得到是另外一回事。

宋代陆九渊说宇宙内的事就是我分内事，我的分内事就是宇宙内的事，这就把整个世界的责任都担负在自己身上，能不能承担也是另外一回事，但是他有这个情怀。宇宙就是我心，我心即为宇宙。

"虽小人之心亦莫不然"，其实小人的心跟大人的心是一样的，因为小人也有天命之性，"彼顾自小之耳"，只不过他们自我设限。小人想问题不从道德方面考虑，小人想问题是你的是你的，我的是我的，我的为什么是你的呢？这种局限性使得小人与大人产生了本质性的差异。

综上，《大学》是讲"大人"的学问，是讲如何成为一名有道德的君子，或者有道德和担当的统治者的学问，也可以理解为讨论如何成就理想人格的学问。

（一）

大学之道，在明明德，在新民，在止于至善。

《大学》的主要内容，后人概括为"三纲八目"，"三纲"就是"明明德"、"新民"和"止于至善"。

"明明德"就是彰显光明的品德，第一个"明"是动词，就是彰显、发扬的意思。大学之道，在于发扬光明的品德。关于"明德"，郑玄释为"至德"，即最美善的德性。朱熹则解释说："明德者，人之所得乎天而虚灵不昧，以具众理而应万事者也。但为气禀所拘，人欲所蔽，则有时而昏；然其本体之明，则有未尝息者。故学者因其所发而遂明之，以复其初也。"

这段解释里涉及好几个概念，诸如"虚灵不昧"、"气禀"、"人欲"，都涉及人性，所以需要对中国古代的人性论略作说明。

在《论语》里，孔子曾经说过"性相近也，习相远也"，人的先天本性是相近的，但后天的习惯让人们逐渐变得不一样。然而人的天性到底是善还是恶？孔子没有说。当然我们自己读《论语》，也可以读出我们自己的看法。像孟子直截了当认为人性本善，最直接的理由是人人都有恻隐之心，也就是人人都有同情心。他举例说，任何人看到小朋友有掉到井里的危险时，都会非常紧张害怕，都会想把小朋友救出来。而在这个过程中，人们并没有想到钱物，没有想到名誉，想到结交权贵，也没有想到不救这个小朋友的话别人会在网上骂你。他在小朋友即将掉入井中的那一刻，最直接的感受就是紧张害怕。这种感情，孟子称之为"恻隐之心"，现代人认为是类似于同情心一类的情感。孟子说恻隐之心是"仁之端"，也就是仁爱的萌芽。基于这种恻隐之心，孟子说人心是善的。

但比孟子稍晚一点的荀子不同意人性为善的说法，恰恰相反，他认为人性是恶的。荀子的根据是这样的："今人之性，生而有好利焉，顺是，故争夺生而辞让亡焉；生而有疾恶焉，故残贼生而忠信亡焉。生而有耳目之欲，有好声色焉，顺是，故淫乱生而礼义文理亡焉。然则，从人之性，顺人之情，必出于争夺，合于犯分乱理而归于暴。"（《荀子·性恶》）也就是说，人有贪利、憎恨的本性，顺着这种本性发展，就会产生争夺和伤害；人有追求美声美色的本能，顺着这种本能发展而不加节制，礼义制度和道德规范就无法维持。严格来说，人的本性本能是在长期进化中形成的保护机制，也是社会发展的某种动力，并不一定就能说是"恶"，但如果不加节制（顺），就一定会造成社会问题和道德问题，因此荀子说人性恶是有他的道理的。比如说大家喜欢追求美食美色，都想吃最好的东西，都希望自己的太太比别人的漂亮，但社会能提供的资源是有限的，如果每个人都顺着本能而不讲规则，那社会秩序无法保证，就会陷于混乱。这就是所谓的"犯分乱理而至于暴"。这种人性，从幼儿园小朋友身上也可看出，好的玩具大家都要抢，大人常用孔融四岁能让梨的故事教育小朋友要谦让，反过来说明大部分孩子是不知道谦让的。所以荀子非常强调教育，"人之性恶明矣，其善者，伪也。"认为人性变得善良，是后天教化的结果。而教化，需要礼义制度和教学手法，因此荀子非常强调礼和学。孔子的思想中，仁和礼是重要的两个方面，这两个方面是合一的，即"克己复礼为仁"，孟子弘扬了孔子的仁爱思想，而荀子发展了孔子的礼乐思想，他写了《礼论》和《乐论》，礼是在制度上确定秩序和规范，乐是用艺术精神来帮助人们对秩序的认同，这两篇文章在中国思想史上的影响很大。

今天看来，荀子的思想还是很有道理的，西方的一些主流思想都认为政府是不可以相信的，因为政府是由人构成的，而人的天性中有恶的一面，一定要监督政府，互相制约。如果缺乏监督，总统都要犯错误的。这个就是荀子的思想跟西方思想可以接通的地方。但在中国儒家思想中，代表主流的还是孟子的思想。将恻隐之心培养壮大就是仁爱的道德情感，比如当你听说某个同学突然得了重病或遇到危险时,你的第一反应往往是我能做点什么,而不是这样做有什么好处。孟子并不否认在一般情况下,人们会想到利益和名誉,但他认为这种思想和情感并不是最核心的,属于生理情感或本能。他把仁爱称做"大体",而把生理和本能称作"小体"。这种看法在儒家中一直处于较主流的地位,相信人的善良天性,觉得人有"良知良能",能够自我反省。曾子说:"每日三省吾身。"因而,在社会治理模式上,儒家相信人治而不喜欢法治。

除了这两种人性论以外,当时战国还有一种"善恶混"的人性论,这一思想的代表人物为世硕,据《论衡·本性》记载:"周人世硕,以为人性有善有不善。举人之善性,养而致之则善长;性恶,养而致之则恶长。"认为人性既有善的方面也有恶的方面。从善的方面引导教育,人性就向善的方面成长;向恶的方面引导,人性就向恶的方面发展。上世纪九十年代出土的楚简《性自命出》基本也是这种人性论。西方也有一种看法,认为人一半是天使,一半是魔鬼。我们检讨一下自己是不是这样,有的时候很高尚,有的时候很卑贱。

战国还有一种人性论叫"性犹湍水"论,其实就是"性无善无不善"论,代表人物是告子。他说"性犹湍水也,决诸东方则东流,决诸西方则西流。人性之无分于善不善也,犹水之无分于东西也。"(《孟子·告子上》)告子认为,人性就像一个水库或者湖泊,你在东边掘个口子水就往东边流,在西边掘个口子,水就往西边流。因此告子也强调仁义教化,认为你受什么样的教育,就能成为什么样的人,教育决定了你的未来。

当时关于人性就有这四种观点,现在我们每个人对于人性善恶也有自己的看法,这个问题没有标准答案,因为这四种人性论直到现在都还在讨论之中。而我们之所以在这里讨论这个问题,是因为如果我们不知道这四种人性论,就读不懂上面朱熹的那段话。有人说朱熹是荀子的思想发展,朱子确实受到荀子思想的影响,但总体上对于人性的观念,他是受孟子的思想影响比较大。王阳明也是接受了孟子的思想,所以才有满街都是圣人的说法。

既然荀子说性恶,孟子说性善,世硕说有善有不善,告子又说性无所谓善不善,那朱子的人性观怎样呢?其实宋代理学从张载开始,就开始逐渐调和几种人性论,因为他们觉得人性善恶很难一言以蔽之。事实也确实如此,有的时候人很高尚,会为了某种崇高的价值奉献自己,有的时候又较自私,谋私利,甚至贪图不义之财。这里举一个真实的事件,说明人性自私的现实性。某地的银行取款机出了故障,自动吐出几万块钱,有个取款者发现后把这些钱拿走了,此人遭逮捕后被判了重刑,结果民众都为这个人讲话,理由首先是量刑太重,贪官贪污千万上亿,也就判个二十年,人家拿了几万块钱,却要判重刑,这是执法不公;其次,也是更为引人关切的,是舆论认为,当人们在没有制约、没有惩罚机制的时候,相当一部分人做不到"慎独",不一定都能"见得思义"。因为钱是取款机自己吐出来的,不是那个人偷的或抢的。最后舆论的压力让法院改判了。

这个事件也许能说明人性中的善与恶总是在纠缠。如果你说人性本善,那怎么解释人性之恶?你说人性恶,人又何以能自我牺牲。所以到了张载和二程的时代,他们开始解决这个问题,他们以为人性中有一种天性叫做"天命之性"，还有一种天性叫"气质之性"。"天命之性"来自于上天纯善之气，因而是纯善的。"气质之性"则有善有不善，就像金矿里面总是会有杂质的，杂质不一定都不好，但毕竟和金子不同。有的人气质比较粗鲁蛮横，像《水浒》中的李逵，就属于这一类。有的人性子急躁，有的人慢条斯理，有的人比较刚健，有的人比较柔弱，这些不同就是气质的不同，属于"气质之性"。气质之性有善有不善，像孔子的气质之性属于清静中和，与天命之性配合得很好，所以道德践履就比较容易获得效果。但古代的强盗，或现在的杀人犯，他的气质就不是很好。像《三国演义》里，诸葛孔明对魏延一直比较戒备，就是因为他认为魏延气质不好，脑后有反骨。有的父母亲性格比较粗暴，他的孩子也往往比较粗暴，这个也是气质不好。所以程朱就把人性分为两种，天命之性是纯善的，气质之性是有善有不善。所以一方面要不断弘扬天命之性，另一方面要不断变化气质之性。学习、修身、反思都能变化气质，不断地存天理、灭人欲，人的气质就会越来越好，越来越和天命之性和谐。

　　因此朱子解释"明德"是"人之所得乎天，而虚灵不昧，以具众理而应万事者也。"就是说"明德"就是"天命之性"。"明明德"就是彰显自己的"天命之性"。"虚灵不昧"可以理解为天命之性的精神闪闪发光，永远存在。"以具众理而应万事者也。"是说"明德"同于孟子所说的"良知良能"，不虑而知，不学而能。比如说一个尊敬长者、孝敬父母的人，他自然会为老人着想，想出各种方法让老人舒服，冬天的时候可能给父母安装一个取暖器，夏天的时候可能是给他弄一个冷空调，表现方式不一样，但都是从孝敬的道理上发展出来的,这就是所谓的"应万事",根据情况的不同采用不同的方式。慈爱的父母也会用各种合适的手段关心孩子。不过有时候人的"天命之性"会被遮蔽,也就是人的先天良善被遮蔽了,虽然这种天生的善性被外在欲望等覆盖,但它仍然存在,并没有消失,所以叫"虚灵不昧",天命之性还是发挥着作用。儒家主流哲学就是这样,认为所有的道理其实都在人性当中,是"万物皆备于我"。

"但为气禀所拘,人欲所蔽,则有时而昏,然其本体之明,则有未尝息者",这是进一步强调,虽然"天命之性"是纯善,但有时会被气质和欲望遮蔽和绑架,一旦"天命之性"被遮蔽绑架,人的"明德"就被掩盖了,就会表现出不善的一面,混乱的一面,这就叫"有时而昏"。这个时候人性之恶或者无明就出来了,或者浑浑噩噩,或者善恶不分。但即使在这个时候,"天命之性"所具备的明觉功能,仍在发挥功用,所以只要一念反省,或者像曾子一样的"每日三省吾身",就能及时地发现问题,认识行为的是非对错。如果研究佛学,就会发现佛教有人人都有佛性的说法,佛性会被遮蔽掉,明珠会蒙尘,但是它永远存在,即使是一个极坏的人,他也可以放下屠刀,立地成佛。这里面儒、佛有共通的东西,但具体是如何互相启发影响的,这里不进一步展开。

"故学者因其所发而遂明之,以复其初也。"由于善性的本体从来没有消失,所以其光明正大的功能虽然有时被遮蔽,但总有突破昏暗闪光的时候,学习的人只要抓住这些闪光,思考发明,就能回到光明纯善的原初样貌。就好比一个经常做坏事的人,突然之间一念反省,我好像做得不对,然后继续反思为何做得不对，就会逐渐进入觉悟的途径。又好像一面镜子脏了，突然有一滴雨水掉在这个镜子上，镜子有一块地方变得干净了，从这点干净开始思考，原来镜子本来就是干净的，只是需要擦掉灰尘而已。所以"明德"是什么？按朱熹的理解，"明德"就是天命之性。"明明德"就是回到和彰显"天命之性"。

现在王阳明很流行，他被当代人称为"明代一哥"，据说现在的好多领导也喜欢王阳明的学说。王阳明临终前说"此心光明，夫复何言"，这是一般人无法达到的境界。对于"明德"的理解，王阳明也有自己的看法。他说：

> "是故见孺子之入井，而必有怵惕恻隐之心焉，是其仁之与孺子而为一体也。孺子犹同类者也，见鸟兽之哀鸣觳觫，而必有不忍之心，是其仁之与鸟兽而为一体也.鸟兽犹有知觉者也，见草木之摧折而必有悯恤之心焉，是其仁之与草木而为一体也。草木犹有生意者也，见瓦石之毁坏而必有顾惜之心焉，是其仁之与瓦石而为一体也。是其一体之仁也，虽小人之心亦必有之。是乃根于天命之性，而自然灵昭不昧者也，是故谓之'明德'。"

"是故见孺子之入井，而必有怵惕恻隐之心焉，是其仁之与孺子而为一体也。"这是借用孟子的话，小孩子掉到井里去你会有怵惕恻隐之心，也就是惊恐害怕的情感，那小孩虽不是你家的孩子，但你会害怕会紧张，这就说明人和人之间会通过同情的纽带，联系在一起。因此人与人身体的差别是不重要的,人心能够相通才是重点。这样"天下一家、中国一人"就不仅仅是理念。

"孺子犹同类者也",小孩子和我们一样,都是人类,而"见鸟兽之哀鸣觳觫,而必有不忍之心","觳觫"是发抖的意思,家禽被屠宰会哀鸣发抖,很多人去过屠宰场就不想吃肉了,所以孟子说:"君子远庖厨",君子买房子一定要离屠宰场远一点。因为人都有同情心,见到鸟兽受难心里也会痛苦,这个时候,通过共情的作用,人的善良情感就和动物联系在一起。"是其仁之与鸟兽而为一体也。"比如大学的猫都养得很肥,这都是同学们爱心丰富的结果,大家的爱心跟猫狗连在一起了。

"鸟兽犹有知觉者也,见草木之摧折而必有悯恤之心焉",鸟兽是有感觉的,而我们看到一棵百年老树或者千年大树被砍倒了,你会感到甚为可惜,"是其仁之与草木而为一体也。"这个时候,人类仁爱的情感就与草木连在一起。当然现在很多人麻木了,感觉不到了,其实是蛮可惜的。

"草木犹有生意者也,见瓦石之毁坏而必有顾惜之心焉,是其仁之与瓦石而为一体也。"草木也是有生命的,假如说学校的标志性建筑拆掉重建,几十年前的校友回来就会痛哭流涕,因为他们当年读书的地方找不到了。像我现在看到的上海,并不是我小时候生活的上海。现在的中国发展很快,许多地方日新月异,但很多人的乡愁也没有了,发展是要付出代价的。看到由瓦石构成的建筑被毁坏,善良的人会难过,所以他的仁爱与瓦石相关。有人的手机坏了,他可能会难过一会,但随后就无所谓了,买个新的就是了。但有人换手机的时候比较焦虑,这个东西用惯了,有感情了,扔在外面别人不要,又污染环境。这种情感本来人人都有,但是受商业影响,大家都麻木了,东西就要用好的新的。这方面西方和日本比我们做得好,你看他们很多人还在用传统手机,我想他们并非买不起。对人类的创造物或者对自然的创造物,都要有顾惜之情。

"虽小人之心亦必有之",你说小人没有这种情感吗?他有的时候也会午夜梦回,想到这些道理。"是乃根于天命之性,而自然灵昭不昧者也,是故谓之'明德'。"王阳明认为这种情感也是来自于天命之性的。把王阳明的这段话概括一下,"明德"就是"万物一体"的情感,但这种情感对人对物还是有差异的,王阳明分别用了"恻隐""不忍""悯恤""顾惜"四个词语,这也是孟子说的"亲亲而仁民,仁民而爱物"的等差之爱。

字面上看来,对"明德"的解释,朱子和阳明有所不同,其实意思并无太大差异。比较而言,朱子理学更注重由天理到人心,从宇宙落实到自身;阳明心学,则是从内心反观宇宙。这是二者的区别。

理解了"明明德","亲民"就较容易理解。一个"大人"具备了泛爱万物的感情后,亲近他的人民,关心他的人民就自然而然了。哲学上讲体用关系,比如电灯是体,光亮就是用。这里"明德"为体,"亲民"就是用,既然统治者把整个世界都当作自己了,他怎么会不爱人民呢?程颢说:"博施济众,乃圣人之功用",讲的就是这个道理。朱子将"亲民"改作"新民",这是根据二程的意见,"新"更注重化民成俗,大人不仅要亲近民众,而且要转变民众的思想,要"启蒙"。

"止于至善"是最后达到十全十美的善的境界。"止于至善"是逐渐改变气质，让气质越变越好，让气质之性和天命之性合一。达到至善是一个长期修行的过程，每个人都有最初的善端，这就是仁爱的开始。就像每棵树都是由种子发展而来，当它还是个种子，力量还不足，要慢慢培养，培养得不好就变成歪脖子树，要想让它长得挺拔，就要不断地去校正它，最后这个树的形状与树最好的基因就符合了。修行实践也是一个道理，这叫做"止于至善"。所以作为一个有德君子和统治者，学问修养之道，"在明明德，在亲民，在止于至善"。

古希腊柏拉图认为，至真至善至美是理念，存在于理想国里，现实世界是理念的模仿，是达不到这种理想境界的，所以人要为理想国而奋斗。儒家讲"尽善尽美"，讲"至善"是相同的意思。但这些是理想境界，是人格的最后完成，虽真正达到的人并不多，但"虽不能已，心向往之"，这种境界是君子的努力方向。

《大学》的三纲，就是修身的总纲领。大人的理想人格，由成己到成人，最后止于至善的道德境界。要达到这种理想境界，就必须努力修身，修身是有方法和次第的，接下来所讨论的"八目"，就是这个方法和次第。

（二）

知止而后有定，定而后能静，静而后能安，安而后能虑，虑而后能得。物有本末，事有终始，知

所先后，则近道矣。

"知止而后有定"，照朱熹的解释，"止者，所当止之地，即至善之所在也。"也即"止"是应该达到的理想目标。一个人有了明确的目标，才会有确定的志向；"定而后能静"，有了确定的志向，然后才能内心宁静；"静而后能安"，内心宁静才能所处而安；"安而后能虑，虑而后能得"，所处而安才能思虑周密，思虑周密而后处事得宜。

此段也可参照佛教的"止观"思想来解释，"止"就是有所不为，比如佛教的"五戒""八戒"等。有所不为，有所禁戒，逐渐就会产生定力，比如始终不偷盗，面对不义之财就会产生免疫力。而因为有了定力，心能保持一种纯静的状态，就会发起智慧，这叫"由定发慧"。智慧产生于静定的心灵，一个始终杂念纷飞的人是无法获得对事物的正确认识的。陶渊明《饮酒》诗说："结庐在人境，而无车马喧。问君何能尔？心远地自偏。"明明在人间居住，却听不到车马的喧闹，那是因为有了定力，心宁静了，就不会受外物的干扰。我们有些人住在市中心，房子可能紧邻高架或地铁，但如果有一颗宁静安详的心，就不会受滚滚红尘的干扰，这就是"静而后能安"。"安而后能虑"，这个时候你会发觉你的思维很敏捷，反应很快，别人还没说话，你可能就已经知道他要说什么了。到了这个程度，修行实践的目的就容易达到，处理问题也总能恰到好处，即"虑而后能得"。这样解释，说明儒家和佛教在修养功夫方面有某种共同之处。

"物有本末，事有终始，知所先后，则近道矣。"任何事情都有主要的方面和次要的方面，有必须首先解决的问题，有最后需要解决的问题。朱子认为彰显发扬"明德"是主要的方面，"新民"（亲民）是次要的方面；树立一个理想的目标是开始，最后实现这个理想是结束。所以接下来就先从怎样"明明德"开始说。

古之欲明明德于天下者，先治其国；欲治其国者，先齐其家；欲齐其家者，先修其身；欲修其身者，先正其心；欲正其心者，先诚其意；欲诚其意者，先致其知；致知在格物。

"古之欲明明德于天下者，先治其国"，《大学》认为那些要在天下实现仁道，想要在天下"明明德"的治理者，必须先有治理好一个诸侯国（邦国）的能力。秦代之前的国皆为封建之国，即天子对有功之臣或亲属，赐予大小不等之封地，令其于此封地之上建立一个相对独立的行政机构，行使统治权和管理权，其权力为世袭制。秦以后废除封建制而实行郡县制，诸侯国遂消亡。如果一个邦国治理得不好，像非洲军阀国家，你方唱罢我登场；或者打来打去，国民都成了难民；或者人民的温饱都没解决，怎么可能去实现世界大同。

"欲治其国者，先齐其家"，如果要治理好国家，一定要把自己的家族搞好，这个家是指家族，不是我们现在的这种三口之家。

"欲齐其家者，先修其身"，要让整个家族有规矩，那家长或家族管理者一定要自己先修身，做出表率。这是中国古人的思想，西方人未必这样想。西方人修身是一块，经营家族是一块，治理地方又是另一块。西方有的地方官员或者家族企业的管理者，个人品德未必很好，但因为有制度的约束，法律规章的制约，再加上宗教信仰等因素的约束，个人不良行为受到限制，这样人的治理经营能力也能有较好的发挥。

"欲修其身者，先正其心"，因为决定人行为的是思想和精神，所以要做一个善良正直的人，首先要端正自己的思想。内在决定外在，有修养的人往往举止文明、态度和善。

"欲正其心者，先诚其意"，要端正人的内心，先要意念诚实。这里面的"意"，朱子的解释是意念，"诚其意"就是检点各种念头，使之端正。先看这个念头是善念还是恶念，如果是善念当然没有问题，如果是恶念就要反思这个念头怎么会出现？我是个君子，我不应该有这个念头。经常审视自己的各种念头，慢慢地修养内心，使内心充满善念，坏的想法就不会出现。一般我们评价一个人是不是好人有两方面标准，一个是行为，另一个是内心的念头。通常，一个人彬彬有礼，遵法守礼，行为得当，在社会上就已经是个好人了。但对于有道君子来说，还应该处处注意自己的发心，虽然整体上做人做得很到位，但若有较多不正确的观念，则会妨碍自己修养进一步提升。所以要"诚意"，就是不断地观察这些念头是不是真诚。好的心念要保持，坏的心念要去除。这里的"意"，王阳明基本上也理解为意念。但明末的儒者刘宗周不认为是意念，认为"诚意"的这个意，叫做"独体"。这里先介绍一下刘宗周和他背后的一段历史。

刘宗周是明末的大儒，曾在京城为官，后来因为明末社会比较混乱黑暗,就隐居回到家乡绍兴蕺山,所以人称刘蕺山。当明代即将灭亡时,清军打到他的家乡,他绝食而死。他说我们平时教学生要有气节,但是碰到大难临头的时候,那些读书人往往放弃气节,所以刘宗周认为自己一定得死,不死就等于说老师平时说的都是骗人的,他就这样饿死了。有人说刘宗周死后宋明理学就完了。清代是少数民族统治,清代制度是很可怕的,文字狱等一些事件,至今还有影响。所以有文人说"崖山之后无中国,明亡之后无华夏"。宋代的陆秀夫带着小皇帝跳海后就没有了中国。元代蒙古人虽然烧杀抢掠没有文化,但蒙古人对中国文化的破坏是有限的,因为他本身没有文化,不懂汉文化,就不会太反对你这种文化,他根本就不用文化统治。清代不同,自认为有文化,乾隆帝是中国写诗最多的人,他觉得汉人文化不行,需要改造。像康熙、乾隆都是如此,说这个文化不完全符合封建礼教,就把全国的书征集过来,编成《四库全书》,异端的学说都把它处理掉。康乾盛世,其实也是中国文化人的血泪史,一次次的文字狱,把读书人的傲骨都打掉了。所以清代建立,有人说中国文化就亡了。代表事件就是刘宗周的死,因此这个人的死是一个标志。像屈原一死,代表着周代贤人政治文化的结束;王国维一死代表中国帝制时代的文化结束;海子一死中国诗歌的黄金时期就过去了;李小龙一死中国不再有功夫;刘宗周一死宋明理学消亡了。当然这是一个较为夸张的说法。

刘宗周认为这个"意"不能够解释为意念,而是一种"独体",就是先天的良知。良知它具有这样一个功能,叫做"好善恶恶"。做好事,帮助别人,自然会开心,就是好善;做坏事内心感到惭愧,自然会难受,叫做恶恶。就像指南针,永远指向南方。"独体"另外一个功能是知善知恶,天生知道什么是好的,什么是坏的。你一旦做了好事,你就知道自己做了好事;一旦做了坏事,你就知道自己做了坏事。他认为"诚意"就是把你的整个的思想回到"好善恶恶"的境界。但是这个说法并不是主流的观点。这里姑且提一下。

"欲诚其意者,先致其知",诚意非常重要,意念要检点,到底好不好,对不对。如果要端正这个想法意念的话,需要先达到一种智慧。有个念头出来了,就要思考这个念头是对还是错。比如说一个狂徒在疯狂杀人,警察想阻止这个人杀人,只有把他杀了,那么这个杀人的念头虽然不太好,但是为了救更多的人,这个念头也就有合理的一面。如果要真正知道哪些意念是好的,哪些意念是不好的,以求"诚其意"的话,就必须提高认识。所以要先"致其知",就必须先要达到知识上的理解,因此这个"知"就是知性。

"致知在格物",朱子认为要达到那个认识,就要研究事物。"格"就是研究,"物"就是事物。过去物理学刚刚传到中国的时候,不翻译作物理,而译作"格致"。上海有个老牌重点中学就叫格致中学。格物致知就是研究万事万物,达到对真理的认识。朱熹的思想,有学者称之为客观唯心主义,其实叫什么无所谓。朱子认为宇宙的真理叫天理,真理体现于万物之中,就像明月映照在大大小小的江水中一样,因此研究各种事物,最后就会了解天理,这就是格物致知。

物格而后知至,知至而后意诚,意诚而后心正,心正而后身修,身修而后家齐,家齐而后国治,国

治而后天下平。

"物格而后知至",事物研究清楚了,然后认识提高了,智慧就开了。"知至而后意诚",智慧开了以后,你就知道自己的意念和想法对不对。

"意诚而后心正",意念一片真诚后心就清静了,懂得了什么是必须做的,什么是不能做的。

"心正而后身修",心正以后,就会去指导行动,该做的做,不该做的不做。这样修身的功夫就有了。"身修而后家齐",在一个家庭或家族中,家长行为端正,处事得体,就会有人格魅力,家族成员就会以你为榜样,这样整个家族就和谐了。

"身修而后家齐,家齐而后国治",小说《白鹿原》中的白嘉轩、朱先生,都是一个大家族的代表。族长的腰板挺得很直,那族员腰板也不敢弯着,族长做好了,家族的其他人至少表面上也不敢做得太差。但是电影《白鹿原》拍得不好。他把重点放在了黑娃、田小娥身上。小说《白鹿原》是用乡绅的眼光看世界,而电影导演借助的是农村流氓无产者的眼光,这样这个世界就很丑陋了,看到的都是男女私情和阴谋。再者,古人认为,邦国(诸侯国)是家族的放大,家族是邦国的细胞,一个家族的领袖,能把家族搞好,他出任邦国的领袖,就一定能把邦国治理好。这就是"家齐而后国治"。当然,现代国家的治国理念不一样,能治理好一个家族,不一定就能做好的省长,不一定就能够做好的总理,现在是以制度治国。一个领导的能力差些,但如果有好的制度,他也不会干得太离谱。而古代中国是人治社会,统治者的品德和能力,对于能否搞好一个国家,能否让人民幸福非常重要。

"国治而后天下平。"诸侯国都能搞好,那么天子治理天下就容易了。当然天子的品德和能力也非常重要,如果天子是个暴君,那么再好的民间基础也没有用。

以上所言"三纲"是修身的总纲领,"八目"是修身的顺序。"三纲"是明明德、亲民(新民)、止于至善。"八目"是格物、致知、诚意、正心、修身、齐家、治国、平天下。在"八目"中由内而外的连接点是"修身",故后文接着说:

自天子以至于庶人,壹是皆以修身为本。其本乱而末治者,否矣。其所厚者薄而其所薄者厚,未之有也。此谓知本,此谓知之至也。

"自天子以至于庶人,壹是皆以修身为本",无论是天子,还是普通百姓,都要以修身为根本。

"其本乱而末治者,否矣",统治者的道德水准不行,国家还能够治理好,那是没有的事。这个当然也是指过去农业社会的情况,专制社会的情况。以之衡量西方民主社会,并不可靠。特朗普、克林顿个人道德未必完善,但美国并没怎么乱。奥巴马的个人品德似乎好一点,然而他不算一个成功的总统。所以制度优势很重要,中国过去是人治社会,如果统治者品德和能力出问题,国家肯定搞不好。

"其所厚者薄而其所薄者厚,未之有也","所厚者"就是"明德","所薄者"就是"亲民",也可进一步指治理好国家。

光明的品德没有开发出来，而能对人民很仁慈，或成功治理国家，这是不可能的。

"此谓知本，此谓知之至也。"这叫做知本，也就是理解了根本，就达到了认知的极致。

以上的讲解基本参照朱子的思路，但王阳明读到这一段的时候，觉得朱子对"格物"的理解不准确。"格物"的"格"不是研究的意思，格是正，正就是端正，"物"就是事，每一件事物都有每一件事物的道理。所以人要端正对事物的认识，因为一切事物都是由心出发，所以"格物"就是在每件事物上端正心念、端正态度。怎么样端正心念呢？就是"欲诚其意者，先致其知"，这个"知"，在王阳明那儿是指良知。"致知"就是开发良知。良知是知善知恶，好善恶恶的，在每件事物上"致良知"，良知彰显后，三观正确了，就能对每一件事物形成正确的认识，修正错误的观念，这样就可以"正心"了。此外，王阳明的格物（正物）还有去除物欲的意思，因为正是过多的物欲遮蔽了良知。这一看法可以在《传习录》中读到。

王阳明这个解释和朱子的解释，主要区别在于：朱子偏重于从外到内，通过对外在事物的学习观察来祛除障蔽，达到对天理的认识；王阳明偏重于从内到外，通过对内心的良知的彰显来祛除蒙蔽，良知显现出来以后，再去正物。

读到这里，"三纲八目"都已涉及到了，后面是对"三纲八目"的具体阐释。这是根据朱熹《大学章句》而来的版本，其实《大学》原来是《礼记》中的一篇，称为《大学》古本，王阳明讲《大学》用的就是古本，现在一些学者讲《大学》也喜欢用古本。《大学章句》的顺序是朱熹略微调整过的，有他自己的理解。我们现在仍然照《大学章句》的顺序来讨论，这样比较方便,只在个别地方按照文义做些调整。

以上(一)(二)部分的原文,根据朱子《大学章句》为第一章

(三)

《康诰》曰:"克明德。"《大甲》曰:"顾諟天之明命。"《帝典》曰:"克明峻德。"

《康诰》及《大甲》《帝典》都是《尚书》篇名,"克明德"就是能够彰明美德的意思。《大甲》又称《太甲》,"顾諟天之明命",就是要顾念深思上天赋予的光明品德之意。"明命"就是《中庸》"天命之谓性"的德性。《帝典》即《尧典》,"克明峻德",也是彰明伟大德性之义。

这里引了三段文章,叫引用论证。我们过去写文章经常引用马克思的话,现在是引用伟人金句。尤其是写官样文章,最好能引用,这样显得有高度。朱子认为这一段是解释"明明德"的。

汤之《盘铭》曰:"苟日新,日日新,又日新。"《康诰》曰:"作新民。"《诗》曰:"周虽旧邦,其命维新。"是故君子无所不用其极。

商汤浴盘上的铭文(《盘铭》)说:"苟日新,日日

新"，假如某天清洗身体了，就要天天清洗，每天更新。意为人要每天更新自己，提升自己，日新月异，跟小学生们说的"好好学习，天天向上"如出一辙。《康诰》也鼓励人们作自新之人，每天提高自己，让自己变得更好。后面又引用《诗经·大雅·文王》中的话："周虽旧邦，其命惟新。"意思是周国虽然是个古老的邦国，她的国运却是全新的。如果留心的话，这句话直到今天还一直被引用。特别是我们现在讲文化自信，怎样才能有文化自信呢？就要强调我们虽然是个古老的国家，却有着新的生命力。虽然我们有五千年的历史，但是我们有着光明的未来，这就叫旧邦新命。周朝之所以能开出一片全新的天地，《大学》认为是和周文王不断地提升自己的道德品质有关。朱子释曰："言周国虽旧，至于文王，能新其德以及于民，而始受天命也。"因此今天我们的国家要做到旧邦新命，也是不容易的，必须上下同心，领导者需要有前瞻的眼光，引导人民成为具有现代意识的公民，融入世界潮流。

"是故君子无所不用其极。"意思是贤明的君王时时刻刻更新自己的道德品质，提高执政能力，处处采用最有效的治国手段。

程朱认为《大学》"三纲"之"在亲民"应该是"在新民"，朱子认为这段在解释"新民"。"亲民"是统治阶级主动接近人民，爱护人民；而"新民"就是要移风易俗，改造人民，培养人民的美德。但从两千多年的中国封建社会的历史看，统治阶级能做到亲民已经很不容易了，要新民则几乎不可能，不愚民已经很不错了。

（以上为朱子《大学章句》第二章）

《诗》云："邦畿千里，维民所止。"《诗》云："缗蛮黄鸟，止于丘隅。"子曰："于止，知其所止，可以人而不如鸟乎？"《诗》云："穆穆文王，于缉熙敬止！"为人君，止于仁；为人臣，止于敬；为人子，止于孝；为人父，止于慈；与国人交，止于信。

"邦畿千里"中的"邦畿"不是指国家，指的是京都直辖的地区，"千里"即方圆千里。"维民所止"意为国都附近千里都是民众愿意居住的地方。

接下来引用《诗经》来论证，"缗蛮黄鸟，止于丘隅。""缗蛮"是象声词，鸟的叫声。黄鸟鸣叫着寻找栖息地，最后停在了山丘多树的一角。

又引用孔子的话："于止，知其所止，可以人而不如鸟乎？"意为人要懂得安居的道理，鸟都知道停息于树上，人怎么可以不如鸟呢？这是《诗经》中经常用的比兴手法。《诗经》另有一首诗叫《相鼠》，也可作为例子。"相鼠有皮，人而无仪！人而无仪，不死何为？"老鼠尚且有张皮，人没有一个脸面行吗？脸面说的不是外表，而是指行为举止。人不讲礼仪，活在世界上有什么意思呢？这些都是比兴手法。

接下来又引用了《诗经·大雅·文王》，说明人应居于高尚光明之地。"穆穆文王，於缉熙敬止。"端庄肃穆的周文王，始终敬处光明之地。"缉"是持续不断的意思，"熙"是光明的意思，另外《诗经·周颂·敬之》中也用过"缉熙"这个词，"日就月将，学有缉熙于光明"，意为每天都在学习进步，最后就能达到光明的境界。我们知道古希腊人崇尚一种

"高贵的单纯和静穆的伟大"之美感,周文王应该是有过之而无不及吧。儒家这个光明境界是什么？就是"为人君,止于仁",作为君王,最重要的应该保有仁爱人民的情感；"为人臣,止于敬",作为大臣,就要保持恭敬的态度；"为人子,止于孝。为人父,止于慈",做子女的要孝顺,做父亲的要慈爱；"与国人交,止于信。"与他人交往,要讲诚信。这五种"止",即五种安身立命的方法。一是仁、二是敬、三是孝、四是慈、五是信。这五种品德代表五种不同的真情和善意：一个是上级对下级,比如老板要关心员工,给他们晋升空间,给他们买人生保险,这叫止于仁；而下级对上级,对老板,要敬重；为人子女,就要孝顺,要想父母所想；为人父母,则要关心孩子,保护他们成长；与人打交道,最重要的就是讲信用,没有信用的人是不可以交往的。能够真正贯彻这五者,也就做到了"知其所止"。

从《康诰》起到这段,原来是放在下面一段"此以没世不忘也"章节之后的,朱子认为这几段是错简,本应在首段之后,于是就放到上面来讲了。

《诗》云："瞻彼淇澳,菉竹猗猗。有斐君子,如切如磋,如琢如磨。瑟兮僩兮,赫兮喧兮。有斐君子,终不可谖兮。"如切如磋者,道学也；如琢如磨者,自修也。瑟兮僩兮者,恂慄也。赫兮喧兮者,威仪也。有斐君子,终不可谖兮者,道盛德至善,民之不能忘也。诗云："于戏！前王不忘。"君子贤其贤而亲其亲,小人乐其乐而利其利,此以没世不

忘也。

这段话又是用《诗经》来说事。孔子有一句话叫"不学诗无以言"。孔子认为小朋友一定要学诗歌，如果不学诗歌就不知道如何正确表达。古代人常借诗歌来表达，就像现在常引用伟人的话一样。这里引用《诗经·卫风·淇奥》的句子"瞻彼淇奥，绿竹猗猗。有斐君子，如切如磋，如琢如磨。"你看那个淇水的弯曲处，绿竹美好又繁多，这个叫起兴，即"先言他物以引起所咏之词"。"那个文雅的君子，好像象牙经切磋，如同美玉经琢磨。"切磋琢磨都是比喻君子修身。"瑟兮"是庄重的样子，"僴（xiàn）兮"是刚毅的样子，"赫兮喧兮"是胸襟开阔明朗的意思，这些是形容词，形容君子的光辉。这样的文雅君子，是难以让人忘怀的。谖（xuān）：忘怀。

"如切如磋者，道学也；如琢如磨者，自修也"，如切如磋比喻君子追求学问，应像良工雕琢一块骨器一样，精益求精；如琢如磨是说君子修身，要像玉工打磨美玉，不断实践提高。"瑟兮僴兮者"是指端庄威严的态度，即"恂溧"，君子让人有一种端庄谨慎的感觉。《论语》说孔子："望之俨然，即之也温，听其言也厉。"（《子张》）孔子看上去比较严肃，接触之后发觉很温和，再跟他谈话，思路清晰，反应很快。这就是孔子给人的感觉。"赫兮喧兮者"是指君子的庄重的仪表，这就是威仪。君子要有威仪，像某些有身份的人走出来很有风度，但在没人注意的地方则随地吐痰，或像有些人边走路边吃零食，这就没有威仪。

"有斐君子，终不可谖兮者，道盛德至善，民之不能忘也。"正是由于君子学问好，修养好，又始终保持着敬畏的状态，有威仪，有礼貌，这样的君子就会让人过目不忘。等到一个统治者或君子能够接近"明明德"了，人民就永远不会忘记他。

诗云："于戏！前王不忘。"这又是引用《诗经·周颂·烈文》的句子，对于以前的先王，人民没有忘记他。"于戏"即"呜呼"。因为"君子贤其贤而亲其亲，小人乐其乐而利其利，此以没世不忘也"。君子赞美先王能任用贤人而和睦亲族，百姓享受先王所带来的利益，因此他们都不会忘记先王。这里的君子是能够享受道德之乐的人，他们能够欣赏先王所创造的和乐境界；群众则享受到了物质的富足，利益的实现，有了获得感。因此明明德的统治者最亲民，最让人民忘不了。朱子认为以上文字是解释"止于至善"的。

（以上为朱子《大学章句》第三章）

所谓诚其意者，毋自欺也，如恶恶臭，如好好色，此之谓自谦，故君子必慎其独也，小人闲居为不善，无所不至，见君子而后厌然，掩其不善，而著其善。人之视己，如见其肺肝然，则何益矣。此谓诚于中，形于外，故君子必慎其独也。曾子曰："十目所视，十手所指，其严乎！"富润屋，德润身，心广体胖，故君子必诚其意。

"所谓诚其意者，毋自欺也"，什么叫诚其意？即是让自己的意念真诚，不要自我欺骗。朱子说："诚其意者，自修之首也。"诚意是修身的第一步。《大学》和《中庸》都非常重视"诚",在《中庸》文本中,"诚"甚至上升到了本体论的高度,"诚者天之道"、"不诚无物"。这里强调的"意",一般认为是心之所发的意念。当意念发出后,人的理性(王阳明谓之良知)能感觉到对错,如果觉得这个念头不善或错误,不要找些理由来为自己辩护,这就是不自欺。

"如恶恶臭,如好好色",是说人的良知天然知道香臭,天然知道美丑,也可引申为知道对错。就如面对一个美女,你自然会喜欢她,这不需要思考;面对臭秽,你天然讨厌它,也不需要判断。王阳明说:"只见那好色时已自好了,不是见了后又立个心去好……只闻那恶臭时已自恶了,不是闻了后别立个心去恶。"(《传习录》上)关键在于不要文过饰非,自欺欺人。能够这样,就能实现君子的快乐。

"故君子必慎其独也",因此君子必然在独处的时候非常谨慎。一个人在公共环境中,往往会比较自觉,错误的行为较少发生。但是在无人监督的情况下,只靠自己的真诚理性去反省,靠诚意的功夫去应对,做到行为端正,心念真诚,那就不容易了,这就是真正的修身,所以君子一定要做到慎独。王阳明说:"无声无臭独知时,此是乾坤万有基"(《咏良知》)也是此义。

"小人闲居为不善,无所不至,见君子而后厌然。掩其不善,而著其善。"小人跟君子不一样,在别人看不见的地方经常做坏事,无所不为。及至见到君子,又遮遮盖盖掩藏其不良行径,炫耀其善良。

"人之视己,如见其肺肝然,则何益矣。"其实别人看他的行为,就像看到了他的肺肝一样,这样做是毫无益处的。

现在有个词叫"装",有些人喜欢"装",装作有学问,装作有道德,其实真正有道德学问的人一眼就能看穿那些伪装的人。既然你在有人时可以做一个好人,为什么在没人的时候要做个坏人呢,关键就在于内心缺少真诚。

"此谓诚于中,形于外,君子必慎独也。"君子为什么会给人一种安全感,因为他内心非常真诚善良,这种真诚善良会由内而外地体现出来。有句话叫"腹有诗书气自华",就是说一个人书读多了以后,外在的形貌会变得高贵,但是人要真正改变气质,还得修身,而修身的第一步就是诚意。有句成语叫"不愧屋漏",出自《诗经·大雅·抑》,"相在尔室,尚不愧于屋漏。"古代室内西北隅设小帐,安藏神主,这个为人所不见的地方称作"屋漏"。"不愧屋漏"比喻处世光明正大,即使在无人之处,仍然持心端正,无愧于神明,这个也是君子慎独的意思。一个人能够不自欺,当然也不会欺人,骗自己比骗别人更难,一个人常常自欺,已经是意念不诚,发展下去,就是欺人欺社会。归根到底,就是内心完全不真诚。

曾子曰:"十目所视,十手所指,其严乎!"曾子说的这句话,现在流行语叫"人在做,天在看"。其含义为你做的每件事不要以为没人看到,十双眼睛都看着,十个手指都指着你,不要以为人看不到就可以为所欲为,古人还说"举头三尺有神明"。这里还是讲诚意慎独。无人监视的时候要注意自己的意念行为,比如面对银行自动取款机误吐出来的钱,要知道不能取,因为这不是自己的劳动所得。

"富润屋,德润身,心广体胖,故君子必诚其意。"如果能做到慎独,良心就安定。有钱的人喜欢装修房子,有品格的人却注重培养心灵，心胸宽广就能身体安泰。事事无愧于良心，就有一种道德快乐产生。注意"心广体胖"的"胖"念念（pán），指内心舒泰，不能念成胖（pàng），现在大家都知道肥胖不好。所以君子一定要诚意，诚意以后就会由内而外改变，相貌就敦厚了，所谓相由心生。孟子说："仁义礼智根于心，其声色也睟然，见于面，盎于背，施于四体，四体不言而喻。"（《孟子·尽心上》）这就是由内而外的改变。诚意的主要表现即是慎独。

（以上为《大学章句》第六章，这里根据《礼记·大学》原本顺序调整至此。）

子曰："听讼，吾犹人也。必也使无讼乎！无情者不得尽其辞，大畏民志，此谓知本。"

现在有的法庭会挑一些人士去做人民陪审员。西方有一种制度就叫作陪审团制度，能够影响判决结果。孔子这里的"听讼"，是审理案件的意思，"吾犹人也"，是说我和其他审理者是一样的，因为大家都是根据法理和人情去断案的。但是孔子说我的理想是没有诉讼，即"必也使无讼乎！"要使那些没有真实情况的人不敢随意编造情节打官司，不敢去诬告别人。人们都有了羞耻心，都知道对错，就不用打官司了。"无情者不得尽其辞，大畏民志，此谓知本。"那些没有真情实意的人，自己已经知道没道理，内心已经畏惧，官司便不用打了。这才称得上知道根本。这个还是在诚意的范围里。

这段话，《大学》古本原来就在此处，朱子把它放在了前一段"此以没世不忘也"的后面,这样理解起来似乎不太顺,所以我们仍放在这里。这段话中有中国政治的一种理想,即真正的明王,能够让老百姓懂得羞耻,而不以打官司为解决问题的根本途径。这和西方不一样,西方人喜欢打官司。他们认为打官司很平常,一旦法院判决出来后,一般人都尊重判决。而在中国的一些民众,法院判决出来后,也不一定服从,或者会去上访,这里面当然有司法腐败的问题,也有国人对法律不够敬畏的问题,原因众多,但责任不能全归在老百姓身上。

孔子的理想政治是德政,他说"道之以政,齐之以刑,民免而无耻;道之以德,齐之以礼,有耻且格。"(《论语·为政》)意为统治者用政治的手段、法律的手段去统治人民,人民虽因畏惧刑法而不犯错,但是他们不知道羞耻。法律只能让人家做到不犯罪,但不能引发人心之善;而用德行和礼教去教育人民,人民就知道羞耻,就会走向正直,就会端正自己的思想。因此"听讼,吾犹人也",就审理案件而言,孔子自认为并不比别人高明,但是他认为自己能够让大家明白文化礼仪的重要性,明白正直善良的重要性,这就叫"知本"。

(此章原为朱子《大学章句》第四章,在后面还有第五章云:"此为知之至也",朱子认为第五章有阙文,故这里不作阐释。)

(四)

所谓修身在正其心者,身有所忿懥,则不得其

正;有所恐惧,则不得其正;有所好乐,则不得其
正;有所忧患,则不得其正。心不在焉,视而不见,
听而不闻,食而不知其味。此谓修身在正其心。

　　"所谓修身在正其心者,身有所忿懥(zhì),则不得其正;
有所恐惧,则不得其正。"修身在于端正自己的内心,因为当
身体有所愤怒的时候,情感就失去了中正。程颐认为这里的
"身"指心,因为心才有喜怒哀乐的情感。王阳明说:"身之主
宰便是心"(《传习录》)。人容易被愤怒冲昏头脑,这时情感
就会偏颇不正。当人有所恐惧的时候,内心就失去了中正,
恐惧常常使人患得患失,这也不是中和的情感。所以孔子说
"君子不忧不惧"。另外,一个人有某种嗜好,内心也会失去
中正。比如说你喜欢《魔兽世界》,这个时候就觉得这个游戏
最好;又比如当一个男孩爱上一个女孩的时候,他会觉得这
个女孩是最美的,这就叫情人眼里出西施。这就是"有所好
乐,则不得其正"。还有当人有所担心忧虑的时候,对事物的
判断也不能中正。比如有人老是忧虑自己的孩子读书不好,
那他对自己的孩子就难以有正确的评判,虽然有些孩子不善
于读书,却有很强的组织能力。这段话里的"忿懥""恐惧"
"好乐""忧患"都是从情感上说的,而"得其正"则主要是从理
性判断上说,"心"包括理性和感性两个方面。总之是说一个
人不要让失衡的情感影响了他的理性判断。

　　"心不在焉,视而不见,听而不闻,食而不知其味。此谓修身
在正其心。"情感不能做到中正平和,那就会看到了也像没看到,
听到了也像没听到。吃到嘴里的食物也不能正确地分别滋味。

总之,这一章强调了中正平和的情感对于理性判断的重要性,和上一段"诚意"谈意念真诚形成对文。《乐记》在谈到音乐时说"君子反情以和其志",也是强调情感中和的重要性。

按朱熹的说法,此章之"正心"和上章之"诚意"的区别在于:"意有善恶之殊,意或不诚,则可以为恶。心有不正,则为物所动,却未必为恶。""诚意是检察于隐微之间,正心是体验于事物之间。""到得正心时节,已是煞好了。只是就好里面又有许多偏。"(《朱子语类》卷十六)也就是说,"诚意"涉及到意念善恶的问题,"正心"是在"诚意"基础上情感是否中正的问题。

此外,朱子认为"正心"还有王弼所说的"圣人有情而无累"和《论语》中"不迁怒"的意思。魏晋时期,学者曾有过圣人有情还是无情的争论。何晏认为圣人无情,而王弼认为圣人也有各种情感,但能不为各种情感所左右,"然则圣人之情,应物而无累於物者也。"(《魏志·锺会传》注引《王弼传》)朱子说:"有事当怒,如何不怒。只是事过,便当豁然,便得其正。"(《朱子语类》卷十六)西方有"不为打翻的牛奶而哭泣"的谚语,意思相近。当牛奶打翻时,难免会惋惜一下,但覆奶难收,随后便要放下。"事有当怒当忧者,但过了则休。不可常留在心。颜子未尝不怒,但不迁耳。因举楼中,果怒在此,不可迁之于彼。"(《朱子语类》卷十六)也就是人之喜怒忧愤之情感一方面要当其时,另一方面要当其事,不能有爱屋及乌,迁怒于人等行为。

（以上为朱子《大学章句》第七章）

所谓齐其家在修其身者，人之其所亲爱而辟焉，之其所贱恶而辟焉，之其所畏敬而辟焉，之其所哀矜而辟焉，之其所敖惰而辟焉。故好而知其恶，恶而知其美者，天下鲜矣。故谚有之曰："人莫知其子之恶，莫知其苗之硕。"此谓身不修不可以齐其家。

此章进一步讨论修身与齐家之关系。"所谓齐其家在修其身者"，我们在待人接物上，常常表现为文章中提到的以下五个方面，这五个方面，与家族治理有关。这里的"家"，在古代主要指大家族，今天我们也可理解为小家庭。

"人之其所亲爱而辟焉"，"辟"就是偏颇，情感不恰当。一般人对自己所亲近的人就会有偏心。比如说对自己的孩子，就会有偏心，就觉得他特别的可爱。中学语文课本里有一篇文章，叫《邹忌讽齐王纳谏》，邹忌的太太们认为在全城中邹忌最漂亮，因为大老婆爱他，小老婆怕他，就是这种偏颇的例子。

"之其所贱恶而辟焉"，一般人对所讨厌的对象往往很偏激。现在我们中国的社会有点割裂，尤其表现在人的情感偏颇，有些穷人比较讨厌富人，认为富人为富不仁。有些富人又很偏激，视普通劳动者为低端人口，这种都是很不应该的。这都可以说由于情感不中正之故。

"之其所畏敬而辟焉"，对于所敬畏的人，也会过分敬仰，比如神话领导、盲目崇拜之类。"之其所哀矜而辟焉"，人们对于所哀怜矜恤的人或物，也会过分同情而失其中正。

比如因为看见有些人显得可怜,便放弃原则予以帮助,又比如对流浪狗流浪猫,有些人充满同情心,这不错,但是对于社会上或单位里需要关怀的弱势群体,却缺少应有的关心与同情,都属此类。

"之其所敖惰而辟焉",人们对于自己看不起的人,也会有骄视怠慢之心。以为这些人层次太低了,修养太差了。"故好而知其恶,恶而知其美者,天下鲜矣。"因此爱一个人而能了解他的短处,讨厌一个人而知道其长处,这样的人天下少有。喜欢一个人就全盘肯定,讨厌一个人就全盘否定,都是不对的。治理家族也很难取得满意的效果。

因此《大学》认为齐家取决于修身,首先要克服偏颇的情绪。

"故谚有之曰:'人莫知其子之恶,莫知其苗之硕。'"有句俗话说:"没有人知道自己儿子的短处,也没有人知道自己田里的禾苗肥壮。"儿子是自己的骨肉,由于溺爱,总觉得自己的儿子是最优秀的,上海人叫"瘌痢头的儿子自家好"。由于贪心,总觉得人家地里的禾苗壮硕,却看不到自己地里的禾苗其实也非常兴旺。"此谓身不修不可以齐其家。"这里谈齐家主要在于修身,要用中正的情感来待人接物。

(以上为朱子《大学章句》第八章)

所谓治国必先齐其家者,其家不可教而能教人者,无之。故君子不出家而成教于国。孝者,所以事君也;弟者,所以事长也;慈者,所以使众也。《康诰》曰:"如保赤子。"心诚求之,虽不中不远矣。

未有学养子而后嫁者也。一家仁，一国兴仁；一家让，一国兴让；一人贪戾，一国作乱：其机如此。此谓一言偾事，一人定国。尧、舜帅天下以仁，而民从之。桀、纣帅天下以暴，而民从之。其所令反其所好，而民不从。是故君子有诸己而后求诸人，无诸己而后非诸人。所藏乎身不恕，而能喻诸人者，未之有也。故治国在齐其家。《诗》云："桃之夭夭，其叶蓁蓁。之子于归，宜其家人。"宜其家人，而后可以教国人。《诗》云："宜兄宜弟。"宜兄宜弟，而后可以教国人。《诗》云："其仪不忒，正是四国。"其为父子兄弟足法，而后民法之也。此谓治国在齐其家。

此章之前，是讲格物、致知、诚意、正心等修身内容。此章开始，《大学》讨论齐家、治国、平天下与修身的关系。涉及到儒家"内圣外王"的话题，即一个优秀的统治者所应该具有的高尚品德。

"所谓治国必先齐其家者，其家不可教而能教人者，无之。"意思是说，一个连自己家族里的人都不能教育好的君王是无法教育好别人的。

"故君子不出家而成教于国。孝者，所以事君也；弟者，所以事长也；慈者，所以使众也。"所以君子虽然没有离开家族，但是他的教化理想已经在这个国家当中流行了。因为古人认为家国同构，国是放大的家，家是缩小的国。家庭中的孝顺父母的情感，可以用来侍奉国君；尊重兄长的感情，可以用来侍奉尊长。慈爱子女的感情，可以用来对待人民。在两汉时期，曾采用一种征辟制度来推举底层人士出来做官，其中"孝廉"就是根据某人在家族中具有孝顺的名声而被推荐做官。曹操就是因为有孝廉的名声而当官，至于"举孝廉"的人是否真正孝顺父母，是另一回事。汉代末年有"举孝廉，父别居"的说法，那是因为当时的评价体系已经出了问题。

"《康诰》曰：'如保赤子。'"这里开始谈统治者的品德。《尚书·康诰》说："爱人民如同保护婴儿。"爱护婴儿一定要非常的小心，带小孩是要投入精力的，只有非常认真仔细，婴儿才能健康成长。如保赤子，就是说统治者要像对待小孩子一样对待人民。

"心诚求之，虽不中不远矣。"这里讲到了"诚"，儒家思想对"诚敬"是非常强调的，一个人如果全身心地投入做一件事，即使不能做得十分好，也差不太远了。这里面"不中"也许可以用河南、山东话来读。这句话强调统治者若能真心诚意治理国家，效果一定不会太差。《大学》的作者认为对待百姓和保护婴儿的道理是一样的。对待百姓是治国，保护婴儿属于齐家的内容。

"未有学养子而后嫁者也。"没有一个女人是先学会了养育孩子才出嫁的。现在的准妈妈怀孕以后就开始读婴儿养育手册了，过去没有这些书的，孩子一旦生出来，妈妈自然懂得如何抚养。为什么能这样？因为全心投入，这就是心诚求之。孩子一哭，妈妈就知道是尿布湿了还是奶没喂饱。齐家治国也是一个"诚"的问题，全心全意为人民服务，没有私心，家族国家自然治理得好。

"一家仁，一国兴仁；一家让，一国兴让；一人贪戾，一国作乱：其机如此。"国君能在家族中实行仁爱，那么一国人就会受到感化而互相仁爱。国君能在家族中实行礼让，一国人就能兴起礼让的风气。国君一人贪暴，一国就会动乱不已。国家治理的关键道理就是这样。

"此谓一言偾事，一人定国。"有时候君主的一句话可以败坏大事，有时候君主一个人也可以安定国家，君主充满爱心和真诚，国民就会受到感化。当代中国没有封建邦国，但有时候政府部门宣传不当，也会造成不好的影响，比如有句话叫"厉害了，我的国"，这本来代表某些网民的认知与祝福，但上升到政府层面宣传，引发其他国家担忧，那就不太妥当。

这一段虽然谈齐家和治国的关系，但始终贯穿着对统治者修身的要求。

"尧、舜帅天下以仁，而民从之。桀、纣帅天下以暴，而民从之。"这里举例说明尧舜自己非常仁爱，用仁政统治天下，人民受到感化，也变得非常仁爱；桀纣自己非常残暴，用暴政统治天下，所以受其影响，人民也变得非常残暴。

"其所令反其所好，而民不从。"国君颁布的政令和他本人的爱好行为相反，人民是不会听的。用孔子的话说："其身正，不令而行，其身不正，虽令不从。"（《论语·子路》）这就是治国者的榜样作用。

"是故君子有诸己而后求诸人，无诸己而后非诸人。"所以君子自己做到的事，才要求别人去做，自己不犯错误，才能禁止别人犯错误。因为《大学》提出了这样的要求，所以古代的君王和皇帝都要自己做出榜样来，但事实上又做不到。明君并非十全十美，无道之君就更不用说了。所以中国人有"为尊者讳"的传统，替统治者隐藏，因为统治者的缺点不能给人知道。在人治的环境下，如果君王品德不完美，他的治理就少了点合法性，故统治者的缺点不能让人民知道。

"所藏乎身不恕，而能喻诸人者，未之有也。"这句话再一次强调自己不具备美好的思想和行为，而要推己及人是不可能的。"恕"指恕道，就是推己及人。《论语》里说"夫子之道，忠恕而已"(《里仁》)，君子不仅要有美好的品德，还要有推己及人的情怀，这样才能成教于国。推己及人，对于统治者来说，首要是让人民有幸福的生活。

"故治国在齐其家。"所以一个国家要治理好，首先自己的家族要能治理好。

"《诗》云：'桃之夭夭，其叶蓁蓁。之子于归，宜其家人。'"这里引用《诗经》来论证，这种引用论证在先秦经典中非常普遍。《诗经·周南·桃夭》说：桃树娇嫩多美好，叶儿茂盛长得妙。这个姑娘来出嫁，整个家庭都美好。"此诗是以桃子的成熟来比喻女子的长成，以桃树的美丽来比喻女子的美丽。古代女子到了一定年龄就要出嫁，小家庭的建立，有利于社会稳定。古人认为独身者太多，是社会不稳定因素，这和现代观念不完全相同。

"宜其家人，而后可以教国人。"统治者首先治家有方，让家人过得满意，才能够去影响国中的人。

"《诗》云：'宜兄宜弟。'宜兄宜弟，而后可以教国人。"《诗经·小雅·蓼萧》说，"兄弟和睦友爱"，只有自己家里兄弟友爱了，才能去影响国人。

《诗》云：'其仪不忒，正是四国。'"《诗经·曹凤·鸤鸠》说："他的威仪没有差错，可以作为各国的法则。"这里举了三首《诗经》的例子，都是说明家庭或家族治理好了，国家才能治理好。

"其为父子兄弟足法，而后民法之也。此谓治国在齐其家。"父子兄弟都对这个家人满意，都以他为榜样，那么他去做国家的领导人，一定也会让人民满意。

《大学》认为，治国、平天下能否实现，和统治者的道德水准密切相关，一个家长的道德水平很差，自己的家族搞得乱哄哄，出任邦国的君王，是无法治理好邦国的。好比一个老总在家里没有威信，而他的企业兴旺发达是不可能。

但我们以今天的眼光来看，事实好像不是这样。例如有些企业家的各种传闻很多，但他的公司管得很好。民主国家的总统有些颇多负面新闻，家庭关系也处理得一般，国家却治理得井井有条。相反，无论就历史还是现实来看，有些人的道德水准较高，治理能力却很一般。

在古代，就有些道德君子"无事袖手谈心性，临难一死报君王"，因此治理能力似乎和道德品质没有什么直接关系，道德好只是能让统治者不为恶。古代是人治社会，强调齐家必先修身，治国必先齐家，修身和治国的关系较大，但在今天的法治社会，我们应该同时强调实践管理能力。

对此，新儒家的代表人物牟宗三先生的观点比较有启发意义。在《政道与治道》一书中，牟先生认为儒家政治哲学中，有"政道"和"治道"之别。政道者，政体之原理也，如"天下为公"；治道者，政府职能之运用也，如"三省六部"。

牟先生认为，中国古代数千年政治发展，完善的是一个治道,悬空的是一个政道。治道发展至明清;已臻至善;政道虽有先贤之垂训,却苦无办法落实操作。政道需要一套理性的架构,例如民主制度,而治道是理性的运用表现。政道因为没有架构,就缺少了规范的可操作性,犹如建筑物没有架构,就不成为建筑物。顺着这种思路理解,中国的传统政治光有理想,缺少一种制约各方权力与利益的制度,所以只能强调人的作用,强调"运用之妙,在乎一心",因此重视人的道德品质就可以理解了。

在《政道与治道》中,牟先生对由内圣而外王的思路也作了深刻的反省与批判。他说,首先,从"得天下"说,有德者未必作"王",反过来,无论是有德还是无德,内圣从来没有成为"取天下"之道。其次,从"治天下"说,仅仅有"仁者德治"的观念并不够,因为"仁者"往往可遇不可求。因此"仁者德治"可以是一个政治上最高之理想,却在历史上从没实现过。再次,仅仅强调"仁者之德"的话,则必含"人存政举,人亡政息"的结局,也即政治上无法稳定。最后,按照"仁者德治"的观念,"唯仁者宜在高位",此即必须以圣人为王,故曰"圣王";这不仅在事实上难以做到,而且对于"治者"个人来说,要求过高,其结果只能是政治被吞没于道德,结果是政治上不得解放,而且道德也不得解放。[①]

可以说,牟先生看到了传统政治的问题所在,他也试图开出如何实现传统政治转化的药方,即通过"良知的自我坎陷"接通现代社会的"民主和科学"。这套方法是否可行,我们不加讨论,但作为新儒家的代表,民主与科学代表世界大

---

① 参牟宗三《政道与治道》,广西师范大学出版社,2006年版,第八章。

潮,是他的基本认知。假如我们同意他的这些观点,那么只能说明统治者较高的道德水准也许会有益于国家和人民,但却无法保证治理国家一定成功。李泽厚先生则认为,儒家的修身,其作用主要在私德领域,与现代政治无直接关系,现代国家的治理必须依赖一整套合理的制度。

当今亚洲的一些民主国家如日本、韩国等,历史上都属于传统儒家文化圈,但今天都是现代民主政体。有些人担心,假如采用民主政体,而这种政体来自于西方,其本国的传统习俗和文化是否会受其影响而变化?然而我们到这些国家考察,发现他们的传统礼俗和文化都保持得非常好,反观我们自己,虽没有采用西方民主政体,传统文化却受到了很大的破坏,其中原因颇令人深思。愚以为,传统文化,如儒家礼仪文化和传统民俗,有其活力和惯性,只要不加以人为破坏,原也可保存其生命力的,而恰恰是在这个方面,我们做得很不好。那时一些政治运动,使优秀传统文化遭受了重创,而国家基层组织建到乡村,又破坏了乡绅文化,弱化了民间自治能力,使得"礼失求诸野"再无可能。今日要恢复传统文化并不容易,统治者不宜采用政治运动的方式,而应该以身作则,从上做起,恢复诚信的价值观,允许言论逐渐开放,让民间传统慢慢恢复生机。

(以上为朱子《大学章句》第九章)

(五)

所谓平天下在治其国者,上老老而民兴孝,上长长而民兴弟，上恤孤而民不倍，是以君子有絜矩之道也。所恶于上，毋以使下，所恶于下，毋以事上；所恶于前，毋以先后；所恶于后，毋以从前；所恶于右，毋以交于左；所恶于左，毋以交于右；此之谓絜矩之道。《诗》云："乐只君子，民之父母。"民之所好好之，民之所恶恶之，此之谓民之父母。《诗》云："节彼南山，维石岩岩。赫赫师尹，民具尔瞻。"有国者不可以不慎，辟，则为天下僇矣。《诗》云："殷之未丧师，克配上帝。仪鉴于殷，峻命不易。"道得众则得国，失众则失国。

古代天下的概念，既可以指四海之内，相当于现在的中国境内的概念，一个天子所治理之范围，推而广之，也可指道德文明所化之域。天下之外，都是没有文化的蛮夷之地。现在的天下不一样了，一般指地球范围。

所谓"平天下"就是治理整个天下，安抚天下黎民百姓，使他们能够丰衣足食、安居乐业、发展文化，而不是用武力平定天下。

"所谓平天下在治其国者，上老老而民兴孝，上长长而民兴弟，上恤孤而民不倍，是以君子有絜矩之道也。"这一层讨论为什么平天下先要从治理好诸侯国开始。因为上面的国君尊敬老人，就会兴起敬老的孝道。"老老"，前面一个"老"，是尊重的意思，后面一个"老"，是老人的意思。上面的国君尊重年纪大的人，国民就会兴起尊重长者的悌道。上面的国君有慈爱之心，爱护照顾孤儿，那么人民就不会背叛他。所以君子最讲究絜矩的原则。"矩"是画方的尺子，"絜"是量围长的绳子，絜矩是指以身作则和推己及人的法则。大家都这样推己及人，整个天下就能够文教德化。

"所恶于上，毋以使下，所恶于下，毋以事上；所恶于前，毋以先后；所恶于后，毋以从前；所恶于右，毋以交于左；所恶于左，毋以交于右，此之谓絜矩之道。"这层再次强调"絜矩之道"。对于上级所作的令自己厌恶的行为，就不要用来对待下级；对于下级所作的令自己厌恶的行为，也不要用来对待上级；对于前辈所作的令自己厌恶的行为，不要用来对待后辈；对于后辈所做的让自己厌恶的行为，不要用来对待前辈；右面的人的行为让我厌恶，我就不用来对待左边的人；反之亦然。这就是以身作则、推己及人的道理。上章从"治国"提倡"恕道"，此章强调"絜矩之道"，意思差不多。进一步说，"絜矩之道"除了以身作则、推己及人之要求外，还含有公平的原则，对待上下左右的原则是一样的，不搞双重标准。朱子云："至于前后左右，无不皆然，则身之所处，上下、四旁、长短、阔狭，彼此如一，而无不方矣。"(《朱子语类》卷十六)"絜矩之道"是儒家理政的出发点。

"《诗》云：'乐只君子，民之父母。'"这里引用《诗经·小雅·南山有台》的句子。"这个令人快乐的君子，是人民的父母。"这里反映了中国人的特有观念，中国古人把官员当成父母，叫父母官，这在等级社会，有一定的合理性。而到了现代社会，有些官员还把自己当做人民的父母，用治理子民的方法治国，这就不对了。传统的东西，也要批判性地去看，要创造性地转化。

"民之所好好之，民之所恶恶之，此之谓民之父母。"人民喜欢的东西，统治者就喜欢，人民讨厌的东西，统治者就讨厌，以人民之好恶为好恶，这代表了古代的民本思想，统治者要重视民生，以民为本。但在今天这个时代，民本是不够的，应努力实行民主政治。民主是人民将权力委托给政府，政府代表人民去行使权力，套用一句现成的话也可叫"权为民所用"。

"《诗》云：'节彼南山，维石岩岩。赫赫师尹，民具尔瞻。'"接着引用《诗经·小雅·节南山》的句子，"高俊的南山啊，大石堆积成山峦。威风凛凛尹太师，人民都在向你看。"师尹指周太师尹氏，其为官重利轻义，是个坏榜样，所以人民谴责他。

"有国者不可以不慎，辟则为天下僇矣。"所以统治国家的人，不可以不谨慎，邪僻失道就将被天下人诛戮。"僇"有杀掉的意思，也可以解释为羞辱。

"《诗》云：'殷之未丧师，克配上帝。仪鉴于殷，峻命不易。'"这是引用《诗经·大雅·文王》来说事，商朝亡国之君商纣王，他不顾人民的死活，整天只想着享受，搞酒池肉林，最后为周武王所灭。这首诗提醒说，殷商没有失去民心的时候，德行也是可以配得上天帝的要求的，所以应该借鉴殷商兴亡的教训，保存国运是不容易的。《文王》这首诗可以说是周代统治者对历史的一个总结，其结论是"天命靡常，惟德是辅"。即上苍不会永远眷顾哪朝哪姓，而是眷顾有德者，而有德就是得民心的人。如果统治者不重视天命，不对人民好，那么天命就要转移了。过去人民选择你，不代表人民永远选择你。这比商朝认为天命是永恒，始终眷顾自己是个巨大的进步。

"道得众则得国，失众则失国。"在引了上面《诗经》的三首诗之后，总结道：统治者得到民心，就能够建立一个国家，如果失去了民心，就失去了国家。这个总结强调了统治者得民心的重要性。深化了"絜矩之道"的内涵。顺便说一下，这种天命观后来为历代统治者所接受，所以一个新的朝代建立，总要说"奉天承运"之类的话。

　　是故君子先慎乎德。有德此有人，有人此有土，有土此有财，有财此有用。德者本也，财者末也。外本内末，争民施夺。是故财聚则民散，财散则民聚。是故言悖而出者，亦悖而入；货悖而入者，亦悖而出。《康诰》曰："惟命不于常。"道善则得之，不善则失之矣。《楚书》曰："楚国无以为宝，惟善以为宝。"舅犯曰："亡人无以为宝，仁亲以为宝。"

　　"是故君子先慎乎德。有德此有人，有人此有土，有土此有财，有财此有用。"这一段继续强调道德的重要性。君子首先要注重培养自己的品德，内在有品德，外在形象就会显现出来，人民就会用拥戴他。有了人，就可以获得大量的土地。这些土地可以因开垦而得，也可以是归附的人带来的。古代中国人有个观念，可以通过文教德化招抚远方的人民。只要一个国家的文化先进，道德高尚，别人就会从四方来投奔。孔子说："远人不服，则来之；既来之，则安之。"（《论语·季氏》）有了人民，有了土地，当然财富也就随之而来。有了财富，用度就不会匮乏。

"德者本也，财者末也。外本内末，争民施夺。"道德是根本，财富是枝末。如果统治者本末倒置，轻视道德，重视财富，那么就会与民争利，人民也会贪恋财富，喜欢争斗。我们现在也碰到这个问题，国家已经富强，人民还未富裕，国家是否把财富都集中在手里？国家或许应该藏富于民，人民富强了，人心就凝聚了，这或许比某些维稳手段更有效。

"是故财聚则民散，财散则民聚。"统治者聚敛财富，就会失去民心，统治者藏富于民，则人心就稳定。像一些民主国家，他们政府没有钱，修条马路都修不起来，机场破破烂烂的，但是人心比较稳定，因为人民的医疗养老教育有保障，人心就稳定了。

"是故言悖而出者，亦悖而入；货悖而入者，亦悖而出。"一个人如果说话无礼，别人也会回报以恶语；财富不以正当的手段得到，将来也会不合理地被夺走。政府说话不合情理，总喜欢说大话官话，得到的回报就是假话谎言。这些话对个人而言，就是有话好好说，不要伤人家的感情。君子爱财，取之有道。

"《康诰》曰：'惟命不于常。'道善则得之，不善则失之矣。"《尚书·康诰》说："天命无常，国家有道，就能得到天命的眷顾，国家无道，天命就会失去。"俗话说，人在做天在看，天看的不仅有普通人，也有统治者。

"《楚书》曰：'楚国无以为宝，惟善以为宝。'"《国语·楚语》记载楚大夫孙圉对晋国大臣说："楚国没有什么宝贝，只有把善良的人作为宝贝。"

"舅犯曰：'亡人无以为宝，仁亲以为宝。'"晋公子重耳流亡到秦国，秦穆公劝他兴兵回国夺取大位，重耳的舅父子犯教他回答说："流亡在外的人没有什么是宝贝，只是把对父亲的爱当作宝贝。"这些引用，都是强调统治者品德的重要性。高层统治者首先要重德而不是重财。

《秦誓》曰："若有一介臣，断断兮无他技，其心休休焉，其如有容焉。人之有技，若己有之；人之彦圣，其心好之，不啻若自其口出，实能容之，以能保我子孙黎民，尚亦有利哉！人之有技，媢疾以恶之；人之彦圣，而违之俾不通，实不能容，以不能保我子孙黎民，亦曰殆哉！"唯仁人放流之，迸诸四夷，不与同中国。此谓唯仁人为能爱人，能恶人。见贤而不能举，举而不能先，命也；见不善而不能退，退而不能远，过也。好人之所恶，恶人之所好，是谓拂人之性，菑必逮夫身。是故君子有大道，必忠信以得之，骄泰以失之。

这一段讨论的是统治者的气度和用人问题，但这依然和个人品德相关。先引用《秦誓》，《秦誓》是《尚书·周书》中的最后一篇，原是秦穆公偷袭郑国失败后的忏悔之辞："若有一介臣，断断兮无他技，其心休休焉，其如有容焉。人之有技，若己有之；人之彦圣，其心好之，不啻若自其口出，实能容之，以能保我子孙黎民，尚亦有利哉！人之有技，媢疾以恶之；人之彦圣，而违之俾不通，实不能容，以不能保我子孙黎民,亦曰殆哉!"这段话的意思是:"如果有一个官员,诚实专一而没有别的技能,胸怀宽广而能容人。别人有能力,就好像自己有能力一样。别人贤良明智,就由衷地喜欢,口中也加以称道,非常能够包容别人。任用这种人来保护我的子孙黎民,确实是有利的啊。"这里强调的是,作为国家重臣,具有诚实专一的品德是尤其重要的。他可以没有专门的才能,可以不是北大、清华毕业的,但一定要有容人用人的度量。内心真诚属于价值理性,专门技能属于工具理性,对统治者来说,价值理性比工具理性更重要。只有工具理性而缺少价值理性,考虑问题就会很功利,比如某地建水电站,工具型官员首先考量的是电站能发多少电,挣多少钱,而很少考虑会破坏多少生态,损失多少文物资源或给人民带来多少麻烦,眼光浅近。而具有价值理性的官员,往往具有人格魅力、理想情怀,虽然自己不一定样样精通,却有识人之才,用人之量,执政效果也会比较好。《秦誓》后半部分则对无德的大臣提出了批评,"别人有能力就嫉妒,就厌恶。别人美好明哲,就尽力阻扰不让君王知道。这种狭隘的人,任用他们就不能保护我的子孙黎民,就很危险了。"从这里仍可看出,《大学》对于统治者的品德是极其重视的,基本是一种德治模式。

"唯仁人放流之,迸诸四夷,不与同中国。此谓唯仁人为能爱人,能恶人。见贤而不能举,举而不能先,命也;见不善而不能退,退而不能远,过也。好人之所恶,恶人之所好,是谓拂人之性,菑必逮夫身。是故君子有大道,必忠信以得之,骄泰以失之。"对于这种小人,只有仁德的国君或帝王才会把这种人流放,驱逐到四方蛮夷之地。因为仁德的人公正无私，所以无论喜欢还是厌恶都从公心出发。发现了贤人而不能举荐，举荐了而不能重用，这是怠慢。"命"是怠慢的意思。发现了不善的人而不能黜退，黜退了而不能把他驱逐到远方，这就是过错了。如果最高统治者竟然喜爱人民憎恶的人，憎恶人民喜欢的人，这样做就违背了人的本性，灾难一定会降临到他身上。因此君子治国理政要有正确的原则，忠实诚信就能保持原则，骄恣放纵就会失掉原则。通过以上这章的内容，《大学》告诫最高统治者，要有仁爱和公正之心，要善于识人用人，亲君子远小人，要关心、了解民意，不能倒行逆施。

生财有大道，生之者众，食之者寡，为之者疾，用之者舒，则财恒足矣。仁者以财发身，不仁者以身发财。未有上好仁而下不好义者也，未有好义其事不终者也，未有府库财非其财者也。孟献子曰："畜马乘，不察于鸡豚；伐冰之家，不畜牛羊；百乘之家，不畜聚敛之臣，与其有聚敛之臣，宁有盗臣。"此谓国不以利为利，以义为利也。长国家而务财用者，必自小人矣。彼为善之，小人之使为国家，灾害并至。虽有善者，亦无如之何矣！此谓国不以利为利，以义为利也。

最后这段主要讨论义与利的问题，这也是儒家治国思想中经常涉及的问题，也是治国理政者必须面对的问题。

"生财有大道，生之者众，食之者寡，为之者舒,则财恒足矣。"财富和民生是统治者首先需要解决的问题,因此《大学》认为,增加财富有原则。生产的人多,消费的人少,创造财富的人积极努力,消费财富的人使用舒缓,那么国家的财富自然就充足了。这一点虽然是常识,但历朝历代都存在问题,相对来说,越是早期社会,直接生产的人越多,吃皇粮的管理者越少。据统计,西汉官民比例为1∶7943,清初是1∶911,到了1994年,比例已达到1∶34。现在的公务员制度,冗官冗员一直是个问题。管理者多了,并不代表执政能力的提高,相反会有较多互相扯皮、互相诿过的现象。此外,现在是消费社会,社会媒体都在鼓励消费,以消费来拉动经济。这是一个世界性的现象,但同时也是一个大的问题:消费固然能够拉动经济,然而地球的资源是有限的,过分的消费会促使资源的枯竭。况且人的欲望是无穷的,鼓励释放欲望只会欲壑难填。儒家讲"寡欲",讲"天理人欲",合理的欲望是"天理",过分的欲望就是"人欲"。

"仁者以财发身,不仁者以身发财。未有上好仁而下不好义者也,未有好义其事不终者也,未有府库财非其财者也。"财富是有价值的,因此仁德的人利用财富来发扬自身的理想,而不仁的人滥用自身优势求发财,最后人财两空。没有君上爱好道德而臣民不爱好道义的,没有臣民爱好道义而国事半途而废的。国库中的财富也是君王的,君王没有必要再聚敛财富。

"孟献子曰:'畜马乘,不察于鸡豚;伐冰之家,不畜牛羊;百乘之家,不畜聚敛之臣,与其有聚敛之臣,宁有盗臣。'此谓国不以利为利,以义为利也。长国家而务财用者,必自小人矣。彼为善之,小人之使为国家,灾害并至。虽有善者，亦无如之何矣！此谓国不以利为利，以义为利也。"孟献子是德才兼备的鲁国大夫，这里引用他的话说：拥有马匹车辆的士大夫之家，就不要再去养鸡养猪牟利了；有资格伐冰储藏以祭祀祖先的大夫之家，就不要养牛养羊牟利了；拥有百辆兵车的有领地的卿大夫之家，就不该豢养聚敛民财的家臣。有这些聚敛财富的家臣，比家里出了偷盗之臣还坏。这就是说国家不可以财货为利益，要以道义为利益。不能与民争利。朱子评论说："义之所安，即利之所在。盖惟义之安，则自无不利矣。"（《朱子语类》卷十六）认为统治者只要追求道义，必然会带来利益，不需要特别去谋利。

这段话今天读来，仍有启发意义。论语说："百姓足，君孰与不足？百姓不足，君孰与足？"统治者千万不能与民争利。今天虽然不存在封建时代的统治者了，但国家政府者要考虑国强和民富之间的关系，民富了，国家就容易治理了。现在中国有大量的民营企业，解决了大量的就业问题，创造了很多的税收，国家应该鼓励他们，善待他们，给予公平的竞争环境。垄断企业，享有政策优势，规模庞大，依靠他们，虽然会有些近期利益，然而效率低下，体制陈旧是其难以克服的问题，因此媒体不应该再推出国进民退的政策或舆论。例如中国的油价比其它国家高，电信费用也较高，这和三桶油及电信垄断有直接的关系，这些费用过高，就是与民争利了。

《大学》还认为，引导国家追求财富的君王，一定是受到了小人的诱导，国君还以为这些小人有能耐。用这些小人治国，天灾人祸就会一起到来，到那时即使有贤人接盘，也没有办法了。所以说国家不应追求私利，而应追求道义。

（以上为朱子《大学章句》第十章）

纵观整部《大学》，从大人的格物致知、诚意正心的修身说起，推演到齐家、治国、平天下的理念，强调了统治者个人品德的重要性。在治国理念上，强调统治者以身作则、推己及人、亲近仁者，追求道义、爱民惠民等，至今读来仍有很大的启示意义。这些思想若能和现代政治民主、自由、公正的理念相结合，无疑将会对社会进步产生非常积极的作用。

参考文献：

李学勤主编《十三经注疏·礼记正义》，北京大学出版社，2000年版。

【宋】朱熹《四书章句集注》，中华书局，1983年版。

【清】王夫之《读四书大全说》，中华书局，1975年版。

王文锦《大学中庸译注》，中华书局，2008年版。

杨天宇《礼记译注》，上海古籍出版社，1997年版。

牟宗三《政道与治道》，广西师范大学出版社，2006年版。

傅佩荣《止于至善：傅佩荣谈大学中庸》，东方出版社，2018年版。

黄意明《道始于情：先秦儒家情感论》，上海交通大学出版社，2009年版。

第二篇　诚者天之道

《中庸》精义阐微

概　说

　　《中庸》作为《四书》之一,与《大学》一样,都是出自《礼记》。关于《中庸》的作者,历代是有争议的。从西汉司马迁开始到东汉为《礼记》作注的郑玄,再到唐代《礼记正义》的作者孔颖达,都认为《中庸》是孔子的孙子子思所作。孔门学问的传承路线大致可以梳理为:从孔子到传说《大学》的作者曾子;曾子之后传给子思,子思著《中庸》;子思的后人又把儒家的学问思想传给了孟子。因此,过去一般认为《中庸》是子思所作。历史上也有像欧阳修等学者提出过异议,但总体而言,直到朱熹,大部分人还是这么认为的。

　　直至清代以后,随着考据学的兴盛,关于《中庸》的作者,逐渐有了一些不同的观点。部分学者对《中庸》产生的时间和作者产生了疑问,特别是现代的一部分学者,认为《中庸》这篇文章不可能是子思作的,也不可能产生于春秋战国时代,应该产生于更晚一些的秦国统一六国之后。这种认识首先源于子思生活于春秋到战国过渡时期，而《中庸》里有类似"今天下车同轨，书同文"的内容，这种提法和春秋战国时代的情况不符，因为根据普遍的认知，"车同轨、书同文"要在秦始皇大一统之后。其次，《中庸》的文体是成熟的议论文，这种文体诞生于荀子时代。现代学者较为代表性的观点是，这篇文章体现了子思的思想，但是经过了后人的增删改订。

我国古人有一种"述而不作"的传统，这是孔子提倡的，"述而不作"就是只讲述前人思想，而不过多加工，不过多发挥，我的东西不全是我自己的想法，主要是古人传下来的，我只讲解但是我不是著作人。就像《论语》的作者并不是孔子，《论语》是孔门弟子记录孔子和他弟子言行的书，记录者是孔子的弟子。孔子当时并没有著作的意识，《中庸》的内容很可能也是同样的情况。子思讲了以后，他的学生或者学生的学生，加以记录，又有所补充，一直到了战国结束秦统一天下以后才最终完成，故而才出现"今天下车同轨，书同文"之类的说法。基于此，我们还是认为《中庸》的思想基本形成于春秋末战国初，是子思和孟子一派的思想。我们在《孟子》中，也能读到与《中庸》相同的一些内容。但《中庸》一文的最后定型时间，则可能是秦一统天下以后。

《中庸》和《大学》的重点不同，"大学"是讲"大人之学"，即成为君子的学问，特别是"大人之学"还可以理解为统治阶级的学问，就是成为统治者所需要明白的道理。因为《大学》作为君子之学的同时也是统治阶级的学问，所以一开场就是"大学之道，在明明德，在亲民，在止于至善"，开卷就为"大人"指明方向。而《中庸》不太一样，它的立足点不在于单纯的统治阶级或道德修养,《中庸》主要讲的是对天理的理解,所以《中庸》一开始就讨论了"天""性""道""教""已发""未发"等问题,这些都是孔子很少涉及的。孔子谈到人性时只说:"性相近也,习相远也。"(《论语·阳货》)意为人性是相近的,但是后天的社会行为会让人变得不一样。至于人"性"的善恶,并不在孔子的讨论范围。

孟子强调人性本善,程朱后来也经常讨论天性的善和恶的问题,但是,《中庸》中的天与性的关系,性与道、道与教的关系等,这些在《论语》里面都是很少讨论的。所以孔子的学生说"夫子之言性与天道,不可得而闻也"(《公冶长》)。孔子谈"仁"大家听得很多,谈"性"与"天道"听不太到。儒家从孔子开始就非常强调人伦日用传统,较少有形而上的探索,类似世界的本体是什么,世界是怎么运行的等等,这些问题不是孔子关注的重点。孔子关注的重点在人际关系和道德伦理范围内,在日常生活中去体会做人的道理和处世原则,怎样用礼乐来提升道德境界等,也因此孔子不愿多谈性与天道之类的话题。但不讨论并不代表没有思考,只是孔子认为当时社会重点问题的不能依赖于形而上思考去解决。但是到了子思和孟子的时代,诸子百家对于这些问题都比较关注,相互之间也有很多辩论,《老子》《庄子》《墨子》等,都有这方面的内容。所以《中庸》中出现这方面的内容,也是时代的需要,代表着儒家理论的升华。不过,《中庸》中的"性""道"等命题,和另一本儒家经典《周易》、道家《老子》中所谈的此类命题,有相似之处,但并不完全相同。

《中庸》这篇文章,顾名思义,重点是要讨论"中庸"的问题,后来又叫"中庸之道"。文中的前半部分比较关注"中和"的问题,"中和"就是中庸的一种体现。郑玄说:"名曰《中庸》者,以记其中和之为用也。"中和或者和谐是中国文化的基本思想,中和也可以说代表着儒家的一种本体论。《中庸》的后半部分讨论的重点是"诚"的问题,"诚"是天道,虽然"诚"涉及到诚信问题,但不仅仅指诚信,还包括事与理的真实无妄。《中庸》篇的中间部分列举了一些具体事件和修身齐家的范例,因此现在有些学者认为《中庸》是由两篇文章拼合在一起。不过这只是一家之言,并没有获得普遍认可,《中庸》本身的文脉还是具有一贯性的。只是,关于《中庸》篇前面强调的"中和"与后面强调的"诚"的关系,确实是一个非常值得关注与思考的问题,有待继续深入探究。关于《中庸》的价值,唐宋之后的儒家开始逐步发掘,程朱都很重视,朱熹专门做了《中庸章句》。此篇"《中庸》精义阐微"仍然是根据朱熹的《章句》来逐章研究的,但对具体章序不再标注。

(一)

天命之谓性,率性之谓道,修道之谓教。道也者,不可须臾离也,可离非道也。是故君子戒慎乎其所不睹,恐惧乎其所不闻。莫见乎隐,莫显乎微。故君子慎其独也。喜怒哀乐之未发,谓之中;发而皆中节,谓之和。中也者,天下之大本也;和也者,天下之达道也。致中和,天地位焉,万物

育焉。

第一章是中庸里非常重要一章，它言简意赅地把《中庸》的思想概括进去了，此后的第二章到第二十三章的内容都和第一章有关系，所以这个第一章一定要搞明白。梳理中国的哲学思想史，基本概念范畴大概在二十个左右，每一个都非常重要，只有明确这些概念才能完整地理解古人所讨论的内容究竟是指什么？当然，后人讨论时会有所发挥和创新，中国文化的概念范畴具有逐渐生成的特点。本篇第一章涉及了一些重要的儒家命题和一些哲学相关的概念范畴，因而一定要搞清楚其中意义。

首先说"天命之谓性"，照字面解释，"天赋予人的秉赋就是性"，但对于这个"性"，先秦的思想家已有不同的看法，比如人性是善的还是恶的？人性和动物性是否一样等。孟子同时代的告子说"生之谓性"，也就是把生理属性作为性，这样的话，人有其生理属性，狗也有生理属性，树也有其生理属性，生理属性是无所谓善恶的，是人与物的生理特点。孟子说的性和告子说的性概念不一样，孟子的性是指人的道德属性，他认为人和动物的区别就在有没有道德属性（道德情感）。正因为人有道德属性，所以说人性善。动植物是不能说性善性恶的。考察《中庸》文本，"天命之谓性"的性和孟子的性接近，首先指天赋予人的道德属性，其次才可以引申为规律性，随着阅读的深入，这点会逐渐清晰。①

"率性之谓道"，"率"就是遵循，顺着人性发展，就称之

---

① 关于人性的讨论，可以参考上一篇"《大学》精义阐微"。

为正道。"道"在中国的思想里面有几种不同的意义,比如老子说"道生一,一生二,二生三,三生万物",这个"道"指万物的创生者,也指万物的规律。《易传》说"一阴一阳之谓道,继之者善也,成之者性也",这里的"道"指的是阴阳之气的化生能力和变化规律。"道"还有道路、方法、言说等意思。"率性之谓道"的这个道,意为正路。朱子云:"道,犹路也。""率性之谓道",意思是顺着人的这个天性去做就自然形成一种方法、形成一种道路。引申后也可以有规律的意思。大家沿着正确的道路走,并且老师用这个方法去教学生,大人用这个方法去教小孩,先觉的人用这个方法去教后觉的人,就形成了教育之道,这样也引出下一句"修道之谓教"。"教"指礼、乐、刑、政之类,也可以是做人的道理等。因为"道"和"教"都来源于性,所以这个"性"首先必须是人的善良天性。这样性、道、教的关系就理清楚了。

　　"道也者,不可须臾离也"意为:"道"既然代表正确的道路,既然来自于人类善良的天性,那就不可以片刻离开。这个正确的道路,符合天性,所以就成为规律和准则,人的生活和行为,不可能脱离规律准则,否则就寸步难行。

　　"是故君子戒慎乎其所不睹,恐惧乎其所不闻"两句,意为君子在别人看不到的地方非常小心谨慎,在别人听不到的地方,非常畏惧警惕。为何要戒慎恐惧,因为"莫见乎隐,莫显乎微"。"隐"就是别人看不到的地方,就是暗处。"微"就是细微的事情。"莫见乎隐,莫显乎微"意为在阴暗的处所更容易暴露,在细微的事情上更容易显现。何以如此?朱子说:"人虽不知而己独知之,则是天下之事无有著见明显而过于此者。"也就是说一个人可以欺骗别人,但欺骗不了自己的内心，因为人性本善，有先天之明，故而要强调自我约束。另外在众人所见之处，因为有个外在约束，犯错的可能性就少。所以最后得出的结论就是，"故君子慎其独也"，要在独处的时候保持警惕，谨慎小心，这就是慎独。所谓"独"，就是"人所不知而己所独知之地也"，"慎独"在《大学》篇里的"诚意"章曾经强调过，慎独和内心的真诚相关。

"喜怒哀乐之未发，谓之中；发而皆中节，谓之和"两句，开始讨论"中和"的内涵与性情两者关系，喜怒哀乐属于情感，在没有外发的时候叫"中"。喜怒哀乐没有发出是什么状态？就是保持着天性的本然，是先天合于规范，先天和谐，故称之为"中"。当感情发动以后，就会有个是否和谐，是否过度的问题。如果过度，就是不和，所以感情外发以后就要强调和谐，时时理性关照，情感才会和谐。《大学》里已经讨论过情感调节的问题，偏颇的情绪要调整，这就涉及到修道的问题。怎样修道？这里已经有所暗示了，一是体悟"性"和"道"，这样就能保持思想的正确；二是当情感发出以后，要检点这个情感是否和谐。本章性和情是连在一起的，中国哲学里常说性情，可见性和情是相关的。未发为性，已发为情。性是内在的，情是外显的，情感和谐就彰显出天性圆满，情感不和谐，那就代表天性受到污染。性情是体用关系，性是体，情是用。体就是本体，比如说电灯作为"体"，它的"用"就是照明。灯罩蒙尘，灯光就暗。性为本体，然而性又通过情来显现自己。

本章到此讲了性、道、教，最后又归结到情感。所以《中庸》是从人类情感的角度去讲问题，不是单纯形而上地研究。

"中也者,天下之大本也;和也者,天下之达道也。""中"
就是天下的根本,因为代表情感未发时候的先天和谐。
"和"代表情感发生后的无所偏颇,即所谓"情之正也",因此
两者是天下人所必由的正确道路。由于性要通过情来体
现,而情感又是人的基本存在状态,所以到此就更加明白
"道不可须臾离"的道理,人都有情感,而情感的中和符合
道。"中"与"和"是体用关系,"中"是体,"和"是用。后面接
着讲实现"中和"的重要性。

"致中和,天地位焉,万物育焉。"真正致力于"中和",实
现了"中和",那么天地就各正其位,万物就发育成长。这里
强调"中和"的重要性。天地之间如果不和谐,比如大自然
如果只让大树成长,不让小草成长,那自然世界也难以丰富
多彩;阳光如果偏私,有照有不照,或者太强太弱而不和谐,
万物也无法生生不息。但是,这里的"中和"更多强调的是
以人为本的情感和谐。情感和谐,天地就能各正其位,万物
就能发育成长。对此朱子说:"盖天地万物本吾一体,吾之
心正,则天地之心亦正矣,吾之气顺,则天地之气亦顺矣。"
朱子是从万物一体和天人相感的角度来阐发这一问题的。
《礼记》中已经有了"天下一家、中国一人"的观念,程颢则非
常强调万物一体。他说:"仁者以天地万物为一体,莫非己
也。认得为己,何所不至? 若不有诸己,自不与己相干。如
手足不仁,气已不贯,皆不属己。故博施济众,乃圣人之功
用。"(《程氏遗书》卷二上)程颢这里说人和天地万物是一个
整体,如果一个人感受不到这一点,那是因为这个人已经麻
木了。既然万物一体,那么圣人就会把帮助他人、利益世界
作为自己的使命。程朱的思想是一致的。大自然和人一

样,本来先天是和谐的,但如果人的情感不和谐,欲望过度,那么各种问题就会出现,包括环境污染、战争灾难等,无不来自于人类情欲的失衡。尤其是统治阶级的情欲失衡,迫切希望建功立业,后果将更加严重。假如人能够回到情感的和谐,那么天地之间也将重回和谐。孔颖达云:"言人君所能至极中和,使阴阳不错,则天地得其正位焉。生成得理,故万物其养育焉。"(《礼记·正义》)每个人其实都在和环境发生关系,同时也在影响环境。能量小者,其影响力相对较弱;能量大者,如过去的皇帝,影响力就特别大。因此这里才对情感的和谐如此强调。中国的哲学思想,既不强调唯心,也不强调唯物,而是强调心物互动。

所以,这一章在《中庸》中的地位是纲领性的,涉及到了性、道、教的问题,涉及到了情感的未发已发的关系问题,这些都是儒家的重要问题。朱子对这一章的总结非常好:"(本章)首明道之本原出于天而不可易,其实体备于己而不可离,次言存养省察之要,终言圣神功化之极。盖欲学者于此反求诸身而自得之,以去夫外诱之私,而充其本然之善。"

(二)

仲尼曰:"君子中庸,小人反中庸。君子之中庸也,君子而时中。小人之中庸也,小人而无忌惮也。"

"君子中庸，小人反中庸。"直接引用孔子的话说明君子和小人对中庸的不同态度。孔子认为君子追求中庸之道，小人则反中庸之道而行。关于"中庸"，郑玄说："庸，常也。用中为常，道也。"也就是说处理事情以中为基本原则。朱熹解释说"中庸者，不偏不倚、无过不及，而平常之理，乃天命所当然，精微之极致也"。意思是中庸就是克服了过和不及之恰到好处，虽然恰到好处的道理感觉很平常，但其实是很深刻的。《中庸》篇上一段讲"中和"，此段说"中庸"，"中庸"与"中和"都和情感有关系，"庸"除解释为平常外还有个解释为"用"。《说文》："庸，用也。"庸是中的一种功用，这个功能就表现为和谐。上章我们说到中与和的关系，中是体，和是用，中体现在平常生活之中，表现为情感和谐。所以中庸与中和有内在的关联性。处理万事万物，首先情感要和谐，行为要合理，不能偏颇，然后各种各样的方法手段才能合适，这种合适的方法手段就属于"用"的范围。

孔子接着又说："君子之中庸也，君子而时中。"这里出现了一个"时中"的概念。所谓"时"，指的是时机或环境。朱子云："盖中无定体，随时而在，是乃平常之理也。"也就是说"中"没有一个固定的标准，要根据不同的情况和不同的环境做出恰当的应对。"君子之所以为中庸者，以其有君子之德，而又能随时以处中也。""时中"是一种中国智慧，就是没有一个永远的标准可以遵循，因为世界处于不断的变化中。因而处理问题既要守"中"的原则性，又要根据具体情况有灵活的尺度。

当然《礼记》有所谓"放之四海而皆准"的说法，但放之四海而皆准只能是一个原则，具体问题是要具体分析的，这就是"时中"。"中"的功用没有不变之标准,穷人有穷人的处事方式,富人有富人的处事方式,在什么位置说什么话。比如说在古代社会,做事要根据"礼"的规定行事,否则就会带来诸多麻烦。儒家经典《周易》的处事原则也可以用"时中"来概括,《周易》的用事注重时和位,也就是恰当的时空,恰当的时空就叫"中"。所以《易传》常常赞叹中正当位、"与时偕行"。根据时间、空间、场合的情况,找到最好的定位,然后行动,就是"时中"。时在变,环境在变,应对处理也要变化,这样才能做到"时中"。当然"时中"不是不要原则,灵活性必须有原则性作为基础。小人就犯这个错误,"小人之中庸也,小人而无忌惮也。"小人违背中庸之道,无所忌惮,没有畏惧之心,什么都敢做。因为小人不知道中道代表着天理,他就会肆欲妄行。另外,小人也会以中庸的名义,或一味迎合世俗,或为自己谋私,强调灵活性而否认原则性,这种人在《论语》中被称为"乡愿"。苏轼曾说:"道之难言也,有小人焉,因其近似而窃其名。……小人贪利而苟免,而欲以中庸而私自便也。"(《中庸论》下)讲的就是这种情况。

子曰:"中庸其至矣乎! 民鲜能久矣!"

正因为中庸是"时中",体现着原则性和灵活性的统一,所以一般人很难完全做到。这里的"民",指的是普通人。

子曰:"道之不行也,我知之矣,知者过之,愚者不及也。道之不明也,我知之矣,贤者过之,不

肖者不及也。人莫不饮食也，鲜能知味也。"

孔子说："道之不行也，我知之矣，知者过之，愚者不及也。道之不明也，我知之矣，贤者过之，不肖者不及也。"前两句说知者和愚者，着重从理解方面说。聪明人对道的理解，往往会犯陈义过高的毛病，把道想得过于复杂高级，于是在实际上无法操作。他们不明白道其实就在平常之中。还有一种情况，聪明人认为既然自己已经理解了，就不必再去实践了。愚笨的人不能很好地明白道，当然不能很好地实行道。整个意思用现代话说即为"中庸之道之不能推行，我是知道其中原因的。聪明人的理解越过了中道，愚笨人的理解又达不到中道。中庸之道不能昌明，我也知道其中原因。有才德的人行为越过了中道，无才德的人行为又达不到中道"。有些注重德行的人，在行为上要求过于严格，比如像墨子一样的摩顶放踵，在儒家看来，就不符合中道。还有一些人努力实践，却不太注意从学理上理解，重行而不重知。不肖者不实践中道，当然也不能正确理解中庸之道。朱子云："贤者行之过，既以道为不足知；不肖者不及行，又不求所以知，此道之所以常不明也。"因此贯彻中庸之道，应该知行两者都重视。人们在社会实践中，确实很容易犯过高或不足的毛病。比如儒家认为不讲差别的兼爱，这种理想就是做不到的；又比如过去重视礼教，以前的礼，会严格规定人们日常早、中、晚的具体所作事项，以及不同身份等级的人如何对上或对下的言行。但一些拥有智慧的人，他认为礼这个东西就是一种外在的形式，是出于培养情感和习惯的需要而设立，自己并不需要这种形式，形式是为内容服务的,所谓"礼岂为我辈设"。因此他们就不屑于守礼。但事实上在社会交往中还是需要一定的规范,一定的礼仪,不可以任意超越规范。至于愚者和不肖者因为不能很好地理解和实践,则会造成做不到即"不及"的问题。

"人莫不饮食也,鲜能知味也。"这是举例说明实行中庸之道很难,就像每个人都要吃饭,但真正对味道有深刻体会的大厨师是很少的,大多数人处于"日用而不知"的状态。

子曰:"道其不行矣夫。"

这一章是孔子的感叹。由于智者、愚者、贤者、不肖者都难以把握好中道,所以中道就难以弘扬。

子曰:"舜其大知也与! 舜好问而好察迩言,隐恶而扬善,执其两端,用其中于民,其斯以为舜乎!"

这一章首先感叹舜是一个具备大智慧的人,接着说明他具有智慧是因为他不耻下问而又善于听取各种意见。听取各种意见为"好问";考察浅近的话语叫"好察迩言"。对这些话中不善的部分加以隐藏,而对有价值的内容加以传扬,即"隐恶而扬善",并且能从事物的两端出发,用合适的方法来处理人民的问题。这就是舜所以成功的原因。

这里的一个问题是舜为什么喜欢听取浅近的话语? 其实对于一个统治者来说,他往往并不缺少高明的建议,但这些高明的建议未必很接地气，因此统治者也要听取一些来自民间的想法，而这些想法往往是用浅近的语言表达的，"圣人感人心而天下和平"。广泛听取各方面的意见，本身就是中庸之道，"庸"本就有平常的意思。至于对所听到的内容隐恶扬善，是为了把合理有益的想法公之于众，而不让不合理的想法影响民众。朱子云："其言之善者播扬之，不善者隐而不宣，则善者愈乐告知以善，而不善者亦无所愧而不复言也。……此其求善之心广大如此，人安得不尽以其言来告，而吾亦安有不尽闻之言乎？"（《朱子语类》）"隐恶扬善"还可以有一种理解，就是摈弃别人所提到的不合理行为，而表扬的好的行为，倾向于鼓励善，而不去言说恶，以鼓励为主，那样就能使民向善。

"执其两端"，是说在不同意见或不同行为中，仔细斟酌，发现最好的平衡点，也是"时中"的意思。因为即使是善良的意志，也有合理的和不合理的，要努力找到最合理的切入点。舜能够避免走极端，而又能充分把握两端。

"用其中于民"，就是根据中庸之道来建立措施，处理人间事务。

子曰："人皆曰予知，驱而纳诸罟擭陷阱之中，而莫之知辟也。人皆曰予知，择乎中庸，而不能期月守也。"

这一章是以普通人为例进一步说明执守中道之难。

"人皆曰予知，驱而纳诸罟擭陷阱之中，而莫之知辟也。"一般人都认为自己很明智，可是又常常受到利益的驱使，像禽兽般的进入牢笼陷阱而不知趋避。为什么会这样？如果放在本篇和《大学》的语境当中，一个人有了过分的欲望，他的情感就不可能中和了，"有所忿懥则不得其正，有所恐惧则不得其正，有所好乐则不得其正，有所忧患则不得其正。"（《大学》）情感不和谐，就会影响到人的判断力和认知能力。有句话叫欲壑难填，欲望是无法彻底满足的，在一个没有监督的社会，如果情感不能保持中和了，就会引发不受节制的欲望，那么出问题就很自然了。

所以，一旦情感不和谐，人的理智受欲望驱使以后，就会被欲望裹挟而去，陷于危险之中而不自知，也就是"驱而纳诸罟攫陷阱之中，而莫之知辟也"。"择乎中庸，而不能期月守也。"唯有坚持中庸，始终保持情感和谐，理性清明，才能处事得当，远离危险。但人的特点是总认为自己聪明，虽然选择了中庸之道，却连坚守一个月都做不到。这里涉及到了知行合一的问题，中庸的好处虽然有不少读书人知道，但非知之难，能之难也。所以孔子说："中庸之为德也，其至矣乎！民鲜久矣。"（《论语·雍也》）

子曰："回之为人也：择乎中庸，得一善，则拳拳服膺，而弗失之矣。"

这一章孔子以颜渊为例，说明中庸虽然难行，但只要真正理解，奉行不止，仍然可以做到。朱子曰："颜子盖真知之，故能择能守如此。"这里已经提到了真正的知即表现为能行，体现了知行合一的思想。后来王阳明说"知之真切笃实处即是行,行之明觉精察处即是知。知行工夫,本不可离"(《传习录·答顾东桥书》),也是一样的意思。一个真正理解中庸之道的人是能够始终奉行中庸之道的。"拳拳,奉持之貌。"

子曰:"天下国家可均也;爵禄可辞也;白刃可蹈也;中庸不可能也。"

这段文义是说,天下国家是可以平治的,官爵俸禄是可以推辞的,利刃刀剑是可以踩上去的,而中庸要完全做到却很难。

其实治理国家并不容易,需要有治大国若烹小鲜的智慧,不是说几句治理国家的话就能解决问题的。辞掉爵禄在官本位的社会也不容易,假如在太平盛世,君子能够发挥正面的作用,本不需要辞官拒禄,但在乱世,贪恋爵禄难免同流合污,然而主动辞职需要有对人民负责的仁爱之情。至于面对白刃毫不退缩,那种勇士赴敌场的气度,需要一往无前的精神。但孔子仍然认为做到这些不是最难的,毕竟还是有些人做到了。朱子说:"三者亦知仁勇之事,天下之至难也,然不必其合于中庸,则质之近似者皆能以力为之。若中庸,虽不比皆如三者之难,然非义精仁熟,而无一毫人欲之私者,不能为也。"也就是说前三者属于知、仁、勇范畴,虽难行而仍可努力,而中庸的实现需要出于一片公心,没有一点私意夹杂其间,并且要仁义兼备。这种境界,就是后文将谈到的诚明之境。在《论语》中,孔子曾说:"若臧武仲之知,公绰之不欲,卞庄子之勇,冉求之艺,文之以礼乐,亦可以为成人矣。""成人"可以理解为理想人格,臧武仲、公绰、卞庄子三人是知、仁、勇的代表,但孔子并没有称许他们中庸,可见中庸之道的掌握很难。王夫之说,"能中庸者,必资乎存养省察、修道凝德以致中和之用者而后可。"(《读四书大全说》)强调实现中庸非一日之功,而与坚持不懈的道德实践有关。

子路问强。子曰:"南方之强与,北方之强与,抑而强与?宽柔以教,不报无道,南方之强也。君子居之。衽金革,死而不厌,北方之强也。而强者居之。故君子和而不流,强哉矫!中立而不倚,强哉矫!国有道,不变塞焉,强哉矫!国无道,至死不变,强哉矫!"

这章里面讨论的"强"的问题,可以说是上一章意义的延伸。子路问什么叫"强",孔子就反问是南方之强,还是北方之强,或者是"而强"(你所谓的强)?关于南方之强,老子那里解释的比较清晰。老子说柔弱胜刚强,"天下莫柔弱于水,而攻坚强者莫之能胜",水是最柔弱的,但事实上水滴石穿,没有什么东西能够战胜水。又说"水善利万物而不争,故几于道。"所以老子的哲学,不以怨报怨,而是以德报怨。面对对手,强调包容并融化。这个就是南方之强。

而北方地区风气刚劲,人们坚持自己的信念,有时候一句话不合,可能就起而决斗。"衽金革",就是穿着盔甲睡觉,枕戈待旦,即使战死沙场也在所不惜。两种不同类型的强,各有各的作用,很难说哪种强更好一点,可能在本文的语境里面,南方之强会好一点。

但这两种强,都不算中庸之道。真正的中庸之道,是"和而不流","和而不流"接近于《论语》里面的"和而不同"。"和而不同"比较好理解,就是每个人的观点行为都不一定相同,也不可能完全相同。大到一个国家,小到一个公司,都不应该只有一种声音。但是持有不同观点之人应该和谐相处。就是说我们可以各持不同观点,但彼此应和谐相处。而"和而不流"则更加强调在变动的社会中保持定力。一个社会,会有各种思潮、追求、时尚,一个君子要跟社会保持和谐,与时偕行,但没有必要去追求什么思潮、也不必追求流行。君子应该有自己的独立见解和操守,不与世浮沉,这样就接近"和而不流"了。如果因为社会今天流行这个东西了,明天流行那个思想,就去赶时髦,或者唯领导马首是瞻,这叫迷己逐人。但是既然社会上普遍存在某种趋势,虽然与我的坚守有距离,但仍可与之保持和谐。故而即使非主流的隐士文化,也强调大隐隐于市,并不提倡冲突。不过君子不可以随便改变自己的思想操守,屈己从人,则是一定的。

"中立而不倚"强调君子坚守合宜的中道,为人行事不偏颇不走极端。选择正确的人,而不是选择亲近的人或地位高的人。"强哉矫"是感叹,这样的强才是真正的强。拥有这种强大的人,便可以做到"国有道,不变塞焉"。这个"塞"可以有两种理解,一种是穷困时立下的志向。当国家清明的时候,真正有才能的人能够发挥作用了,这个时候君子不能忘记年轻时的理想,"塞"指的是贫穷时候的理想。

有的人有能力后,会忘记贫穷时候立下的志向,比如富贵不淫,比如为人民谋幸福。还有一种解释,"塞"可解释为物,孔颖达说:"国虽有道,不能随逐物以求荣利。"在国家清明,有才能的人可以做些事情的时候,不要随波逐流,或追求物质利益,这样才是真正的强。

"国无道,至死不变,强哉矫!"如果在国家黑暗时期,更要坚持自己的理想,不要轻易放弃,理想到死也不改变。《论语》所说的"久要不忘平生之言",也有这一层意思。所以孔子认为这样的强,才是真正的强。这章既是回答关于子路"强"的问题,也是对子路的勉励。"夫子以是告子路者,所以以其血气之刚,而进之以德义之勇也。"这样的强,才是中庸之强。

后来佛教禅宗发展起来后,云门宗有三句话,似乎和《中庸》这一段可以相互发明。这三句话是"函盖乾坤"、"截断众流"、"随波逐浪",这里顺带说一下。

"函盖乾坤"指真理充满宇宙,对应于《中庸》的"天命之谓性";"截断众流"可以理解为破除妄执,坚守本分,对应于本章的"和而不流";"随波逐流"则指根据不同情况采取措施,类似于本篇的"时中"。

本章的"强",强调了理想信念对于中庸之道的重要性。

(三)

子曰:"素隐行怪,后世有述焉,吾弗为之矣。君子遵道而行,半途而废,吾弗能已矣。君子依乎

中庸。遯世不见知而不悔，唯圣者能之。"

朱子在《中庸章句》开篇时说："其书始言一理，中散为万事，末复合为一理。"从本章开始，应该是从各个角度去论述中庸的道理。

"素隐行怪"，朱子以为是"深求隐僻之理，而过为诡异之行也"，大概指怪力乱神之类，"如邹衍推五德，后汉谶纬之说"。《论语》有"子不语怪力乱神"的记载，孔子对怪异、暴力、叛乱和鬼神不加讨论，后来有本志怪小说就叫《子不语》。怪力乱神这些东西，孔子是较少提到的。因为孔子比较偏重解决人类社会的问题，他曾说过"不知生，焉知死？""不能事人，焉能事鬼"之类的话，对神秘现象持一种存而不论的态度，这可能也是儒家的一种传统。春秋时郑国的子产也说过"天道远，人道迩"的话。后来儒家对待《周易》也是这种态度。例如朱子对《周易》很有研究，今天的一些学习口诀是朱熹传下来的，但儒家对《周易》的研究主要在哲理方面，不太会用来替人算命。当然这种实用理性的态度比较功利，对形而上之哲学和科学的发展有不利影响，因为对哲学和科学的兴趣，往往与神秘的兴趣相关。

孔颖达则对"素隐行怪"给出了另一种解释。他说："身隐而行俀谲，以作后世之名，若许由洗耳之属是也。"也就是指某些人过于高傲，如许由听到有人请他出山做官就去洗耳朵之类。在历史上也有些人通过隐居而求取名声，甚至把隐居作为出任大官的终南捷径。可能这种解释更加合理些。

今天我们读这一段，并不一定要完全按照古人的理解。在《论语·子路》篇中,孔子曾说:"不得中行而与之,必也狂狷乎! 狂者进取,狷者有所不为也。"意思是找不到行为合乎中庸的人交往,那就与激进的人和狷介(洁身自好)的人交往吧! 因为激进者努力进取,洁身自好的人不会做坏事。"素隐行怪"也可以指狂狷者。历史上的狂狷者往往是一些不愿与黑暗时代的统治者合作之人,他们故意以放诞的行为、出格的言论与统治者抗争。如《晋书·阮籍传》记载:阮籍曾登上广武城,观看当年楚霸王项羽与汉高祖刘邦交战的遗址,叹息说"时无英雄,使竖子成名。"这并非看不起当年的刘项,实际上是讽刺了当朝统治者。当时一批无能的小人由于时代的原因,风云际会,被推上了高位,实则无德无能,西晋的动乱很快验证了这一点。又据《世说新语》记载,名士嵇康不愿做官,天天在大树下打铁。当时的权贵钟会听说了这件事,就亲自去看。面对钟会来访,嵇康不予理睬,打铁不辍,钟会只能离开。离开时,嵇康突然发问:"何所闻而来,何所见而去?"钟会回答说:"闻所闻而来,见所见而去!"阮籍的语言很夸张,嵇康的行为很荒诞,在这些言行背后,是他们不愿同流合污的清白心灵。虽然狂狷的行为后世也有流传,且这种人也值得交往,但毕竟不符合中庸之道,所以一个以中庸为价值标准的人不会以此自任。

"君子遵道而行,半途而废,吾弗能已矣。君子依乎中庸。遁世不见知而不悔,唯圣者能之。"孔子认为君子就应该遵照中庸之道而行进到底,但有些人毅力不够,走到半路就放弃了,孔子认为这是不足取的。人应该执守道义,坚持到底,这样必有所成。有时环境和时局不适合君子出来为社会谋利,君子会选择隐居,如此名声行为不为世人所知,但君子也不会后悔。修身取决于自己,这样就是符合中庸之道的圣人,也就是《论语》第一章所说的"人不知而不愠,不亦君子乎"的意思。

中国素有隐士文化的传统,为什么要隐居呢? 对儒者来说,国家有道的时候,当然应该为社会出力,造福人民;而当国家无道,当权者无德的时候,去做事就很困难。若去迎合统治者,属于同流合污,为虎作伥,对社会无益而有害。若去对抗统治者,不仅事情做不成,还很可能被砍脑袋。孔子在《论语》里说"有道则仕,无道则隐",就是这个意思。所以,面临糟糕的社会环境时,最好的办法是避开这个坏的大环境,持守中庸之道,这需要大智慧。孟子对孔子的评价是"圣之时者",就是善于根据不同的环境选择合理的处事原则,这也是中庸的一种表现。

君子之道费而隐。夫妇之愚,可以与知焉,及其至也,虽圣人亦有所不知焉;夫妇之不肖,可以能行焉,及其至也,虽圣人亦有所不能焉。天地之大也,人犹有所憾。故君子语大,天下莫能载焉;语小,天下莫能破焉。诗云:"鸢飞戾天,鱼跃于渊。"言其上下察也。君子之道,造端乎夫妇;及其至也,察乎天地。

"君子之道费而隐"是说君子之道既广大又精微。"费"是广泛的意思,"隐"是幽微的意思。虽然中庸之道广大而精微，但一般人也可以了解一些，"夫妇之愚，可以与知焉"。这里的"夫妇"指普通人，儒家人伦是从夫妇开始的。《易传·序卦》云："有天地然后有万物，有万物然后有男女，有男女然后有夫妇，有夫妇然后有父子，有父子然后有君臣。"所以此处的"夫妇"既代表普通百姓，也暗示家庭是社会最基本的细胞。普通百姓没有受过教育，所以称作"愚"，但他们同样拥有生活的常识，所以对道也有所了解。但人不可能穷尽真理，道既然广大而精微，那么即使圣人也不可能全部了解，即"虽圣人亦有所不知"。"夫妇之不肖，可以能行焉"，是说普通人的能力并不强，但仍然可以用他们所掌握的道理进行社会实践。但人生和社会的范围非常广阔，即使是圣人，也同样有不明白、做不到的时候。"虽圣人亦有所不能"，需要在实践中探索，不可能处处为全人类指明方向。

"天地之大"几句是进一步强调中庸之道的难能可贵。天地指自然界，自然界给予了人类生活的一切，是我们衣食的来源，但是当风雨失调，水旱灾难时，人们还是会抱怨大自然不能尽善尽美。这样中庸的道理不被一般人深刻认识就很容易了解了。因此君子讨论到宏大的道理，天地间最大的物体也未必容纳得下，说到极微的方面，天地间最小的量具也无法剖分。《诗经·大雅·旱麓》篇说"鸢鹰飞上高天，鱼儿跃在深渊"，这是比喻君子所认识的道理贯穿于天上地下，清清朗朗，广大而精微。

"造端乎夫妇"，孔颖达解释说："匹夫匹妇所知所行。"君子的道理发端于普通夫妇之间的生活，因此君子之道并不复杂。"及其至也，察乎天地"，而其深刻之处，能够彰明天地间最深刻的道理。

子曰："道不远人，人之为道而远人，不可以为道。""《诗》云：'伐柯伐柯，其则不远。'执柯以伐柯，睨而视之，犹以为远。故君子以人治人。改而止。忠恕违道不远，施诸己而不愿，亦勿施于人。君子之道四，丘未能一焉。所求乎子以事父，未能也；所求乎臣以事君，未能也；所求乎弟以事兄，未能也；所求乎朋友先施之，未能也。庸德之行，庸言之谨，有所不足，不敢不勉；有余不敢尽。言顾行，行顾言，君子胡不慥慥尔？"

从这里开始接下来的八章，朱子认为是杂引孔子之言来说明中庸之道。

"道不远人"句，《中庸章句》云："道者，率性而已，固众人之所能知能行者也，故常不远于人。"意为既然中庸之道是从人的天性出发的，那就不会远离人的基本情况。这也是儒家文化的特点，始终不脱离人类社会讲道理。"伐柯伐柯"两句，出自《诗经·豳风·伐柯》，意为"拿着斧柄砍木头做斧柄，标准就在眼前"，手中的斧柄和制作的斧柄之间，瞥一眼就能看到样子，尚且还觉得有距离，不是立马能把握，何况高深的道理。因此君子就应该用"以人治人"、推己及人的方法教育人，犯错者改了就行。这就是"忠恕之道"。在《论语》中，曾子就认为忠恕之道是贯穿孔子学说的基本思想，忠恕之道即"己欲立立人，己欲达达人""己所不欲，勿施于人"。所以这里说"忠恕违道不远，施诸己而不愿，亦勿施诸人。"这里朱子对"忠恕"的解释是"尽己之心为忠，推己及人为恕"，也就是真诚地以己度人、推己及人。

"君子之道四，丘未能一焉"后面几句，是推己及人的具体例子，孔子认为自己也还未做到。"所求乎子以事父，未能也。"比如要自己的儿子孝顺自己，自己则必须先孝顺自己的父亲。对待君王、兄长、朋友之间的关系都可以此类推。

"庸德之行，庸言之谨""庸，常也。"平时修身养性，要依道德而行，说话要谨慎。"有所不足，不敢不勉；有余不敢尽。"在道德上还有欠缺，则一定要努力弥补，才能有超过别人之处，不要夸耀，常守谦虚之心。说话要顾及行为，不要说大话，行为要顾及言语，说到要做到，这就是"言顾行，行顾言"。君子一定要踏踏实实做人，不能言不符实。"慥慥"，笃实貌，孔颖达疏："守实言行相应之貌。"

君子素其位而行，不愿乎其外。素富贵，行乎富贵；素贫贱，行乎贫贱；素夷狄，行乎夷狄；素患难，行乎患难。君子无入而不自得焉。在上位不陵下，在下位不援上，正己而不求于人，则无怨。上不怨天，下不尤人。故君子居易以俟命。小人行险以徼幸。子曰："射有似乎君子，失诸正鹄，反求诸其身。"

所谓"素其位而行"是根据自己现在所处的地位而行

事,不应当行使与自己地位不相称的事情。《论语·宪问》云:"君子思不出其位",也是相近的意思。"素富贵,行乎富贵"意为:假如现在富贵,就做富贵者应该做的事。所谓富贵者应做的事,比如帮助穷人,"博施于民。"(《论语·雍也》)特别是我们今天的社会,相当多富贵者的成功,得到社会上各种群体的帮助,甚至是牺牲了某些群体的利益,因此更有责任帮助弱势群体,富贵者对社会应尽更大的责任。孔孟还要求富贵者要不骄不淫。"素贫贱,行乎贫贱"意为:假如现在处于贫贱之中,其行为要符合自己身份,比如贫贱者若要改变现状,需要付出比普通人更多的努力,行为尤其要勤俭节约,不可追求豪华奢侈的生活,不能通过非法手段来改变命运,不谄媚、不唯上。至于《论语·雍也》中提到的颜回虽贫穷而依旧快乐,则是更高的要求。

"夷狄"指少数民族和他国,少数民族和其他国家的人情风俗与中原有许多不同,君子处在少数民族或外国。一方面要尊重他们的文化,入乡随俗,另一方面,也可根据实际情况,进行文化传播,实现四海一家的理想。文化传播首先在于君子以自身品德感染人,而不是像某些学院那样,形式做派,就是教教语言,包饺子剪窗花。其实少数民族也好,外国也好,人类都有基本的共通价值,只要遵守这些价值,相处并不困难。诚如孔子《论语》所说:"言忠信,行笃敬,虽蛮陌之邦,行矣。"现在有些国人旅居国外,却把爱贪小便宜,夸张炫富的习惯带到国外,这就不免引起外人的迷惑。"素患难"句,意为在困难的处境下,要根据实际情况调整战略,同时不变初心,坚持理想。如《论语》所说的"君子固穷","久要不忘平生之言"等。

能够做到以上种种,则君子无论身在何处,皆可安然自得。这样就真正做到了"素其位而行",这也是《中庸》前面所提到的"时中"原则的体现。

"在上位不陵下,在下位不援上,正己而不求于人,则无怨。上不怨天,下不尤人。"君子处在较高的位置时,不欺凌下面的人;君子处在下位时,不攀援、巴结上位的人。关于"不陵下",王夫之认为:"陵下者,言侵下之事以为己事也"。也就是作为上级不要越俎代庖,过多干涉下级的工作,这样也可通。因为社会生活中样样事必躬亲的人不少,其效果则很差。"正己而不求于人"句,只是做好自己,不去要求别人,那就无所怨恨了。其实"正己而行",不仅别人无怨,自己心态也会好,不会因别人的过错而责备自己。后面接着说"上不怨天,下不尤人","怨天"是责怪命运神灵等,"尤人"是责怪他人,君子只是做自己应该做的事,至于结果,常常并不受人掌控。明白了这点,对人对己对外界,都会宽容。

君子懂了这些道理,就不会急躁,根据时位而行事,尽人事而等待时机的到来。小人不懂这些道理,就会挺身犯险,希望以不正当手段改变命运。

"射有似乎君子,失诸正鹄,反求诸其身。"这是引用孔子之言,以射箭来打比方,说明端正自己的重要性。"正鹄"指靶心。比赛射箭的时候,成绩不好,只能在自己身上找原因,很难责怪对手。《礼记·射义》云:"仁者如射,射者正己而后发,发而不中,不怨胜己者,反求诸己而已矣。"古代儒家重视射箭,认为其中贯穿着端正自己的为人之道,古代射箭不仅是六艺之一,而且有专门的射礼,尤为重要。

君子之道,辟如行远必自迩,辟如登高必自卑。《诗》曰:"妻子好合,如鼓瑟琴。兄弟既翕,和乐且耽。宜尔室家,乐尔妻帑。"子曰:"父母其顺矣乎!"

这一段继续说明"道不远人"的道理,即万丈高楼平地起,千里之行始于足下。儒家的理想可以很高远,然而实现这个理想必须从眼前做起,高喊口号是没有用的。在儒家看来,家庭是国家最小的单位,所以首先要调整好家庭关系。因此引用《诗经·小雅·棠棣》的句子来说明这个道理。君子能够和太太子女和睦相处,像琴瑟一样和谐;能够和兄弟友好相处,和乐而情深,这样的家庭就会充满仁爱,生活就会蒸蒸日上。孔子说,能做到这些,大概父母就开心安乐了。

子曰:"鬼神之为德,其盛矣乎!视之而弗见,听之而弗闻,体物而不可遗,使天下之人齐明盛服,以承祭祀。洋洋乎如在其上,如在其左右。《诗》曰:'神之格思,不可度思!矧可射思!'夫微之显,诚之不可揜如此夫。"

这一段用祭祀说明真诚的重要性。本篇中大量文字讨论中庸,然而君子所以能不断接近中庸的理想,是和发自于内在真诚的情感直接相关的。在祭祀时,这种真诚的情感表现得尤其明显。"鬼神之为德,其盛矣乎?视之而弗见,听之而弗闻,体物而不可遗,使天下之人齐明盛服,以承祭祀。"虽然我们既看不到鬼神的形象,也听不见鬼神的声音,但鬼神的功能体现在事物之中。祭祀鬼神时,所有的人都进行斋戒,穿上整洁的服装,鬼神的形象仿佛降临在人们的上方,降临在人们的左右。接下来文章引用《诗经·大雅·抑》以强化观点,"神之格思,不可度思! 矧可射思!"即神的降临,不可测度,怎能厌倦啊! 申明祭祀时对鬼神要恭敬,因为鬼神虽不可见而功德显著,赏善罚恶,其真实性不可掩蔽。矧(shěn):况且。揜:通掩。

对本章中的鬼神的解释,程朱的见解较为独特,超越了人格神的范畴。程颐将鬼神解释为"天地之功用,而造化之迹也",朱熹进一步将鬼神理解为气的变化,"以二气言,则鬼者阴之灵也,神者阳之灵也。以一气言,则至而伸者为神,反而归者为鬼,其实一物而已。"这样鬼神就包含了物质和精神两个方面。既有气的运动,又有灵的功用。由于万物莫不是理气的变化运动,因此说:"鬼神之为德,其盛矣乎!"

程朱这样理解鬼神,把鬼神看做了某种规律性的存在,这可以说是他们的发挥,但也并非没有根据,"鬼神"概念本身就有这方面的意义。

《礼记·祭义》说:"气也者,神之盛也。魄也者,鬼之盛也。合鬼与神,教之至也。众生必死,死必归土,此之谓鬼。骨肉毙于下,阴为野土。其气发扬于上为昭明,焄蒿凄怆,此百物之精也,神之著也,因物之精制为之极,明命鬼神,以为黔首则,百众以畏,万民以服。圣人以是为未足也,筑为宫室,设为宗祧,以别亲疏远迩。教民反古复始,不忘其所由生也。"这段话的意思是：人的气，就是神在体内的充盈；人的魄，就是鬼在体内的充盈。（人死后）合鬼神一起祭祀，就是神道设教的原则。各种生物都会死，死后必归于土，这就叫做鬼。骨肉腐烂在下，在地底下变成野土，其灵气上升，成为精气，就形成了神。就生物的精气制定至高的名称，就称作鬼神。圣人又根据远近亲疏的原则，将鬼神分类，教导民众怀念自己的祖先（神）。可见在孔子时代，对鬼神的解释已经较具人文色彩，鬼神被看作是气的变化，而其中尤以祖先神为重要。

《周易·系辞上》则说："精气为物，游魂为变，是故知鬼神之情状"，同样将神鬼理解为精气的聚集与离散。又云："阴阳不测之谓神。"则将神理解为阴阳之气不可测定的微妙变化。

程朱做了这样的界定后，对"视之而弗见，听之而弗闻，体物而不可遗"的解释就更加顺畅了。阴阳之气及其背后的道理，虽是看不到、听不见的，但万物之中莫不有气的充斥，体现着理的规律，所以说"体物而不可遗"。天理无所不在，真实无妄，不能掩盖，这体现出"诚"。

（四）

子曰："舜其大孝也与！德为圣人，尊为天子，富有四海之内。宗庙飨之，子孙保之。故大德必得其位，必得其禄，必得其名，必得其寿。故

天之生物必因其材而笃焉，故栽者培之，倾者覆之。《诗》曰：'嘉乐君子，宪宪令德，宜民宜人。受禄于天。保佑命之，自天申之。'故大德者必受命。"

这一章，根据朱熹的说法，是讲"由庸行之常，推之以及其至，见道之用广也。"中国人重视孝道，它构成日常生活的一部分，而把孝实行到很高的程度，则以舜为代表。

"舜其大孝也与！"舜是传说中父系氏族社会后期部落联盟的领袖，号有虞氏，名重华，史称"虞舜"。舜从小受父亲瞽叟、后母和后母所生的弟弟象的迫害，屡经磨难，但仍和善相对，孝敬父母，爱护异母弟象，故深得百姓赞誉，并得到尧帝的信任，将帝位传给他。舜被古人作为孝的代表。孟子说："舜尽事亲之道而瞽瞍厎豫，瞽瞍豫而天下化，瞽瞍厎豫而天下之为父子者定，此之谓大孝。"（《离娄》）意为因为舜的孝顺，其父被感化而使天下孝道流行，这就是大孝。

"德为圣人，尊为天子，富有四海之内。宗庙飨之，子孙保之。故大德必得其位，必得其禄，必得其名，必得其寿。"这几句说舜就德行而言是圣人，就尊贵而言是天子，就财富而言他拥有四海之内的一切，后代用宗庙来祭祀他，子孙后代继承他。由此可以说，具有伟大德行的人，必会得到相应的地位，必会得到相应的名声，必会得到相应的长寿。

这段话，过去在一些经典的读本例如《中庸章句》中，并没有过多的解释。但今天看来，问题比较大，历史上有些大德比如孔子，并没有得到位、禄，颜回甚至只活了四十岁，根本谈不上寿。历史上还有些忠臣义士甚至不得善终。虽然那些具备高尚德行的人也并不追求名位富贵,他们追求的是价值,但这里的"必"显得有些绝对,学者傅佩荣先生认为这里的"必"只能代表有信念,是说在理论上应该如此,并认为这个地方偏离了儒家思想。① 事实上,"大德者必得其位"云云,只有在"公天下"的时代或可如此说。牟宗三先生说:"'仁者德治'似乎只成政治上一最高之理想,而从未实现过。"②

"天之生物因其材而笃焉,故栽者培之,倾者覆之。"这几句话是说,天生万物,一定会按照他们各自的材质加以对待,该栽植的就培养它,该倾倒的就让其倾倒。比如有些人适合学理工科,有些人适合学文科,他们各有各的材质。但这里的材质,主要指德行方面。德行主要取决于个体自身,个体不断向上,老天就会成就他,所谓"自助者天助""天道酬勤",说的就是这种情况;而自暴自弃,作恶多端,则难免覆灭,所谓"天作孽,犹可违;自作孽,不可活",说的则是这种情况。后面引用《诗经·大雅·假乐》的句子来论证,意为美好快乐的君子,充分彰显了美德。既有利于民又有利于官,从天神那儿承受福禄,天神保佑并受命他,特别看重他。

这一段最后又总结说"故大德者必受命",如果将此"命"理解为天命,是比较好的。每个人来到世界上,都应该有使命,大德大能的人,只要愿意为社会服务,上天总会让

① 参见《止于至善:傅佩荣谈大学中庸》,东方出版社,2018年版,第224页。

② 牟宗三《政道与治道》,广西师范大学出版社,2006年版,第115页。

其人尽其才。就像一块美玉，总会为人所用一样。《论语》中孔子曾说："犁牛之子骍且角，虽欲勿用，山川其舍诸？"小牛犊长着红色的毛皮，两角整齐，虽然不想用来当祭品，山川之神也不会舍弃它！意为是金子总会发光的。大德也是如此，关键是努力成为有道德的人。后人有句话说"天不生仲尼，万古如长夜"，孔子并没有登王位，也没有发大财，然而却成为中国文化史上最重要的人，由此可说他就实现了他的天命。

子曰："无忧者，其惟文王乎。以王季为父，以武王为子。父作之，子述之。武王缵大王、王季、文王之绪。壹戎衣而有天下，身不失天下之显名，尊为天子，富有四海之内，宗庙飨之，子孙保之。武王末受命，周公成文武之德，追王大王、王季，上祀先公以天子之礼。斯礼也，达乎诸侯、大夫及士庶人。父为大夫，子为士，葬以大夫，祭以士；父为士，子为大夫，葬以士，祭以大夫。期之丧达乎大夫；三年之丧达乎天子，父母之丧无贵贱一也。"

"无忧者，其惟文王乎"这句强调周文王的无忧，这是在特定意义上说的，并非指没有忧患意识。周文王的父亲是王季，为周部落的首领，周部落从古公亶父开始兴盛，他的儿子叫季历就是王季，王季又进一步壮大了周的势力。周文王儿子就是周武王，他推翻了商朝，建立了周王朝。因为文王有父亲开创在前，儿子接续在后，他自己又有较大的作为,所以称作无忧。我们普通人则会有特别的忧虑,如果出身贫寒,即所谓的贫二代,那奋斗起来就比较困难,他要打破某种阶层垄断,在社会上谋一席之地,肯定要付出较多的代价,就会有忧患。如果奋斗成功了,但儿子不孝顺或没有出息,还是免不了要忧患。

后面接着说武王的功绩。周武王接续大王(古公亶父)、王季、文王的余绪,"壹戎衣而有天下",一披上战袍就拥有了天下。周武王通过牧野之战,消灭了商朝的主力部队,拥有了天下。古代夏商周三代,国土面积都不大,好多部落同时存在。商朝强大的时候,周朝不是一个国家,而是一个部落,两者同时存在。

这里顺带说一下武王伐纣的时间,学术界一般认为在公元前1046年左右。这个时间,是根据一个叫夏商周断代工程的学术项目推断出来的。这个工程始于二十多年前,对于这个工程,学术界一些人不以为然。何以有此工程?因为我们中国人说我们有五千年的历史,于是领导人出访时也这么说。但某些西方学者并不认同,因为上下五千年基本是根据《史记》的讲法所做的推测,夏朝从哪一年开始,都城在哪里?商朝到底从哪一年开始,并没有确切的纪年,中国最早的纪年,周召共和是在公元前841年。以前的历史就比较模糊了,没具体的年代,所以有些学者认为中国确定的历史只有三千七百年。因为这个缘故,某些领导希望搞一个夏商周断代工程,确定一些重大事件的年代。但学术研究是一件很严谨的事,虽然现在科学发达,手段很多,但很多结论还需地下的材料和更多的发现来证明,把学术研究叫做工程,名字本身是存在问题的。

但话说回来,由于投入资金集中力量搞研究,在某些方面还是有成就的。

"武王伐纣"还有另一个现代版故事,上海交通大学有位著名学者,曾专门考证武王伐纣的时间,有一次他去某军校讲课,听众中有一个女军官就问他,研究这个东西有什么意义,这位学者很无语。大家也可以想想,我们平时搞的学术,并不直接创造生产力,到底有什么意义。如果这个问题不搞清楚,别人就可以质疑研究的价值何在!

接下来几句继续说武王,武王拥有显赫的名声,尊贵为天子,论财富,拥有四海之内的疆土,后世建宗庙祭享他,子孙能够长保他的祭祀不绝。"武王末受命",就是武王在晚年的时候才承受了天命,之后武王去世,继承者为成王,成王年纪小,因此由武王之弟周公摄政。"周公成文武之德",大家知道周公平定过叛乱,管蔡之乱,这是"武功";"文治"方面就是体现在制礼作乐上。所以孔子说:"郁郁乎文哉,吾从周。"因为周公制礼作乐,而礼乐是孔子非常推崇的,因此才有了"吾从周"的说法。

继续看周公的功业和制定的"礼"。周公"追王大王、王季",就是说追尊古公亶父、王季为王。追王先王应该是从这时开始的,将自己的祖先追尊为王,因为大王和王季并没有当过天子。大家也许听说过魏武帝曹操,曹操自己没有称过帝,他的儿子曹丕为魏文帝,就追尊曹操为魏武帝。有点像现在追封去世的人一样,追封为烈士,追认为党员等等。"上祀先公以天子之礼",用天子之礼祭祀他们的祖先,一直追到后稷。并将这种追祭礼节,通行到诸侯、大夫、士和平民。"斯礼也"后面的话意为:具体来说,如果父亲是大夫,儿子是士,就用大夫之礼安葬,以士的礼祭祀。如果父亲是士,儿子是大夫,就按士的规定安排葬礼,用大夫的身份安排祭礼。古代的葬礼,棺材的规模都有规定,要根据死者的身份来确定葬礼的级别,根据祭祀者的身份来安排祭礼。比如天子有七庙,供奉七代祖先,诸侯就不可以,这些都有根据,大家有兴趣可以查考《礼记》等书。

"期之丧,达乎大夫,三年之丧达乎天子,父母之丧无贵贱一也。""期"又叫齐衰,是为旁系亲属所服的丧,比如伯伯或者叔叔死了所服的丧,或者男人死了太太也要服丧,时间一般是一年。这种"礼"适应从百姓到大夫,大夫以上不适用。为父母所服的三年之丧,不分贵贱,从上到下都是一样的。三年应该有三十六个月,实际一般只守二十五个月,第三年的一个月就代表一年,这个《荀子·礼论》里讲过。关于"三年之丧"的讨论,《论语》和《孟子》里面都有,可自己参看。周公制礼作乐,他制了很多礼,其中祭礼是特别重要的。礼就是一个规范,我们现在叫法治社会,法也是一种规定,但是法是一种外在的他律的东西,是强制的,礼不一定是强制的,基本是根据人情而做的规定。

子曰:"武王、周公,其达孝矣乎!夫孝者,善继人之志,善述人之事者也。春秋修其祖庙,陈其宗器,设其裳衣,荐其时食。宗庙之礼,所以序昭穆也。序爵,所以辨贵贱也。序事,所以辨贤也。旅酬下为上,所以逮贱也。燕毛,所以序齿也。践其位,行其礼,奏其乐,敬其所尊,爱其所亲,事死如事生,事亡如事存,孝之至也。郊社之礼,所以事上帝也。宗庙之礼,所以祀乎其先也。明乎郊社之礼,禘尝之义,治国其如示诸掌乎?"

"武王、周公,其达孝矣乎!"孔子说武王、周公是真正理解孝的意义的人。所谓孝,不仅是指生前的孝顺供养,还需进一步在先人去世后做到"继志"和"述事"。"继志"就是继承先人的理想,"述事"就是赞述先人的事业。

比如司马迁的父亲司马谈,立志写一部《史记》,但他没有完成,司马迁就发誓要完成父亲的理想,实现父亲的事业,这就是继志和述事。因此古代很多手艺都是传承的,木匠的儿子往往还是木匠,这个传统现在日本还保存着,有些行业不怎么挣钱了,但家族祖祖辈辈都做这个的,他就做这个,现在时髦的叫法称为工匠精神。中国的科举制度在历史上影响很大,但日本当年没有拿过去,有人研究认为日本不想改变他们的行业传承的传统,因为科举制度造成"朝为田舍郎,暮登天子堂"的可能和"万般皆下品,惟有读书高"的思想,对技艺的传承不利。当然中国人是理性的民族,继志述事并不意味着一成不变,孔子说"三年无改于父之道可谓孝矣",三年不改变父亲的理想和行为方式,那就可以说孝了。因为后辈可能也有自己的理想,并想去实现自己的理想,但是三年保持父亲的理想和行为模式不变,这是孝的一种表现。身体是没有办法复制的,但是一个人的思想和事业,是可以传承的。子孙继承父祖的遗志,当然就是孝了。

后面从祭礼的角度谈孝。古代四季都要祭祀祖先,春秋两祭尤其重要。"修其祖庙"几句,是说祭前要整修祖庙,陈设礼器,摆放陈列先人穿过的衣服,供奉时令食物。关于"设其裳衣",郑玄和朱熹都认为"设之以授尸"。"尸"是古代祭礼中的先人的扮演者,来源于古代巫术。现在戏剧的来源可能和"尸"的表演也有关。"尸"可以扮演死去的祖先,代表祖先站在面前,祭祀者看到穿着先人衣服的"尸",便会油然而生感念之情。关于时令食物,可以参考本书最后的《礼记·月令》篇。

接下来又讲宗庙之礼的意义。"序昭穆"就是排定位置,即被祭祀的先祖按照左昭右穆的顺序排列,开国君主或七世以上的祖先的牌位放在中间,左边是他的儿子,右边是他的孙子,再左边是曾孙,一代代排下去,辈分非常清楚。古代天子才设有宗庙,所以这个秩序要非常清楚。

"序爵,所以辨贵贱也",指的是助祭者按爵位排列顺序,地位高的人,站在重要的地方,地位低的人,他的位置相对偏一点。这是用于区别身份贵贱,古代礼的一个意义就是区别身份。

"序事,所以辨贤也",指献上祭品的时候,官员按职事排列,以用来区别才能的高低。比如司徒奉上牛,司马奉上羊,宗伯献上鸡之类,都有具体的规定。

"旅酬下为上,所以逮贱也","旅酬"是祭祀以后的劝酒礼,那个时候地位低的人先喝,用以表明上面的恩义先施及于下。孔颖达说:"贱人在先,是恩义先及于贱者。"从这个角度说,礼也照顾到弱势群体。

"燕"指的是祭毕的宴饮,"燕毛,所以序齿也",是指祭礼完毕后大家一起喝酒,以年纪大小来排座次。头发越白,年纪越大,座次就越高,头发黑的就坐下位,这个时候不根据地位来。这几句简单串讲了一下礼。礼是一种规定,规定一种秩序,什么可以做,什么不可以做,也是一种区别,区别贵贱亲疏。但礼的建立,背后是有人情作为依据的。《礼运》说:"圣王修义之柄、礼之序以治人情。故人情者,圣王之田也。"强调礼是建立在人情之上并对人情进行调节的。荀子《礼论》说:"祭者、志意思慕之情也。"指出祭礼的目的是表达想念敬爱之情。《论语》中子夏则有"礼后乎?"之问,意为礼不是第一性的,礼应该是建立在仁的基础上的,而仁就是一种爱人的情感。因此本段后面的文字从内心情感的角度来讲祭礼。"践其位,行其礼,奏其乐,敬其所尊,爱其所亲,事死如事生,事亡如事存,孝之至也。"祭祀者站在先王曾经祭祀的位置,用先王之礼祭祀,演奏起先王曾经演奏的音乐,亲爱先王曾经亲爱的那些人,侍奉去世的先人就如同他活着时一样,侍奉亡故的先人如同他在世时一样,这就是孝的最高表现。当祭祀时,就像先王来到面前一样,心中升起爱敬的感情。孔子说:"祭如在,祭神如神在。"祭祀就应该像祖先来到你面前一样,神指的是祖先神。这里有一种情感上的要求,礼不是一种形式,所以祭祀的时候情感要虔诚。

"郊社之礼"指郊祭和社祭,是祭祀天神和地神的。北京有天坛地坛,天坛就是祭天的,地坛就是祭地的。一般古代的时候,天子就到郊区去祭天神,到社去祭地神。"宗庙之礼,所以祀乎其先也。"这里是对应的,郊社是祭天地的,宗庙是祭祖先的，当人们明白了这些祭祀礼的道理以后，明白了郊社之礼和宗庙之礼中四时之祭的意义，那么治理国家就像把手掌显示给人看一样容易。"禘尝"指四季的祭祀，古代春夏秋冬都要祭祀，分别叫禴、禘、尝、烝。为什么明白礼的道理，治国就非常方便？因为礼是一种规范，大家都在情感上认同礼、遵守礼，社会秩序稳定了，冲突就少了，治理国家当然就容易了。

（五）

　　哀公问政。子曰："文武之政，布在方策。其人存，则其政举；其人亡，则其政息。人道敏政，地道敏树。夫政也者，蒲卢也。故为政在人，取人以身，修身以道，修道以仁。仁者，人也，亲亲为大。义者，宜也，尊贤为大。亲亲之杀，尊贤之等，礼所生也。（在下位，不获乎上，民不可得而治矣。）故君子，不可以不修身，思修身不可以不事亲，思事亲不可以不知人，思知人不可以不知天。"天下之达道五，所以行之者三，曰：君臣也，父子也，夫妇也，昆弟也，朋友之交也。五者，天下之达道也。知、仁、勇三者，天下之达德也。所以行之者一也。或生而知之，或学而知之，或困而知之，及其知之一也；或安而行之，或利而行之，或勉强而行之，及

其成功一也。

这一章比较长，阐述了多个方面的问题，我们分开来叙述。

鲁哀公问孔子行政的道理，孔子说："文武之政，布在方策。其人存，则其政举；其人亡，则其政息。"这是说文王武王的政教，都记录在方版和简册上了，也就是在资料库里都可找到。古代没有纸，所以将文档记录在木版或竹简之上。有贤人在，这些政策就可以实行下去；没有贤人，这些政策就废弃了。从典籍来看，儒家曾有着高远的政治理想，天下为公的大同时代比较久远了，就小康社会而言，儒家强调"礼义以为纪"、"刑仁讲让，示民有常"的礼制政体，这种政体的重点就在于贤人政治，贤人的意义在于能将好的治理理念贯彻下去。这种礼制体系是比较强调道义的，它的君臣父子秩序，要求每个人确定自己在社会中的位置，大家都能各司其职，贯彻自己的权利和义务。但是春秋以后，周天子的权威逐渐衰落，各诸侯以功利为追求，强者称霸，这就是所谓的"礼崩乐坏"。即使在诸侯国内部，也是以利益为追求，讲究道义的传统治理思想不受待见。屈原在《离骚》中说"举贤而授能兮，循绳墨而不颇"，就体现了他的贤人政治的理想，但从《离骚》看，这种理想在当时已经不可能实现了。在自秦以后两千多年的帝制时代，贤人政治仍然作为一种政治理想屡被提及，但是实现的情况却较为罕见。每当明君在位又有良臣辅佐的情况下，国家会比较强大，老百姓的日子会好过些。但当无赖或流氓当道成为统治者的时候，人民就会流离失所。从这个意义上说，中国传统社会的政治体制,是一个人治社会,因此总是希望有贤人出现,政治理想并没有转化为一种好的政治制度。这个问题的解决,应该借鉴现代的民主制度。

"人道敏政,地道敏树。夫政也者,蒲卢也。"这几句指出大地的特性是适合繁殖植物,贤人的特点是善于推行好的政策。蒲苇得到地力就能成长,美政得到人才就可以推广,这还是强调贤人治理社会。从历史上看,社会稳定人民幸福的时代往往是开明的时代,彼时君明臣贤,各司其职。就现代中国而言,坚持改革开放,带来了中国面貌的巨大改变,经济的高速发展,这可以说明领导者个人才能的重要性。古代的贤人治理国家,像郑国的子产,可能前几年老百姓会骂他,只有少部分知识分子理解他,到后来治理成功了,大家都来歌颂他。因此真正的统治者和贤人不一定一开始就为大众理解,但统治者要经得起挑战,要广开言路,允许争论。只有这样,才可能最大限度地获得支持,走向成功。西方现代的民主制度,总统要讨好民众,所以没有中国历史上的问题。不过采用哪种制度,是历史文化的选择,没有必要多加评论,但是今天读经典,涉及到对这些问题的思考却是必然的。

既然古代为政成功与否在于有无贤人,那么挑选贤人对于统治者来说,就非常重要了。怎样去选择有才能的人,在这方面,某些民营大公司的老板虽然未必读过《大学》、《中庸》,但有些原则用得不错。大公司老板不一定是能力最强的,不过他们比较会用人,会真诚地选择优秀的手下,庸才对老板来说没意义。即使手下有时候与老板意见相左,也未必是坏事,因为旁观者的角度有时会更清晰,关键是人品要好,要考虑长远利益,这就是"取人以身",选人注重人品。统治者要得到贤人的帮助,还必须提高自我修养,提高道德水准,这即是"修身以道",培养道德境界要靠仁爱正义,仁爱就是统治者要有爱心,这样世上的贤人才愿意为你所用。仁爱必须对他人有内在的真诚,"仁者人也",仁就是爱人,在儒家看来,仁爱首先表现为亲近亲人,因为亲人是和自己关系最近的人。儒家的仁爱,从基础上来说,是以自身为出发点,由近及远地把爱推广开来。从理论上说,如果一个人连与自己关系最亲近的父母兄弟都不爱,那要他去爱远方的人,爱所有的人,爱其它生命几乎是不可能的。所以朱子说:"仁便是本了,上面更无本。如水之流,必过第一池,然后过第二池、第三池。未有不先过第一池而能及第二、第三者。仁便是水之源,而孝悌便是第一池"(《朱子语类》卷二十)。仁爱首先接触到的是一个小圈子,"亲亲",孝顺父母,敬爱兄弟,然后范围逐渐扩大,叫"仁民",即爱他人,或指统治者爱人民;接着就是爱大自然爱万物,即"爱物"。这里有一个横向展开的过程。"义"就是道义,"义者,宜也,尊贤为大。"道义表现在做人正直,做事合宜,其中最重要的义就是尊重贤人,因为贤人能让国家富强、政治清明,尊重贤人是国家大义。亲近亲人需要区分远近亲疏,比如相对于伯父,就会更加亲近自己的父亲;尊重贤人也需要区分贵贱差别,相对于一般的人才,会更加尊重能提升整个社会福利的大贤。礼就是根据这些道理产生的。古代并不是今天推崇的平等社会,它是承认差别的社会,强调各安其份,所以礼在封建制的时代很重要。礼是建立在情感的基础上的,这也是礼不同于法的地方。碰到亲人违法的问题,对自己的亲属可以亲亲相隐，但法官判案只能根据法律来。

"在下位，不获乎上，民不可得而治矣"这句话在后面又出现，郑玄认为这里是错简，应该删除。

由于传统社会强调以德治国，以礼治国。为政者不可以不修身，修身要从事亲开始来培养仁爱。仁爱说到底是一种爱人的感情，所以要了解人性。而人性来自于天理，即"天命之谓性"，故又要"知天"。这是"君子不可以不修身，思事亲不可以不知人，思知人，不可以不知天"几句的基本逻辑。

关于仁爱和孝的关系，这里再提几句。朱子的学生曾问朱子，仁是孝悌之本还是孝悌是仁之本？即到底仁爱是孝悌的根本，还是孝悌是仁爱的根本，这个问题提得非常好，因为在《论语》中，有子曾说"孝悌为仁之本"（《学而》）。朱子回答说，从本源上说，仁是孝悌之本，从实践的秩序说，孝悌是仁之本。（见《朱子语类》卷二十）这有什么区别呢？因为从心理学上说，爱是更基础的情感。孟子说：看到小孩子快掉到井里，不管和孩子有没有亲属关系，都会产生害怕痛苦的感觉，这叫恻隐之心，其实就是仁爱的出发点。虽然仁爱是一种基础的爱心，它面向广泛的对象，但儒家认为就程度来说，它是有差别的；就方向而言，它是由近而远的。每个人都有爱心，爱心首先发出来面对的对象就是双亲，然后是周围的人，然后是自然万物。仁的意义更本源更加宽泛，仁是人的普遍的爱心，是真情和善意，但爱心的实现必须有个过程，由近而及远，这样才符合心理的原则。这种原则，儒家认为是合于天理的。这样朱熹和学生的讨论就把这个道理讲清楚了。王阳明也持相同的观点。他说："仁是造化生生不息之理，虽弥满周遍，无处不是，然其流行发生，亦只有个渐，所以生生不息。……父子兄弟之爱，便是人心生意发端处，如木之抽芽。自此而仁民，而爱物便是发干生枝生叶。"冯友兰说宋明理学是"接着说"，他们把先秦儒学中隐含的问题进一步彰显出来。

"天下之达道五，所以行之者三，曰：君臣也，父子也，夫妇也，昆弟也，朋友之交也。五者，天下之达道也。"天下共通的修身道理，对普通人来说，《中庸》认为要处理好五种关系，即五达道。五种关系是君臣关系，广义的可以理解为上下级关系；父子关系，广义的可以理解为长辈与小辈关系；夫妇关系；兄弟关系，广义的也可包括大家族中的兄弟关系；朋友关系，广义的应包括同事等关系。孟子说这五种关系是"父子有亲、君臣有义、夫妇有别、长幼有序、朋友有信"，这样就符合了礼的要求。完美地实现这五种关系需要三种通行的道德，即知、仁、勇三达德。照孔颖达的看法，没有知性，就不能很好地理解五种关系的重要性；没有仁爱，就不能很好地接受这五种关系；没有勇气，就不能坚定地将五种关系实践到底。"所以行之者一也"，照程朱的看法，这三者中一以贯之的是真诚。"谓之达德者，天下古今所同得之理也。一则诚而已矣。"

"或生而知之"几句，是说对于这"五达道"和"三达德"，有些人天生就知道，有些人通过学习后才知道，有些人遇到困难了去研究后才知道，等到知道了以后都是一样的。"或安而行之"几句，是说有的人心安理得去实践，有的人知道有利去实践，有的人勉勉强强去实践，等到成功了都是一样的。在儒家文本中，这些称为"生知安行"、"学知利行"、"困知勉行"。总之这些关系和方法需要去贯彻。

子曰："好学近乎知，力行近乎仁，知耻近乎勇。知斯三者，则知所以修身；知所以修身，则知所以治人；知所以治人，则知所以治天下国家矣。"凡为天下国家有九经，曰：修身也，尊贤也，亲亲也，敬大臣也，体群臣也，子庶民也，来百工也，柔远人也，怀诸侯也。修身则道立，尊贤则不惑，亲亲则诸父昆弟不怨，敬大臣则不眩，体群臣则士之报礼重，子庶民则百姓劝，来百工则财用足，柔远人则四方归之，怀诸侯则天下畏之。

真正达到知、仁、勇就是圣人境界了，所以孔子不随便以仁赞许他人。但知、仁、勇却可以通过学习逐渐接近。所以说"好学近乎知，力行近乎仁，知耻近乎勇"。朱子说"好学非知，然足以破愚；力行非仁，然足以忘私；知耻非勇，然足以起懦。"因此好学、力行和知耻对于修身是非常重要的。在《大学》中，修身、齐家、治国、平天下是儒家治理的一个顺序。治理国家从修身开始，"其身正，不令而行"，故这里说"知所以修身，则知所以治人。知所以治人，则知所以治天下国家矣。"

"凡为天下国家有九经"几句，说天子治理国家有九条原则，修正自身，尊重贤人，亲爱亲人，礼敬大臣，体恤群臣，爱护百姓，鼓励工匠，安抚边远地区，慰问各地诸侯。一个人能修正己身，则正道就确立了；能尊重贤人，行事就不会迷惑；能亲爱亲人，就可使长辈和兄长不抱怨；礼敬大臣，就能做到职责分明而不混乱；体恤群臣，则基层官员就会尽力回报；爱护百姓，民众就会积极效力；鼓励工匠，劳动者就会积极生产，社会上的财富货物就会充足；安抚边远地区，远方民众就会归附；慰问各地诸侯，天下人都会敬畏朝廷。

以上这一段讲由修身而治国平天下的道理。九经是将五达道扩展到国家治理层面。

齐明盛服，非礼不动，所以修身也；去谗远色，贱货而贵德，所以劝贤也；尊其位，重其禄，同其好恶，所以劝亲亲也；官盛任使，所以劝大臣也；忠信重禄，所以劝士也；时使薄敛，所以劝百姓也；日省月试，既廪称事，所以劝百工也；送往迎来，嘉善而矜不能，所以柔远人也；继绝世，举废国，治乱持危，朝聘以时，厚往而薄来，所以怀诸侯也。

这一段讲实践九经的具体措施。"齐明盛服，非礼不动，所以修身也"，作为最高统治者，在正式场合须穿戴整齐洁净的衣冠，不合礼的事不做，以此来修身。这是强调在以礼治国方面做出表率。"去谗远色，贱货而贵德，所以劝贤也"，意思是摈弃谗言、远离女色，轻财货而重道德，这样就可以鼓励贤人。喜欢听阿谀的话，喜欢美色和货物，这可以说是一般人天生的嗜好，但这些嗜好对修身和治国有害无益，天子应该以国家社稷为重，正其义不谋其利，克服这些嗜好，尊重贤人，推崇品德，持守礼法，如此贤人才能心甘情愿为之服务。"尊其位,重其禄,同其好恶,所以劝亲亲也",最高统治者对于自己的亲属家人,应提高他们的爵位,增加他们的收入,和他们的好恶保持一致,这是亲近亲人的体现。(郑玄认为,这里的"重其禄",是表示尊重,并不是任命他们具体职务,这种说法是有道理的,因为从事治国理政是大臣们的事,亲属未必具有治国理政的能力。)"官盛任使,所以劝大臣也;忠信重禄,所以劝士也",为大臣设置众多的属官,以供他们任用指挥,这样就可以鼓励大臣。因为大臣负责国家大政方针,不可能事事亲力亲为,增加属官,就方便他们调度指挥。真心诚意对待基层官员,关心他们的收入情况,这就可以激励这些官员,为国家努力工作。"时使薄敛,所以劝百姓也;日省月试,既禀称事,所以劝百工也",非农闲不征用民力,减轻人民的赋税,这是奖劝百姓的方法。对工匠每日检验,每月考核,以考察薪水粮米是否同付出相称,勤勉者就增加其收入,偷懒者就减低其收入,这样就可以鼓励各种工匠。"送往迎来,嘉善而矜不能,所以柔远人也",认真送往迎来,嘉奖良善而怜恤无能,这样就是真正善待远方的人。"继绝世,举废国,治乱持危,朝聘以时,厚往而薄来,所以怀诸侯也。"延续已经断绝的世系,恢复已经衰亡的诸侯国,对于处于这种境遇的国家,帮助平定内乱,度过危机,按时接受他们的朝见聘问。所谓"朝",是指诸侯朝见天子,"聘"是诸侯派大夫来献礼。根据古礼,诸侯两年一小聘,三年一大聘,五年一朝。天子接受诸侯的礼物薄,而回馈的礼物厚,这样就能怀柔诸侯。

凡为天下国家有九经,所以行之者一也。凡事

豫则立,不豫则废。言前定则不跲,事前定则不困,行前定则不疚,道前定则不穷。在下位不获乎上,民不可得而治矣。获乎上有道,不信乎朋友,不获乎上矣。信乎朋友有道,不顺乎亲,不信乎朋友矣。顺乎亲有道,反诸身不诚,不顺乎亲矣。诚身有道,不明乎善,不诚乎身矣。

　　"凡为天下国家有九经,所以行之者一也。"虽然治理天下有九条原则,而实现这九条原则的道理只有一个,这个道理,郑玄认为就是预先谋划,朱子认为就是"诚"。结合后文,朱子这样说也是可以的,因为后面即将涉及本文的核心价值观"诚",这里等于先做一个铺垫。"凡事豫则立"几句,意为做任何事情,预先计划好就能成功,不预先计划就会失败;说话预先想好就不会有窒碍,事情预先策划就不会有困难,行动预先准备就不会出差错。道路预先确定,则不会走不通。这是告诫统治者不能拍脑袋决策。"获乎上有道"及后面几句,阐述做到彼此信任的前提:处在下位的人,如果得不到上面的信任,人民不可能治理好。这个道理比较简单,上下不配合,施政无法长久。要想获得上级的信任是有方法的,就是先获得朋友的信任。考察一个人,先看他的人脉,如果一个人周围朋友都信任他,说明这个人信誉很好,领导也就比较放心。反之,信誉差的人,没人敢用的,尤其在现代商业社会口碑很重要。要想被朋友信任也有方法,就是孝顺双亲,不孝顺双亲,朋友也不会相信他。因为古人认为社会是家庭的放大,家庭不和睦，父母不满意，也不能让朋友满意。而孝顺父母也有一定的方法，即发自于内心的真诚，否则父母也不会满意。这样内心真诚就最重要。那么如何能真诚呢，就要明白人性之善，不懂得善，就没法至诚。故"诚身有道，不明乎善，不诚乎身矣。"

"诚身"是内心的真诚，为何需要明善呢。"诚"属于本体性的概念，然而立诚需要"明善"，但善并不好把握，在不同的情况下对善的理解会有不同。笔者以为，此处之善，一方面指的是至善，即孟子说的人性之善和每个人的良知良能。王阳明说："至善者，心之本体。"又说："知是心之本体。心自然会知。见父自然知孝，见兄自然知弟，见孺子入井，自然知恻隐。此便是良知。"可见在王阳明看来，良知即是至善。如果"心之良知更无障碍，得以充塞流行。便是致其知。知致则意诚"。良知确认了，意念也就真诚了。所以这里的"明乎善"，可以理解为确认自己有良知。相信自己有良知，也就是相信人有善的本性。西哲康德也有类似看法："意志是这样一种能力，它只选择那种，理性在不受爱好影响的条件下，认为实践上是必然的东西，也就是认为善的东西。""自由意志和服从道德律的意志，完全是一个东西。"① 另一方面在具体情况下，也指最符合公义公利的行为。坚持这两方面，即构成后文所说的"择善而固执之"。

诚者，天之道也；诚之者，人之道也。诚者不勉

---

① ［德］伊曼努尔·康德《道德形而上学原理》，上海世纪出版集团，2005年版，第30页，第70页。

而中,不思而得,从容中道,圣人也。诚之者,择善而固执之者也。博学之,审问之,慎思之,明辨之,笃行之。有弗学,学之弗能,弗措也;有弗问,问之弗知,弗措也;有弗思,思之弗得,弗措也;有弗辨,辨之弗明,弗措也;有弗行,行之弗笃,弗措也。人一能之,己百之;人十能之,己千之。果能此道矣,虽愚必明,虽柔必强。

这一段可以说是《中庸》全文中最重要的部分,是对"诚"的阐发,涉及到天道和人道。"诚者,天之道也;诚之者,人之道也"两句,朱子说:"诚者,真实无妄之谓,天理之本然也。诚之者,未能真实无妄,而欲其真实无妄之谓,人事之当然也。"天道至诚,没有私心,所以自然界能四季运行,化育万物。人道应该效法天道,建立至诚的品德。"诚者不勉而中,不思而得,从容中道,圣人也。"天生至诚的人,不用勉强就能处事合理,不用费力思考就能从容贯彻中庸之道,圣人就是这样的人,称作诚者。"诚之者,择善而固执之者也。"认定人性之善,人有良知良能而始终努力做到至诚的人,就是"诚之者",是贤人君子。对于贤人君子来说,需要"博学之,审问之,慎思之,明辨之,笃行之。"通过广博地学习、详细地探究、谨慎地思考、明晰地分辨、笃实地履行来"明善"和"择善"。前面四者属于知的范围,最后一者属于行的范围。真正效法天道的"诚之者",是不会轻言放弃的。"有弗学"云云,是说要么不学,既然学了,学不会就不放弃;要么不问,问了不理解就不放弃;要么不思考,既然思考了,不得其解就不放弃;要么不分辨,分辨了仍然没有搞清楚,就不放弃;工作要么不做,做得不扎实就不停止。聪明人一次或十次能做好的,自己做十次百次,真的照这样的路数去做,愚昧的人一定会变得聪明,柔弱的人一定会变得刚强。本章到此,串联起此处"诚"和前面"中"的关系,即"诚者不思而得,从容中道。"一个至诚的人就必然能符合中道。

儒家认为诚者自然就能符合中道,是否这样可以进行讨论,但不诚的人,肯定不能贯彻中庸之道,却是必然的。

自诚明谓之性,自明诚谓之教。诚则明矣,明则诚矣。

由至诚而明了道理,这是圣人的本性,也是天道之本然;先明白了诚的道理,而不断学习,择善固执,最后到达至诚境界,这是贤人修身的方法,这和学习教育分不开。两者方式不同,但结果一样。真诚就会明理,明理就会真诚。"自诚明"对应于"诚者","自明诚"对应于"诚之者"。

《中庸》开篇讲"天命之谓性,率性之谓道,修道之谓教",接下来的"中庸""五达道""三达德""九经"基本都是从"道"的角度讲,到本章重新接上了"性"和"教"。

(六)

唯天下至诚,为能尽其性;能尽其性,则能尽人

之性;能尽人之性,则能尽物之性;能尽物之性,则可以赞天地之化育;可以赞天地之化育,则可以与天地参矣。

"至诚"是指完全真诚的人,特指圣人。圣人一片赤诚,没有私心,所以能充分实现自己的仁爱之心、义理之心,完成善良的天性,即"能尽其性"。至诚的人由己及人,亦能合理地对待他人,帮助他人实现他们人性中的善良,即"尽人之性"。"尽物之性"是说让万物如其本性地成长。朱子说:"人物之性,亦我之性,但以所赋形气不同而有异耳。能尽之者,谓知之无不明而处之无不当也。"也就是自己与他人、人与物虽然形象气质有所不同,但本性是相通的。圣人会帮助人物实现本性。因为能帮助人物实现本性,所以就有"赞天地之化育"之功,而因为有帮助天地化育之功,所以可以说与天地并列为三,"与天地参"。"参"通叁。用《周易》的话说,好的统治者能"裁成天地之道 辅相天地之宜"。朱子说:"人在天地中间,虽只是一理,然天人所为,各自有分,人做得底,却有天做不得底。如天能生物,而耕种必用人;水能润物,而灌溉必用人;火能熯物,而薪爨必用人。裁成辅相,须是人做。非赞助而何。"(《朱子语类》卷六十四)张载说"为天地立心",但这个心也必须由人去立!

其次致曲,曲能有诚,诚则形,形则著,著则明,明则动,动则变,变则化,唯天下至诚为能化。

"曲"，郑玄注曰："犹小小之事也。"朱注曰："一偏也。"指局部事物。两种理解都讲得通。朱子以为此章"通大贤以下凡诚有未至者而言也"，即这一章说的是次于圣人的贤人。"曲能有诚，诚则形，形则著，著则明，明则动，动则变，变则化"，如果能够将真诚推至具体人物和事务上，就可在具体事物中体现真诚。有了真诚就会表现出来，表现出来就会逐渐显著。逐渐显著就会日益彰明，日益彰明就能感动人心，感动人心就能改变人群，改变人群就能完成教化，唯有至诚的人才能完成教化。而照朱子的理解，到了这个时候，贤人的功夫就和圣人相等了，"积而至于能化，则其至诚之妙，亦不异于圣人矣。"

儒家的这种转化人心乃至于转化社会的思想，在儒家典籍中反复出现。《孟子·尽心下》云："可欲之谓善，有诸己之谓信，充实之谓美，充实而有光辉之谓大，大而化之之谓圣，圣而不可知之之谓神。"意为内心的善良愿望就是善，善充实了就有了诚信，诚信充实了就会表现出美好，美好而有光辉称之为壮大，壮大的美好能够感化人民，这就是圣人境界了。圣人境界到了一般人难以理解的程度就进入神妙境界了。其过程也是从自身修养做起，慢慢地成为有德君子、贤人、圣人，最后教化天下。《周易·咸》"彖"曰："圣人感人心而天下和平。"圣人感化人心，人心向善了，天下就太平了。应该说，儒家这种治理模式，具有理想色彩。

至诚之道，可以前知。国家将兴，必有祯祥；国家将亡，必有妖孽；见乎蓍龟，动乎四体。祸福将至：善，必先知之；不善，必先知之。故至诚

如神。

"至诚之道，可以前知。"《中庸》的作者认为，具有最真诚品德的人，可以预测未来。"国家将兴，必有祯祥；国家将亡，必有妖孽；见乎蓍龟，动乎四体。祸福将至：善，必先知之；不善，必先知之。"国家将要兴盛的时候，一定会有吉兆，国家将要灭亡的时候，一定会有妖孽。中国哲学中天人感应的思想，虽然集大成者是汉代的董仲舒，但这种思想很早就产生了。如历史上文王将兴，有赤雀之瑞；周幽王三年，三川皆震，伯阳父说周将亡国等等。这些预兆，会表现在占卜时的龟甲和蓍草之上，表现在统治者的行为仪态中。蓍草和龟甲是古代占卜的工具，古人认为有灵气，但占卜有个条件，必须虔诚。《周易·蒙》卦辞云："初筮告，再三渎，渎则不告。"强调占卜要诚心，不能怀疑。而统治者行为不合礼仪，放荡腐败，也喻示不祥之兆。至诚的人，祸福将要到来前，预先就知道了，"善，必先知之；不善，必先知之。故至诚如神。"这种未卜先知的本领，古代一些有大智慧的人往往具备，所以在大变动来临之前，他们就先做好了准备。例如西晋的吴县人张翰，在洛阳作官，预感到国家将乱，即以思念家乡的美食为由，辞官归家，所谓"秋风莼鲈之思"。

诚者自成也，而道自道也。诚者，物之终始，不诚无物。是故君子诚之为贵。诚者非自成己而已也，所以成物也。成己，仁也；成物，知也。性之德也，合外内之道也，故时措之宜也。

过去的人读《四书》,《中庸》一般是最后读的,前面要读《大学》,然后是《论语》《孟子》,《中庸》可以看作一个总结,它把《论语》《孟子》《大学》的道理贯穿起来了,这个顺序是朱子倡导的。

"诚者自成也",意为诚者是自己成就自己,也必然能够成就。天地的精神是诚,无私心而成就万物,但是作为普通人来说,不可能因为天地至诚而自然获得诚己的功夫,所以自我的修行为必须。但一个做到至诚的人,就与天地的精神合拍了,最后一定能够自我完善。"道者自道也",道是宇宙万物的规律,本来现成,道同时也是人应该遵循的规律,人应该顺道而行,这就是"率性之谓道"。"自道"即这两方面的意思。

"诚者,物之终始,不诚无物。"因为"诚"在《中庸》中具有本体论的价值,代表最高德性,所以贯穿于万事万物之中,世界的开始和结束都离不开此"诚"。没有"诚",当然就没有物了。这里的"物"既指自然界的物质,也指人世间的各种事情。"是故君子诚之为贵",这是从诚之者的贤人君子方面说。因为圣人生而知之,安而行之,无需说什么道理。但贤人君子需要择善固执,不断努力。朱子说:"故人之心一有不实,则虽有所为亦如无有,而君子必以诚为贵也。盖人之心能无不实,乃为有以自成,而道之在我者也无不行。"意为人心一旦虚假,修身就难以进步了。

哲学从理论上讲往往有一个最高的本体,然后这个本体会创生万物,万物都体现着本体。"诚"在这里是最高的本体,是最高的精神,也是最高的理念。"诚"就像太阳的大公无私,无所不照。

"不诚无物"的思想,在先秦得到广泛的认同。《庄子·渔父》说:"真者,精诚之至也。不精不诚,不能动人。"从情感角度论述真诚的重要。《乐记》论"乐"云:"情深而闻名,气盛而化神,和顺积中而英华外发:唯乐不可以为伪。"这是从音乐的角度说明真诚的重要性。在金庸的小说《笑傲江湖》中,对艺术之真诚有较充分的发挥,来自名门正派的刘正风和出身于魔教的曲洋都爱好音乐,他们冲破世俗所谓的正邪之分,宁愿被整个武林唾弃也要成为音乐挚友,就是因为他们在对方的音乐中听出了真性情,知道彼此趣味相投,而这种真性情和所谓的世俗观念毫无关系。

研究美学的人都会注意到中国古人谈美一定结合善,所谓美善合一,而古希腊自柏拉图以来,谈美往往强调真善美合一。有些人由此觉得中国人不太强调真。其实情况并非完全如此。孔子论《韶》乐说:"尽美矣,又尽善也。"论《武》乐说:"尽美矣,未尽善也。"《韶》乐之所以尽善尽美。是由于它所反映的尧舜禅让出自于公心,很真诚,而《武》乐所反映的武王伐纣、商周更替虽然是正义战胜邪恶,但难免运用武力,并非完全出自双方的自愿。可见美善合一的基础是真诚。联系孔子论诗强调"诗无邪","无邪"即是情感真诚。可见中国的文学艺术是非常强调"诚"的,和西方的"真"注重主客观相符的特点相比,"诚"更强调情感的真实无妄。中国美学美善合一的基础是真诚。

"诚者,非自成己而已也,所以成物也。成己仁也,成物知也。"达到至诚的人,一定不仅仅成就自己,一定也会成就他人。因为"诚"贯穿于一切事物,并无彼此。提升他人的同时,也就是在提升自己;提升自己的同时,也会影响到他人,儒家伦理在人际关系中展开。仁爱是真诚的内容,智慧是真诚的功能,仁知也是合一的,所以至诚的人一定会做到成己成物。

从物我关系上说,己是内,物是外。从仁知关系上说,仁是内,知是外,但内外是相对,从绝对意义上,都是德性所固有,即"性之德也",无所谓内外,随时随地运用都适宜。即"合外内之道,故时措之宜也。""时措之宜"也就是前面第二讲中的"时中"。

但今天我们讨论成物,还有个方法的问题。《论语》里讲"己欲立立人,己欲达达人",这主要是从道德层面讲的。但统治阶级怎样提高人民的品德,或者老师怎样提高学生的道德水准,也有个随机设教的方法问题,不能强加于人。

故至诚无息。不息则久,久则征,征则悠远,悠远则博厚,博厚则高明。博厚,所以载物也;高明,所以覆物也;悠久,所以成物也。博厚配地,高明配天,悠久无疆。如此者,不见而章,不动而变,无为而成。

《中庸章句》将这一章和下一章,归为第二十六章,我们分为两部分来讨论。

因为"诚"代表天命,就人来说,代表天所命之性。天命永远不会停止,故说"至诚无息",同样圣人也不会停止对至善的实践。"不息则久,久则征,征则悠远,悠远则博厚,博厚则高明。"不停息就能持久,持久就有表征,有表征就会悠久长远,这里的"悠远"从永恒层面上说,前面的"久"则偏重于一段时间。悠久长远就能广博深厚,广博深厚就能崇高光明。所以说,广博深厚可以承载万物,崇高光明可以覆盖万物,悠久长远能成就万物。

　　什么东西最能承载?那就是大地。什么东西最能覆盖?那就是苍天,而天长地久,万物都在时间中产生和发展,所以说"博厚配地,高明配天,悠久无疆",这些都是在说"诚"的本体和至诚的圣人之性的功用,有超越有限时空的价值。

　　这里,我们可以看到中国人的时空观,时间上它是非常久远的,无所谓开始,也没有结束,天荒地老,空间上就是在天地之间。唐代诗人陈子昂的诗《登幽州台歌》说"前不见古人,后不见来者,念天地之悠悠。独怆然而涕下",就反映了中国人的时空意识。古人说时间一定配合空间,说空间一定配合时间,四方上下曰宇,古往今来曰宙。本章谈博厚高明结合说悠久,即是这种时空观的反映。

　　能够做到"至诚",就无须表现而自然彰明,不见行动却能变化事物,无所施为而自然成功。这里的思想和老子思想有相通处。老子说"无为而无不为",天地虽然无为,但因为无私,所以万物能够充分地发育成长。《中庸》则认为万物得遂其性皆是诚的功用。

天地之道,可一言而尽也。其为物不贰,则其生物不测。天地之道,博也、厚也、高也、明也、悠也、久也。今夫天,斯昭昭之多,及其无穷也,日月

星辰系焉,万物覆焉。今夫地,一撮土之多,及其广厚,载华岳而不重,振河海而不洩,万物载焉。今夫山,一卷石之多,及其广大,草木生之,禽兽居之,宝藏兴焉。今夫水,一勺之多,及其不测,鼋鼍、蛟龙、鱼鳖生焉,货财殖焉。诗云:"维天之命,於穆不已。"盖曰天之所以为天也。"於乎不显,文王之德之纯。"盖曰文王之所以为文也,纯亦不已。

天地产生人与万物,可说是人物的总根源。天地的德性可以用一句话概括:诚一不二。由于诚一不二,其产生事物的能力就深不可测。故曰"其为物不贰,则其生物不测"。天地的德性广博、深厚、崇高、光明、悠远、长久。现在头上的这个天,当初只有一小片光明,等到扩展至无穷,则日月星辰运行在上面,万物都被其覆盖。现在的大地 当初也只有一撮土那么大,等到变得广大深厚了,能够负载华山而不觉沉重,接受江海而无所泄露。现在的大山,原来就一块小石头那么大,等到变得高大了,草木生长在上面,禽兽居住在上面,宝藏产生在里面。现在说大水,最初也就一勺子那么多,等变成了江河大海,鼋鼍、蛟龙、鱼鳖都生活于其中,各种物资取之不尽。上面这些都是举例,说明至诚的德性能够产生万物,并让万物由小至大,由微至著地成长,相当于《周易》的"乾知大始,坤作成物"。

接着引用《诗经·周颂·维天之命》四句诗作总结:"维天之命,於穆不已。""唯天之命"即是天所赋予的,即是德性之诚,"於穆不已"即深远美好而不停息。於(wū),叹词,穆:深远也,这是讲天之所以为天的道理。"於乎不显,文王之德之纯！""於乎"即"呜呼","不显"即"丕显",非常光明的意思,说明文王的品德纯一不杂。因为文王作为古代理想的圣王,他的品德被认为可以配天地。这部分一开始讲天地之道,最后又回到文王,因为天地本来具有成就万物的德性,人能效法天地,实现天地品德的话,就叫与"天地参"。章末回到文王,是因为文王把天地之道体现出来了。

大哉圣人之道！洋洋乎,发育万物,峻极于天。优优大哉,礼仪三百,威仪三千。待其人而后行。故曰:"苟不至德,至道不凝焉。"故君子尊德性而道问学,致广大而尽精微,极高明而道中庸,温故而知新,敦厚以崇礼。是故居上不骄,为下不倍。国有道其言足以兴;国无道其默足以容。诗曰:"既明且哲,以保其身。"其此之谓与?

这里将圣人之道上升到一个非常高的高度,就是"发育万物"。圣人之道和天地之道应该是同构的,但这里的发育万物并不是指产生自然界的万物,否则就不好理解了。"发育文物"是指圣人能创造文化,"物"相当于"事",所以后面说"优优大哉,礼仪三百,威仪三千",是说周公制礼作乐的事情。朱注:"礼仪,经礼也。威仪,曲礼也。"也就是礼仪是主要的礼,威仪是细节方面的礼。

古人读《中庸》的时候读出了一些问题,《礼记》里有很多关于礼的具体的说明,而出于《礼记》的《中庸》似乎不讨论具体的礼,比较偏重于讲形而上学的道,契嵩是北宋的著名和尚，有人问《中庸》和《礼记》似乎配不起来，而他的回答是可以配起来。为什么可以配起来呢？笔者以为从这些地方可以看出来。《中庸》虽然不说具体的礼，但却指出了礼是一种文化创造，属于被发育的万物之一。

先秦政治的要义有相当部分体现在礼当中，所以，历史上有的思想家非常重视礼，荀子就是代表。他和孟子观点不同，孟子认为人和动物的区别在于人有道德属性而动物没有，而荀子以为人和动物的区别就在于人类能够形成社会，能够形成不同的群体和国家，这个观点和当今以色列作家尤瓦尔·赫拉利的《人类简史》的观点很接近。荀子认为形成社会国家的重要手段是礼乐。"天能生物，不能辨物也；地能载人，不能治人也；宇中万物生人之属，待圣人然后分也。"（《礼论》）礼可以起到"明分使群"的作用，即区分阶层，组成社会，让社会国家有秩序。现代儒学大师钱穆先生，也认为中国儒家文化的精髓在礼乐之中。中国人有天文、地文、人文的说法，天文指日月星辰的运行，这是有规律可循的；地文指山川动植的生成和四季运行的法则，这些也是有条理的；人文就是人所创造的文化，其中礼乐是重要的部分。礼乐代表秩序与和谐，有了礼乐文化，人就可以立于天地之间了。礼简单理解就是人际规范，乐则是完成人格的高雅艺术。

既然"礼"那么重要，就需要道德高尚的人来制定，否则就没有说服力。"苟不至德，至道不凝"就是这个意思。"凝"者，聚也，成也。制礼作乐需要圣人，而且圣人还要有位，这样礼才能起作用，这就很难得了。

接下来说作为一个努力明诚的君子，修行应注意的五条标准。第一条是"尊德性而道问学"，"尊德性"是注重品德培养,偏于行,"道问学"是研究学问,偏于知,两者不可偏废,这样才符合本篇的中庸之旨。第二条是"致广大而尽精微",君子应致力于见闻广博而又能深入精微。在这个世界上有些学者博而不专,有些专而不博,这对于认识世界和理解大道都有所欠缺。博而专强调的还是中庸之道。第三条是"极高明而道中庸",达到高明之境而又遵循中庸之道,君子虽然高明仍持守中道,并非超然物外,仍然是生活于日常世界之中。第四条是"温故而知新",既温习旧知识,又学习新知识,在温习旧知识中有新的发现,在学习新知识中又巩固了旧知识,旧学新知相资以成,仍不离中庸之道。第五条是"敦厚以崇礼","敦厚"是涵养本性中的善良,"崇礼"是持守外在的规范,仁和礼相辅相成。如果没有内在情感的淳厚,仅仅将礼作为装饰,那就是伪君子,或某种统治阶级的虚伪。比如历史上西晋是个比较黑暗的时代,统治阶级争权夺利,完全不顾礼法,靠武力说话,皇帝轮流做,对正直的知识分子进行迫害,对人民缺乏诚意,却要求知识分子拘守礼法效忠他们,所以当时的竹林七贤以不守礼法来表示反抗。他们放浪形骸,逆俗悖礼。他们的行为是对黑暗社会和以礼为装饰的伪君子的一种间接反抗,内心其实是很真诚的。嵇康阮籍那样的人,就是儒家所说的狂狷者,是坚守自己情操的人,但离开中庸的标准还差一点。中庸是既有内在的真诚,又恪守社会的规范。

这五条君子修养的标准既具有诚的内涵,又贯彻了中庸之道。

这五条标准,在今天仍然有着巨大的指导意义,比如"尊德性而道问学"。现在很多人批评中国的教育,偏重掌握知识而不尊重德性,教师有知识无品德,有技能无信仰。学生学习功利性强,精致利己,对整个社会也产生了极为恶劣的影响。又比如"敦厚以崇礼",现在的官场上某些官员对人民缺少爱心,缺少法治观念,而且行为不检点,这样就败坏了信誉。所以今天我们建设国家,还需回头看看先贤的教诲。

下面再以从政和处事为例,对君子的修养做些具体说明。"居上不骄,为下不倍",当君子有幸处于领导位置时,对事物要有一个清醒的认识,千万不能骄傲,处于臣下的位置则不要违背上级的命令。"国有道其言足以兴;国无道其默足以容",国家有道时,君子的言论能够让国家兴旺,但是如果碰上无道的国君,君子应保持沉默,以容身自保。国家混乱的时候,阿谀奉承者多,说正确的话容易受迫害。如果仗义直言能够拯救国家,当然可以这样做,哪怕舍生取义。但如果面对暴君,说了于事无补,还有杀身之祸,那个时候就要沉默。后面引用《诗经·大雅·烝名》"既明且哲,以保其身"的诗句来说明这个道理。

子曰:"愚而好自用,贱而好自专。生乎今之世,反古之道。如此者,灾及其身者也。"非天子不议礼,不制度,不考文。今天下车同轨,书同文,行同伦。虽有其位,苟无其德,不敢作礼乐焉。虽有其德,苟无其位,亦不敢作礼乐焉。子曰"吾说夏礼,杞不足徵也。吾学殷礼,有宋存焉。吾学周礼,今用之。吾从周。"

　　儒家的政治理想是内圣外王,外王就一定要治国理政,孔子在这里说了几种治国理政要注意的情况。"愚而好自用,贱而好自专。生乎今之世,反古之道。如此者,灾及其身者也。"家天下以后,古代皇位的传承是世袭制,有的君王未必有德,只是因为身份得到了传承,这样难免有愚人当道的情况发生,而愚人因为能力的有限,往往刚愎自用,不识好歹,一意孤行,最后结果可想而知。还有一种人,地位并没有达到足够尊贵,却喜欢自作主张,代领导发号施令。还有些统治者生活在当今时代,却希望回到过去,用过去的方法治国,这几种人一定会有灾难降临。

　　"非天子不议礼,不制度,不考文",这里是说不是天子,就不要去讨论礼的是非对错,不去建立制度,也不去考订文字,用今天的话来说,就是不做顶层设计。中国传统社会和西方民主社会是不一样的,西方社会的政策往往是各方博弈的结果,但中国传统社会的大臣只能提建议,最后制定制度,确立礼乐的一定是皇帝或最高统治者。"今天下车同轨,书同文,行同伦。"意思是现在是马车的车辙同宽,书写同一种文字,行为遵守同一种伦理标准的时代,具备了制礼作乐的一个标准。这个叙述的显然不是孔子或子思时代的情况,因此有人认为《中庸》是秦始皇统一天下或汉朝一统以后的作品,也可能是最后编定在这个时期。"虽有其位,苟无其德,不敢作礼乐焉",是补充说明即使贵为天子,但如果没有圣人的德行,也不可以制定礼乐。因为天子虽有地位,但没有品德,即使制定了文化制度,这个文化制度也只能暂时起作用,不会受到后人的信赖和奉行。比如一统天下、横扫六合的秦始皇就不具备这个资格。而像孔子虽具有圣人的德行,因为不是天子,所以也不具备制礼作乐的条件。

中国古代政治本来就是一种精英政治,特别是在先秦以前的贵族社会,受教育的人是极其有限的,治国平天下其实就是天子和贵族中的一些贤人。但今天的情况已经很不一样了,当今中国从法理上说是人民的国家,因此现在我们有一个怎样去对待古代遗产的问题。况且今天强调依法治国,在这种背景下怎样合理利用礼乐手段,值得研究。后面是孔子比较各个时代的礼。孔子是非常注重学习的人,对礼非常了解,所以他说自己谈论夏礼,夏的后裔杞国人不足以作证,这说明在孔子的时代已基本没人了解夏礼了。又说自己也学习商代的礼,商代的后裔宋国人可以作证他讲的是对的。孔子又说学习了周礼,当时正在使用,他遵从周礼。周礼是当时的礼,适合于时代,强调文教德化,反对暴力,所以孔子遵从。

(八)

王天下有三重焉,其寡过矣乎!上焉者虽善无徵,无徵不信,不信民弗从;下焉者虽善不尊,不尊不信,不信民弗从。故君子之道:本诸身,徵诸庶民,考诸三王而不缪,建诸天地而不悖,质诸鬼神而无疑,百世以俟圣人而不惑。质诸鬼神而无疑,知天也;百世以俟圣人而不惑,知人也。是故君子动而世为天下道，行而世为天下法，言而世为天下则。远之则有望，近之则不厌。《诗》曰："在彼无恶，在此无射。庶几夙夜，以永终誉！"君子未有不如此而蚤有誉于天下者也。"

这一章的"三重"是说最高统治者，君临天下实行王道有议定礼法、创立制度、考定字体三件大事，如果做得好，就很少会犯错误。（孔颖达则以为"三重"指夏商周三代之礼）"上焉者虽善无徵"，意为高高在上的统治者，如果只有善意而没有付之行动，就不会有效果，没有效果人民就不会相信，人民不相信就不会跟从。"下焉者虽善不尊"，意为那些不处最高地位的人，虽然懂得这个道理，却没有威望，没有威望人民就不会信服，不信服就不会跟随。所以有道君王建设文化，要先从自身做起，证明给民众看。这些施政对照夏、商、周三代的原则而没有错误，建立在天地之间而不违背自然的道理，验证于鬼神也没有疑问，等待百世之后的圣人的检验也不惶惑。

在这里，《中庸》的作者认为，夏、商、周三代的礼文化虽有不同，但思想基础是一样的，礼建立在人情之上，又调节着人情。而礼文化本来就是受自然的启发而建立，所以既不违背自然规律，也不违背神秘的法则，所谓"鬼神"即阴阳变化的道理。《礼记·礼运》篇对礼的原则有一个概括："故人情者，圣王之田也。修礼以耕之，陈义以种之，讲学以耨之，本仁以聚之，播乐以安之。"点明了礼的情感基础，又说"是故夫礼，必本于大一，分而为天地，转而为阴阳，变而为四时,列而为鬼神,其降曰命,其官于天也。"阐明礼的起源受到自然法则的启示。孔子说"殷因于夏礼。所损益,可知也;周因于殷礼,所损益,可知也。其或继周者,虽百世,可知也。"(《论语·为政》)为什么孔子以为可以了解百世以后的礼,因为礼文化建设的这些原则不会变,故此章说"百世以俟圣人而不惑"。

这样的圣王,他的举动能够世世代代作为天下的原则,行为能够世世代代作为天下的法度,语言能够世世代代作为天下的准则。远方的人会向往这样的统治者,周围的人不会觉得厌倦。最后引用《诗经·周颂·振鹭》来形容这个道理,并强调君王应该尽早明白这个道理。

仲尼祖述尧舜,宪章文武;上律天时,下袭水土。辟如天地之无不持载,无不覆帱,辟如四时之错行,如日月之代明。万物并育而不相害,道并行而不相悖,小德川流,大德敦化,此天地之所以为大也。

本章是歌颂孔子的伟大,认为孔子远绍尧舜、近法文王和武王,但历史上孔子并没有做过君王,所以郑玄以为这是根据体现于《春秋》之中的思想说的。这种思想上顺天时的运行规律,下循水土的自然道理。因为符合天地之道,所以就好比大地的无所不载,上天的无所不覆,又如同四季的交错运行,如同日月的更替照耀。覆帱(dào):覆盖。接下来"万物并育而不相害"几句是说圣人之道效法天道,万物能够共同成长而不相妨碍,大地上路径各种各样而不相对立。这些话启发意义极大,太阳底下事物众多,每种事物都有成长的合理性,世界上的道路方向个别,每一条都有其必要性,人间之道也应如此,个人应该有权选择自己认为合理的生活观、价值观和文化观,只要不违背法律道德,没有必要争执甚至冲突。河水能够滋润万物,阳光雨露能够化育万物,天地之所以成其为大是因为其能容纳万物,圣人的品德也如此。这章用了较多比喻手法来说明这个道理。

　　唯天下至圣,为能聪明睿知,足以有临也;宽裕温柔,足以有容也;发强刚毅,足以有执也;齐庄中正,足以有敬也;文理密察,足以有别也。溥博渊泉,而时出之。溥博如天,渊泉如渊。见而民莫不敬,言而民莫不信,行而民莫不说。是以声名洋溢乎中国,施及蛮貊。舟车所至,人力所通,天之所覆,地之所载,日月所照,霜露所队,凡有血气者,莫不尊亲,故曰配天。

　　此章是描述儒家治国平天下的理想境界,概括天下最圣明的人有五种能力。聪明睿智足以临察万物,宽厚温柔足以包容众人,奋发刚强、果敢坚毅足以坚持原则,仪态端庄、秉持中正足以敬贤敬业,思虑周密、观察细致足以鉴别事物。第一种能力"为能聪明睿知,足以有临也"是总述,"宽裕温柔"后面四种,朱子认为代表仁义礼智四德。这样的圣人博大深沉,而能随时随地表现出来。广博如天,深沉如渊。有所表现人民都崇敬,有所言说人民都相信,有所行动人民都喜欢。这样伟大的圣人,他的名声不仅在中国传播,而且扩展到异国。凡是交通所能达到的地方、日月所能照临的地方,凡是有血气的生命都尊重亲近他。因此说圣人的德行可以配天。

以上所言的圣人,当然是一种理想存在,这种人既要具备至善的德性,又要具有崇高的地位(天子)。从历史上看,不仅在中国没有出现过,在世界范围内也不存在,将来能否出现也未可知。一定说有的话,只能是宗教传说中的至上神。但任何一种学说,理想境不代表现实境,理想可以是追求的终极目标。有高远的理想,现实才可以不断被超越。

唯天下至诚,为能经纶天下之大经,立天下之大本,知天地之化育。夫焉有所倚?肫肫其仁!渊渊其渊!浩浩其天!苟不固聪明圣知达天德者,其孰能知之?

上章所说的至圣者,也一定是至诚的人,只有这样的人,才能经营天下的大纲,确定天下的根本,了解天地的化育之功。他怎么会有偏颇呢?《中庸》文本反复强调中庸之道,时中原则,而世界上的情况千变万化,唯有至诚无私、真实不妄,才最可能秉持中庸之道,这就是《中庸》一文的基本理路。

后面进一步形容至诚者的品德,诚恳,表现于他的仁爱;渊深,体现在他的思想;浩瀚,是他的胸襟。如果不是确实聪明圣智通达天德的人，谁又能够真正理解他呢？

本章进一步描述了至诚者的德行。

《诗》曰："衣锦尚絅"，恶其文之著也。故君子之道，闇然而日章；小人之道，的然而日亡。君子之道：淡而不厌，简而文，温而理，知远之近，知风之自，知微之显，可与入德矣。《诗》云："潜虽伏矣，亦孔之昭！"故君子内省不疚，无恶于志。君子之所不可及者，其唯人之所不见乎！《诗》云："相在尔室，尚不愧于屋漏。"故君子不动而敬，不言而信。《诗》曰："奏假无言，时靡有争。"是故君子不赏而民劝，不怒而民威于鈇钺。《诗》曰："不显惟德！百辟其刑之。"是故君子笃恭而天下平。《诗》云："予怀明德，不大声以色。"子曰："声色之于以化民。末也。"《诗》曰："德輶如毛。"毛犹有伦，上天之载，无声无臭，至矣！

这是全文最后一章，朱子认为是"举一篇之要而约言之"。前面部分又一次推崇中庸之道，后面部分强调了德教的重要性。《诗经·卫风·硕人》篇说"身穿锦衣，外罩单衣"，这是不喜欢锦衣的文采，太显眼。君子做人的道理也是这样，表面暗淡，因有内涵却能日益彰显；小人为人表面光鲜，却没有内涵。"淡而不厌，简而文，温而理。"君子的为人之道，平淡却不令人厌倦，简单而有文采，温和而有理致。

这几句称说君子品德的话，也是对中庸之道的典型表述。平淡常令人生厌、简单常令人一览无余、温和又会让人觉得缺少思想，能够做到一种公认的美德而无单一之弊，才符合中庸的原则。以上陈述让人想起古代君子喜欢玉的道理，玉不像水晶和黄金那样具有光鲜的外表，却给人一种温润内在的感觉。《荀子·法行篇》记载，有一次子贡问孔子说："君子贵玉而贱石，是否因为玉少而石多？"孔子说不是这样的，玉是君子用来比喻品德的。玉温和而有光泽，象征仁爱；纹理细密而坚实，象征知性；坚强刚毅而不屈服，象征道义；有棱角而不伤人，象征行为；可击碎而不可弯曲，象征勇敢。瑕瑜互见，象征真诚；敲打玉的时候，声音清扬而远闻，说停止就停止，象征君子的言辞。从这些方面可以看出古代君子对内在中庸之德的重视。

"知远之近，知风之自，知微之显，可与入德矣。"因此古代君子知道远是从近开始的，外是发自于内的，明显的事都是从隐微开始的，理解这些就可以逐渐进入盛德的境界了。

接下来再引用《诗经·小雅·正月》篇以作说明："潜虽伏矣，亦孔之昭！"虽然潜伏得很深，但还是被看得清清楚楚。这首诗原是讽刺周幽王无道，贤人君子即使深藏不露，也不能免于受迫害的。这里作者采用上古解诗断章取义的方法，予以创造性的发挥："贤人君子身虽藏隐，……其道德亦甚彰矣。"（孔颖达）因此君子反省自己没有愧疚，也就可以坦然无憾了。君子之所以比一般人高尚，大概就在于这种看不见的地方，因为他会进行自我反省。这里又一次强调了慎独，慎独也是一种诚。即"无声无臭独知时，此是乾坤万有基"。接着再引《诗经·大雅·抑》篇："相在尔室，尚不愧于屋漏。"瞧你独处在室中的时候,尚且无愧于屋漏之神。"屋漏"是房间的西北角,常设神位,这里引用的意思是君子在无人之处不敢为非,犹愧惧于神灵。因君子虽独处,常存恭敬之心。这里对原诗本义也有所发挥。正因为这样,所以君子还未行动人们就尊敬他,还未发言人民就信任他。即"不动而敬,不言而信。"后面再引《诗经》《商颂·烈祖》篇予以强调:"在宗庙之中奏大乐时,没有任何杂音。"用来比喻君子由于其道德光辉,不用奖赏民众就会努力,不用发怒却比行刑的大斧更有威慑力,即"'奏假无言,时靡有争。'是故君子不赏而民劝,不怒而民威于铁钺。"《诗经·周颂·烈文》又说:"大大显扬天子之德,诸侯们都效法他。"因此君子笃实恭敬天下就太平了,即"'不显惟德!百辟其刑之。'是故君子笃恭而天下平。"上文这些地方反反复复强调君子具有内在品德的重要性。

下面又连续引了《诗经》的几首诗,一首是《大雅·皇矣》,原来是上天赞许文王的,"予怀明德,不大声以色。"意思是我怀念你贤明的道德,不疾言厉色威胁人。这里用来说明君子不应该疾言厉色威胁人民。孔子评论说:"用疾言厉色教化人民,是最下策。"另一首《大雅·烝民》说:"德辀如毛。"意思是道德轻如鸿毛,这句话原来是批评一般人难以胜任道德责任的,这里用来比喻君子的德性化人于微。鸿毛虽轻却还是一物,犹有可比性,而《大雅·文王》篇说:"毛犹有伦,上天之载,无声无臭,至矣!"意为上天化生万物,无声音无气味。这才是最高境界。这几首诗强调的都是贤人君子变化风俗的榜样力量,强调道德润物细无声的作用,而非强迫手段。《论语·颜渊》中孔子对季康子说:

"子欲善而民善矣，君子之德风，小人之德草，草上之风，必偃。"孟子说："君子所过者化，所存者神，上下与天地同流。"《孟子·尽心上》都是这种理念的体现。

古人讨论问题常引用《诗经》做例子，引用诗歌成为一种言说手段，所以孔子说"不学诗，无以言"。但引用诗歌有两种方法，一种是孟子所说的"知人论世"的方法，注重诗的原始意义，还有种是像本篇某些地方那样在原始意义上做些发挥，注重言说者的感受，并用作为修辞手段。这两种方法，从美学观念上说，前者接近于"符合论"，后者接近于阐释学的"视界融合论"。

我们对《中庸》篇的解读，到此告一段落。以下作一简单总结：

《中庸》的主题，是论述中庸之道的重要性，中庸既是人道，也是天道。所谓"中也者，天下之大本也；和也者，天下之达道也。"人若要践履中庸之道，须深刻体认心中之"诚"。"诚"是世界的核心，也是中庸之道的核心，"诚者物之终始"、"诚者天之道"，强调的都是这一点。

对个人修身处事而言，圣人至诚，因此可以不勉而中、不思而得；对普通人而言，则须择善而固执之，即通过对人性中善或曰良知的把握和扩充，通过对三达德、五达道、慎独等的认识和贯彻来达到中庸的境界。

《中庸》的思想，对后来儒家本体论和价值论的形成影响重大，对古代中国人的修身具有指导意义，且诚信理念影响到整个社会价值观，对中国文化产生了深远的影响。宋代以后，理学和心学更将《中庸》思想作为建构自己体系的重要资源,可谓意义巨大。

然而,《中庸》提出的天子加圣人的"内圣外王"体系,在历史上鲜有表现,只能说是一种理想。现代新儒家希望通过内圣开出新外王即民主科学的政体,恐怕也有点流于一厢情愿。平心而论,现代民主制度也好,各种具体实践也好,都是无法通过统治者的道德直接发生的,但人类的善良意志具有普世性,因此中国人也一定可以接受任何合理的制度。

一个社会,不管是统治者抑或社会普通成员,若人人都能以诚为信仰,以信为追求,也不愁找不到合理的现代文明之路。因此超越个人利益与集团利益,以至诚无私的道德理想建设中国文化,最终使得中国文化走向世界,影响世界,是我们每个人尤其是管理阶层要努力践行的。

参考文献:

李学勤主编《十三经注疏·礼记正义》,北京大学出版社,2000年版。

【宋】朱熹《四书章句集注》,中华书局,1983年版。

【清】王夫之《读四书大全说》,中华书局1975年版。

王文锦《大学中庸译注》,中华书局,2008年版。

杨天宇《礼记译注》,上海古籍出版社,1997年版。

傅佩荣《止于至善:傅佩荣谈大学中庸》,东方出版社,2018年版。

黄意明《道始于情:先秦儒家情感论》,上海交通大学出版社,2009年版。

[德]伊曼努尔·康德《道德形而上学原理》,苗力田译,上海世纪出版集团,2005年版。

第三篇　圣人立象以尽意

《周易·说卦传》精义阐微

概　说

中国人的思维方式及其表达手段都具有重视象征联想的特点，这一特点与西方逻各斯传统不同，近代学者或称此特点为具象之抽象，或称之为象征思维，也有人直接称之为"象思维"。所谓"象思维"，有学者概括为产生于阴阳五行思想和象数易学，以元气、阴阳、五行和卦象等概念或符号为基本思维要素，具有一定推演规则，并通过对诸象征要素的推演来建构象模型，用这些象模型来解释并把握宇宙、社会和人生的一种思维方式。① 有人以为这代表了中国人独特的思维模式。这种看法是否恰当，或许可再讨论，但中国文化具有重视象征联想的特征，却是无疑的。这种思维方法和表述手段，可以说主要来自于《六经》之首的《周易》的思想。

---

① 　参见赵中国《象思维局限性特征研究》，《周易研究》2014 年第 3 期。

　　这种重视象征联想的特征,我们可用文艺思想为例予以说明。汉代蔡邕《笔论》论书法的各种体势云:"……若水火,若云雾,若日月,纵横有可象者,方得谓之书焉。"指出书法的点划乃是对自然万物的模象。南朝山水画家宗炳《画山水序》说:"圣人含道暎物,贤者澄怀味象",突出了"象"在绘画中的重要性。南朝画论家王微在《叙画》一文中说:"图画非止艺行,成当与易象同体。"南朝文学家刘勰《文心雕龙·神思》篇云:"然后使玄解之宰,寻声律而定墨;独照之匠,窥意象而运斤",首次提出了"意象"的概念。之后在中国文学史上,"意象""兴象""象外之象"等成为基本范畴。这些论述,皆认为文艺象征联想的方法受到《周易》思想的启发。可见文艺思想对"象"的重视,均和《周易》象征思维相关。《文心雕龙·原道》篇说:"人文之元,肇自太极,幽赞神明,易象惟先。"

　　《周易》的主要思维方法,可简单概括为用象征联想的手段来认识世界,然后表现世界。《周易》《系辞上》云:"天垂象,见吉凶,圣人象之。""圣人立象以尽意"。《系辞下》云:"昔者包牺氏之王天下也,仰则观象于天,俯则观法于地,观鸟兽之文与地之宜,近取诸身,远取诸物,于是始作八卦,以通神明之德,以类万物之情。""是故易者,象也;象也者,像也。"这些话的意思就是古代圣人通过观察天地形象和自然万物,概括出八卦,用以说明万事万物的道理,八卦就是最基础的八个象。八个卦互相交错重叠,就形成六十四卦,卦象具有模拟万物的特征。《周易》就是通过六十四卦的卦象来理解世界,说明世界。

　　《周易》文本分为《经》《传》两部分,《经》是《周易》的原文,包括六十四卦卦辞和卦象,传说是经历了伏羲、周文王等的创制才形成的。《经》文比较简单。《传》是解释说明《经》的,共有七种十篇,分别为《彖》(上、下)、《象》(上、下)、《文言》、《系辞》(上、下)、《说卦传》、《序卦传》、《杂卦传》,所以又称为《十翼》,过去认为是孔子所作。现代学者一般认为《经》《传》都是"人更多手、时历多世"的产物。《说卦传》简称《说卦》,是《传》的一篇,是用来说明八卦的象征原理的,唐代孔颖达《周易正义》以为:"《说卦》者,陈说八卦之德业变化及法象所为也",现代学者或称之为打开《周易》奥秘的一把钥匙。

　　《说卦传》原篇的分章各异,朱熹《周易本义》将之分为十一章,这里为讲解方便,且从之,每章将句意相连的几个句子放在一起串讲。我们希望通过对《说卦传》的导读,较快地对《周易》的思想有所了解。

（一）

　　本章追述《周易》创作之初的情况,说明"生蓍""倚数""立卦""推爻"的程序,强调易用广大,可以穷极道德、性命之情。

　　昔者圣人之作易也,幽赞于神明而生蓍,参天两地而倚数,观变于阴阳而立卦,发挥于刚柔而生爻,和顺于道德而理于义,穷理尽性以至于命。

"昔者圣人之作易也,幽赞于神明而生蓍",从前圣人创作《周易》,是受到了神明的暗中帮助,而创造出用蓍(shī)草占事的方法。这里的"圣人",孔颖达认为是伏羲。蓍草是传说中的神草,据说"蓍,百年,一本生百茎"(《洪范五行传》)。《本草》曰:"蓍,生少室山谷。"关于蓍草占卦的运用方法,可参考《系辞》。

"参天两地而倚数,观变于阴阳而立卦",《易》是以天的三数和地的两数建立起阴阳奇偶的象征手法来占筮。《周易》以奇数为天、为阳,偶数为地、为阴。又生数五、成数五。1、2、3、4、5 为生数,6、7、8、9、10 谓成数,生数加 5 就是成数。就生数而言,1、3、5 为奇数,代表天数;2、4 是偶数,为地数。这就是"参天两地"的解释。"倚",立也。"倚数"即由生数推到成数(见《周易尚氏学》)。这应该和古代注重以数字占卦的方式有关。观察到事物的变化都和阴阳相关,因而建立了卦象。这里的"卦"指八经卦,即阳卦乾(☰)、震(☳)、坎(☵)、艮(☶),阴卦坤(☷)、巽(☴)、离(☲)、兑(☱)。

王弼说:"蓍极数以定象,卦备象以尽数,故蓍曰'参天两地而倚数',卦曰:'观变于阴阳'也。"(《周易注》)这是说明"数"和"象"之间可以转化。

"发挥于刚柔而生爻",刚柔是阳和阴的另一种说法,用阳爻(—)和阴爻(- -)来指代阳刚阴柔。经卦由三爻构成,重卦(两经卦重叠)由六爻构成。

"和顺于道德而理于义,穷理尽性以至于命。"通过以上手段顺应天地之道和制定人间道德,形成义理,这样就能充分理解天理,穷尽人性和万物之性,实现生命的完整。孔颖

达说:"圣人用之,上以合协顺成圣人之道德,下以治理断
(割)人伦之正义。又能穷极万物深妙之理,究竟生灵所禀
之性……至于一期所赋之命,莫不穷其短长,定其吉凶。"
(《周易正义》)说得非常到位。朱子则说:"和顺,从容无所
乖逆,统言之也。理,谓随事得其条理,析言之也。穷天下
之理,尽人物之性,而合于天道,此圣人作《易》之极功也。"
(《周易本义》)

　　关于"穷理尽性以至于命",当代新儒家的牟宗三还有
另外一种发挥,他认为"穷理就是穷道德法则。""尽性"就是
确立道德法则。而"至于命"的这个"命"指的是指"天命",
"天命不已"的"命"。[①] 这样就和《中庸》之"天命之谓性"的
说法相通了。

(二)

　　本章讨论六十四卦的形成原理,其中包含了阴阳二气
和天地人三才的象征意义。

　　**昔者圣人之作易也,将以顺性命之理。是以立
天之道曰阴与阳;立地之道曰柔与刚;立人之道曰
仁与义。兼三才而两之,故易六画而成卦。分阴
分阳,迭用柔刚,故易六位而成章。**

---

　　① 见牟宗三《周易哲学讲演录》,华东师范大学出版社,2004 年版,第
89—90 页。

本章承上章而来,前面几句意为:圣人为了顺合人物之性与生命成长的道理,因此确立天道有阴和阳,确立地道有柔和刚,确立人道有仁和义。"阴阳者言其气,刚柔者言其形,变化始于气象而后成形。"(王弼《周易注》)"天地既立,人生其间,立人之道,有二种之性,曰爱惠之仁,与割断之义也"(孔颖达《周易正义》)这三者都两两对立,以阴阳为主,阴阳是总说。

"兼三才而两之,故易六画而成卦。"作易者结合天地人三才而将两经卦相重叠,就形成一个新的卦,所以六画(六爻)才能成为一卦。六爻像三才,上两爻像天,下两爻像地,中间两爻像人。这里的卦已经是六十四重卦了,这里的圣人应该指周文王,传说文王重卦,将八卦重叠成六十四卦。

"分阴分阳,迭用柔刚,故易六位而成章。"每一重卦六爻有六个位,初、三、五为阳,二、四、上为阴,爻又分为刚爻(—)柔爻(--),这样相互交错,形成条理。《周易》每一卦必须具备六位而形成条理。

(三)

本章说明八卦的八种象征,通过天地、山泽、雷风、水火之间的对立统一,揭示了事物的发展规律。

天地定位,山泽通气,雷风相薄,水火不相射,八卦相错。数往者顺,知来者逆,是故易逆数也。

　　这一章前面五句阐明设立八卦的原理,乾天坤地确定上下的位置,艮山兑泽沟通山川气息,震雷巽风相互激荡,坎水离火相对立而不排斥。八卦之间互相错杂。

　　这里用天地山泽雷风水火八种物象来说明八经卦,指的是乾(☰)、坤(☷)、艮(☶)、兑(☱)、震(☳)、巽(☴)、坎(☵)、离(☲),八经卦象征八种事物,事物之间既对立又统一。

　　"数往者顺,知来者逆,是故易逆数也。"想要了解过去的事可以顺着向前推,想要了解将来的事情可以逆着向后退。《易》最早用来占卜,所以主要作用是逆推未来之事。

　　本章所说的模式,后人称之为先天八卦,又称伏羲八卦。即"乾南坤北,离东坎西,兑居东南,震居东北,巽居西南,艮居西北"的模型。这个模型一般以为是北宋学者邵雍总结的,但现代学者尚秉和通过考证,认为先秦已经存在。

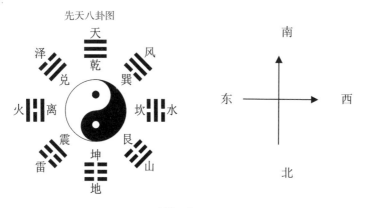

（图一）

（四）

本章孔颖达说是"总明八卦养物之功"，也可以说是描绘八卦的基本性能。

雷以动之，风以散之，雨以润之，日以烜之，艮以止之，兑以说之，乾以君之，坤以藏之。

雷（震）的作用是震动万物，风（巽）的作用是吹散万物，雨水（坎）润泽万物，太阳（离）干燥万物，艮（山）栖止万物，兑（泽）喜悦万物，乾（天）君临主宰万物，坤（地）负载容藏万物。这里或用卦名，或用物名，是互相说明。

（五）

本章推出另一种八卦方位，时间和空间相结合，被称为后天八卦，具有较大的实用价值。

帝出乎震，齐乎巽，相见乎离，致役乎坤，说言乎兑，战乎乾，劳乎坎，成言乎艮。万物出乎震，震，东方也。齐乎巽，巽，东南也，齐也者，言万物之絜齐也。离也者，明也，万物皆相见，南方之卦

也,圣人南面而听天下,向明而治,盖取诸此也。坤也者,地也,万物皆致养焉,故曰致役乎坤。兑正秋也,万物之所说也,故曰说言乎兑。战乎乾,乾,西北之卦也,言阴阳相薄也。坎者水也,正北方之卦也,劳卦也,万物之所归也,故曰劳乎坎。艮,东北之卦也,万物之所成终而所成始也,故曰成言乎艮。

"帝出乎震,齐乎巽,相见乎离,致役乎坤,说言乎兑,战乎乾,劳乎坎,成言乎艮。"这里的"帝",指的是大自然的主宰,王弼注云:"帝者,生物之主,兴益之宗。"(《周易注》)今人或理解为大自然的元气,或理解为太乙即北斗星的斗柄。自然主宰让万物出生于震,洁净整齐于巽,清晰显现于离,致力用事于坤,成熟欣悦于兑,阴阳交战于乾,辛劳收藏于坎,最后完成于艮。"说"即"悦"。这几句先提示一下,接下来再做说明。

"万物出乎震,震,东方也。"《说卦传》以八卦配四时,一年约三百六十日,所以每卦大概四十五天,北斗星斗柄指东,天下皆春。春天是万物出生的时节,故震又代表东方。高亨说"震为正春四十五日之季节"[1],也就是农历二月十五左右,此后四十五天都是震的势力范围。黄寿祺、张善文认为震在春分时节[2],时间和高亨所说接近。古人认为春分时节斗柄指东。

---

① 高亨《周易大传今注》,齐鲁书社,1998年版,第457页。
② 黄寿祺 张善文《周易译注》,上海古籍出版社,2004年版,第576页。

"齐乎巽,巽,东南也,齐也者,言万物之絜齐也。"万物洁净整齐于巽,巽时斗柄指东南,所以代表东南,时间相当于春末夏初,大约在立夏时节,其后四十五天是巽的时令。"絜"即洁,鲜洁;"齐"是整齐的意思。万物从初生到此时,已经显得相当清晰整齐了。

"离也者,明也,万物皆相见,南方之卦也,圣人南面而听天下,向明而治,盖取诸此也。"离之时,斗柄指南,代表南方。离在卦为日,太阳照耀天下,此时相当于农历五月中接近夏至,这时草木蓬勃生长,动物昆虫皆出现,所以说万物都相见。离在南,圣人坐北面南而治理天下,所以用离卦来取这些象。

"坤也者,地也,万物皆致养焉,故曰致役乎坤。"坤代表大地,万物都依赖大地的养育,所以大地有生成万物的劳役。坤的时令在夏末秋初约立秋时节,方位为西南。这一句不明说方位,郑玄认为是因为大地养物各处都一样。

"兑正秋也,万物之所说也,故曰说言乎兑。"兑卦的时令是中秋,象征大泽,代表西方,万物因成熟而喜悦,所以说"兑"是喜悦的意思。本卦不谈方位而说时间,是古文常用的互文见义,因为空间和时间是相配的。也正因为这里明确说出时间,前面各卦的时间都有了着落。

"战乎乾,乾,西北之卦也,言阴阳相薄也。"乾的方位是西北,为秋末冬初时节,约相当于立冬,包括后面四十五天。"薄"借为搏,此时阴气渐长,与阳气冲撞,所以说阴阳相薄。

"坎者水也,正北方之卦也,劳卦也,万物之所归也,故曰劳乎坎。"坎卦的方位是正北方,时令约在冬至,经历过阴阳交战后,万物皆已疲劳,都需要归藏休息,所以说坎卦代表劬劳。

"艮,东北之卦也,万物之所成终而所成始也,故曰成言乎艮。"艮卦的方位是东北,时间是冬末春初的立春节气,此时旧的一年将结束,新的一年又将开始,所以说"艮"既是终结又是开始。

对于这一章的八卦方位和时间,朱子《周易本义》引邵雍语曰:"此卦位乃文王所定,所谓'后天之学'也"。宋人据此画出后天八卦图。(图二)

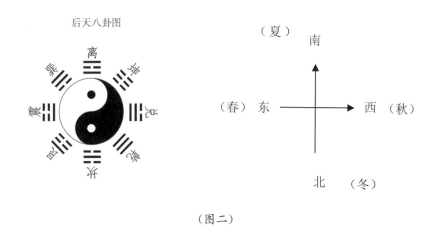

(图二)

然而,对于此图方位,有些难解之处。朱子认为文中"所推卦位之说,多有未详者"(《周易本义》),又说:"齐乎巽,晓不得。……坤安在西南,不成西北方无它? 西方肃杀之地,云何为万物之所说。乾西北也不晓,如何阴阳只来这里相薄。"(《朱子语类》卷七十七)认为后天八卦把巽放在东南,坤安在西南,兑安在西方,乾安在西北的原因都很难说清楚。

朱子之后也少有人对此直接回应。今人马恒君以为后天八卦是个立体图,"坎离震兑是平面方位,而乾艮巽坤是个立体方位。"①(图三)认为"我国在东半球的北部,所以观察乾天的正中到了西北,坤地的正中到了西南。……艮为山近天,到了东北;巽为齐平近地,到了东南"云云,虽然将八卦从立体的角度看,较有启发性,但解释得仍然有些牵强。

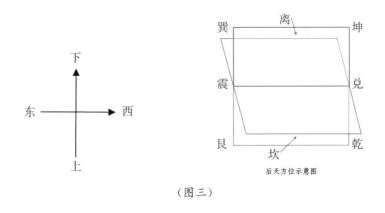

(图三)

其实朱子的问题是从义理的角度提出的,我们可以从象的方面结合义理试着回答。《周易》的象可以分为"实像"、"假象"、"义象"、"用象"四种,如乾卦的实象为天;引申为父是假象;乾又为健,是义象;乾有元亨利贞四德,这是用象。所以一个卦可以从四个方面理解。巽为风,这是实象,其义象为入,风无所不入,可以象征帝王号令。巽卦《象》曰:"随风,巽,君子以申命行事。"我国大陆,春夏吹东南风,秋冬吹西北风。在立夏时,盛吹东南风,像天帝发号施令,万物生长,君王效法天地,也发号施令。另外农历五月的值月卦为

① 马恒君《周易正宗》,华夏出版社,2019 年版,第 557 页。

姤卦(天风姤 ䷫),也是以风代表天(后)的号令,《象》曰:"天下有风,姤。后以施命诰四方也",《彖》曰:"天地相遇,品物咸章也"。万物繁荣正是夏天之象,所以后天八卦巽主立夏可以理解,时空相配,故巽代表东南。后天八卦之坤卦约相当于立秋,天气由炎夏转凉。在卦变中,坤卦由乾卦变化而来,乾六爻皆阳,阳气达到顶峰。坤卦阴气从底下生起,坤卦初爻辞曰:"履霜,坚冰至",《象》曰"'履霜坚冰',阴始凝也。驯致其道,至'坚冰'也。"正说明阴气出现,天气将逐渐寒冷,这是从坤的义象顺(发展)的角度说的。时空相配,故坤配西南。西方在五行上配秋分,草木逐渐凋零,故代表肃杀,然《周易》阴阳思维的特点在于对立统一,正反可以互相转化。秋天也是收获的季节,君子活到老年,由于阅历加深,往往更加睿智,从心所欲而不逾矩,而且兑的实象为泽水让人欣悦,因此说喜悦可以理解。西北配立冬,仅剩最后一点阳气,乾上九爻辞曰:"亢龙有悔"。《文言》曰:"亢龙有悔,与时偕极",指出一年渐尽岁尾。坎水在五行位于北方,为冬。艮的义象为止,代表旧的一年的终结,新的一年的开始。所以笔者以为,后天八卦图的顺序虽然主要从空间说,然排列的依据主要是以时间为序,若结合卦象来看,这样的安排是有道理的。

　　另外说到八卦的空间模型,笔者也认同八卦应该是具有立体构型的。这方面可参考上海无极书院院长李定博士的研究成果,他创制了一个"中国方"的易文化理论体系。他认为伏羲当年在伏羲台上创制八卦,面对的是一个立体空间,左、上、前为阳,以阳爻表示;右、下、后为阴,以阴爻表示,这样上下四方正好构成一个八卦图形。此图很有原创性,列于此处供参考。(见图四)此中内圈淡色字体为先天八卦,外圈深色字体为后天八卦。以后天八卦为例,从艮历震,由离到巽正好在左圈;从坤历兑,从坤到坎正好在右圈,与后天八卦图一致。先天八卦也有其规律性。这样就可以较好地理解先天和后天八卦的顺序。然而这是从其图形的基本面看出来的情况,如果要探讨较深的奥义,可以参考作者的著作《中国方易图式》(复旦大学出版社,2023 年版)。

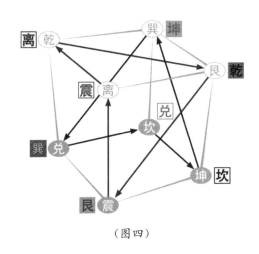

(图四)

(六)

本章论述八卦之象的作用及意义。

　　神也者,妙万物而为言者也。动万物者,莫疾乎雷;桡万物者,莫疾乎风;燥万物者,莫熯乎火;说万物者,莫说乎泽;润万物者,莫润乎水;终万

物、始万物者，莫盛乎艮。故水火相逮，雷风不相悖，山泽通气，然后能变化，既成万物也。

"神也者，妙万物而为言者也。""神"指大自然的神妙作用。韩康伯注曰："于此言神者，明八卦运动、变化、推移，莫有使之然者，神则无物，妙万物而言者。"（《周易注》）也就是让万物产生发展变化而又不知所以然而然的神秘力量。

"动万物者，莫疾乎雷；桡万物者，莫疾乎风；燥万物者，莫熯乎火；说万物者，莫说乎泽；润万物者，莫润乎水；终万物、始万物者，莫盛乎艮。"

鼓动万物者没有比雷（震）更迅猛的，吹拂万物者没有比风（巽）更急速的，"桡"是曲折的意思，引申为生发或萧条的力量。干燥万物的没有什么比火（离）更热烈的，欣悦万物者没有比得上泽（兑）更令人愉快的，滋润万物没有什么比得上水（坎）更有利的，成就万物而又萌生万物者没有比艮（山）更有效的。这里有两点要注意，一是前面雷、风等五项都从自然现象说，第六项艮从卦象说，这一方面是互文见义，互相说明，另一方面前面五种现象强调的是卦名所代表的作用，后面艮则强调时令方位意义，崔憬说："言大寒立春之际，艮之方位，万物以之始而为今岁首，以之终而为去岁末。"（《周易集解》引）这个顺序是按照后天八卦的。二是这段只列举六卦而没有提到乾坤二卦，这有不同的说法。李光地认为这是合先天与后天而言的。"盖变异之序'后天'为著，而交易之理，先天为明。"（《周易折中》）所以乾、坤不纳入这一叙述。马恒君认为这段话按后天八卦位序排而不提乾坤，是因为乾坤在上下的位置。(《周易正宗》)实际情况应该是其它六卦皆从乾坤变出(见第十章),故乾坤不列在其中。

"故水火相逮,雷风不相悖,山泽通气,然后能变化,既成万物也。"所以水和火性虽不同,却能互相补充;雷和风虽然冲突却并不对立;山泽异处而通气,然后形成自然界的各种变化,尽成万物。这几句结合第三章看,说明了《周易》之阴阳既矛盾又统一、既对立又和谐的思想。

（七）

本章分别说明八卦的功能象征,属于从义象上说。

乾,健也;坤,顺也;震,动也;巽,入也;坎,陷也;离,丽也;艮,止也;兑,说也。

乾象征天,天体运转不息,故功能为健;坤象征地,地顺成于天,故功能为顺;震象征雷,雷震动万物,故为动;巽象征风,风无所不入,故为入;坎象征水,水往低处流,故为陷;离象征火,火一定会附丽在物质之上燃烧,故为丽;艮象征山,山体静止,故为止;兑象征泽,泽滋润万物而让其欣悦,故为悦。

（八）

本章从动物角度论八卦象征,"略明远取诸物"。

乾为马,坤为牛,震为龙,巽为鸡,坎为豕,离为雉,艮为狗,兑为羊。

乾为天,天行健,马矫健,故为马。坤为地,地道柔顺,能载物,牛也柔顺能载物,故为牛。震为雷,雷动于云中,龙也飞行云中,故为龙。巽为风、象征号令,鸡叫而人起床活动,有号令的作用,故为鸡。坎为水,豕即猪,猪处于低湿之地,犹水处下,故为豕。离为日,象征文明灿烂,雉即野鸡,野鸡外表漂亮,故为雉。艮为止,狗能看门,阻止外人进入,故为狗。兑为悦,羊柔顺而味美,故为羊。

（九）

本章是"近取诸身",谈八卦的身体象征。

乾为首,坤为腹,震为足,巽为股,坎为耳,离为目,艮为手,兑为口。

乾为天,高而贵,头在人最上部分,也高而贵,所以乾为首。坤为地,地柔顺而包藏万物,腹也柔软而包容食物,故为腹。震为动,足的特点是走动,故为足。"股"是大腿,大腿和脚相连,用以走动。巽是风,风也动,故"巽为股"。坎为陷,耳朵是头部凹陷处,故为耳。离为火,为日,为明,目明能视物,故为目。艮为止,手能执持器物,故为止。兑为泽,泽吞吐河流如口吞吐食物,故为口。

（十）

本章以乾坤为父母,其它六卦为子女而取象。

乾天也,故称乎父;坤地也,故称乎母。震一索而得男,故谓之长男;巽一索而得女,故谓之长女;坎再索而得男,故谓之中男;离再索而得女,故谓之中女;艮三索而得男,故谓之少男;兑三索而得女,故谓之少女。

乾阳性刚健,天也行健不息,故乾代表天,天属阳,所以称作父亲。坤代表地,坤柔顺承乾,地也柔顺承载,故坤代表地,地属阴,所以称作母亲。"震一索而得男"应理解为"坤一索而得震男"。乾（☰）的卦象是三个阳爻,坤的卦象是三个阴爻（☷）,坤卦从乾卦索取到第一个刚爻而得到震男（☳）,所以震谓之长子。"巽一索而得女"应理解为"乾一索而得巽女",乾卦从坤卦索取第一个柔爻而得到巽女（☴）,所以巽谓之长女。坤卦从乾卦索取到第二个刚爻就得到坎男（☵）,所以坎谓之中男。乾卦从坤卦索取到第二个柔爻而得到离女（☲）,所以离谓之中女。坤卦从乾卦索取到第三个刚爻就得到艮男（☶）,所以艮谓之少男。乾卦从坤卦索取到第三个柔爻就得到兑女（☱）,所以兑谓之少女。

（十一）

本章广泛援举八卦取象的例子，可由此总结取象的方法，分八节论述。

乾为天，为圜，为君，为父，为玉，为金，为寒，为冰，为大赤，为良马，为瘠马，为驳马，为木果。

这一节广论乾象。

古人认为天圆地方，所以乾为圜。又因乾道尊贵，所以代表君王和父亲，《正义》云："为君为父，取其遵道而为万物之始也。""为玉、为金"，是由于天道刚健清明，玉和金也刚健清明。"为寒、为冰"，是因为后天八卦中乾的时令为立冬，方位为西北寒冰之地，故如此说。"为大赤"，高亨认为周人尚赤，赤为五色之君，又引虞翻"太阳为赤"说，天以太阳为主，故为大赤。（见《周易大传今注》）瘠马是瘦的马；驳马，或认为是一种能食虎豹的马，或认为是花马。总之，马的特点是健，符合乾健的特性，所以乾可指代各种马。"木果"的形状为圆形，乾为天，为圜，故为木果，木果生命力强，也具有健的特点。

以上事物取象的方式并不完全相同，主要以乾的功能取象，如天、马具有"健"的特质，玉、金具有清刚的特点；也有以形取象，如圜、木果等；还有以时令方位取象的，如寒、冰。但皆和乾天的特点相关。

坤为地，为母，为布，为釜，为吝啬，为均，为子母牛，为大舆，为文，为众，为柄，其于地也为黑。

此一节广论坤象。

"坤为地"前面已说过。为母也好理解，大地生养万物，母亲也生养后代。布指布匹，因地平而有草木之文，布亦平而有织文，故为布；也有可能因布匹柔顺，能包物，这和大地的顺而能容有相似性。"釜"为锅，用来煮熟食物，大地也能成熟万物，"故为釜"。关于"吝啬"，高亨说："草木固执于一处，不能自移，且离地则死，是地保守其财物也。地又深藏金银铜铁之矿质，不以示人，是地保守其宝货也。故坤为吝啬。""为均"是因为大地一切都承受，一切都养育，没有分别心。"为子母牛"是取母牛多产柔顺之义，正类似大地的特性。大舆即大车，车能载物，与大地能承载相似。又地上有草木之文采，故"为文"。大地无所不有，故为"众"。"为柄"，孔颖达说"取其生物之本也"，这样柄之义就类似权柄的柄。高亨说："万物附予地上，花果附于柄上，刀剑之身亦附于柄上，故坤为柄。"黄寿祺等认为"柄以顺人把握为用"。都解释得通。"其于地也为黑"，孔颖达说"取其极阴之色"，高亨说"地象阴暗，黑是阴暗之色。"以上种种取象，或取大地顺承之义，或取大地有文采，或取多产之形象，其取象方式并不相同，但皆和坤地的特性相关。

震为雷，为龙，为玄黄，为尃，为大涂，为长子，为决躁，为苍筤竹，为萑苇。其于马也，为善鸣，为

骓足，为作足，为的颡。其于稼也，为反生。其究为健，为蕃鲜。

此一节广论震象。

震"为雷"、"为龙"前文已提及。"玄黄"是深青色，东方之色，震代表东方；又说天玄地黄，雷是天地间阴阳之气相激，故"为玄黄"。"旉"是花的总名，春分时节，百花盛开，故"为旉"。又一说"旉"是纺锤，纺线时锤转动不已，而震为动，故"为旉"。"大途"即大路，大路为人与车马行走之道，故"为大涂"。"决躁"的意思是迅速，迅雷不及掩耳，故"为决躁"。"苍筤竹"为青色的竹子，象东方青色。萑苇也是竹子一类，春天也是青色。"善鸣"的马叫声响亮。象征雷声远闻；"骓（zhù）足"为左后蹄带白色的马，"作足"是两足双举的马，"的颡"是白额的马，这些可能属于爆发力强的马，而乾所象征的"健"马应该是善于长途跋涉的马，应该有所不同。"反生"之稼即茎叶在地上，果实在地底下的庄稼，如萝卜土豆之类，震的两柔爻在上，一刚爻在下（☳），正类此象。"究"是极的意思，"其究为健，"意为发展到极点就是健，健是乾的功能，而震是乾的长子，发展到极点就回到乾的刚健状态。"蕃鲜"为草木果实繁荣新鲜状，震在后天八卦中代表春天，仲春季节正是万物欣欣向荣的时节，故"为蕃鲜"。以上事物取象之法，或取动象，或取雷状，或取方位，或取时令，不一而足。

巽为木，为风，为长女，为绳直，为工，为白，为

长，为高，为进退，为不果，为臭。其于人也，为寡
发，为广颡，为多白眼，为近利市三倍，其究为
躁卦。

　　此一节广论巽象。

　　前文已说巽为入、"为风"，风的卦象是二阳在上，一阴
在下（☴），孔颖达说，"为风，取其阳在上而摇木也。"风会吹
动树上的枝条，反过来枝条动就知道有风吹，树枝又会随风
弯曲，所以"为木"。"为长女"，前面已说过。绳直即木工用
的墨线，或叫准绳。尚秉和说："巽柔故为绳，巽风故直。"绳
平时是软的，拉直了或加个重锤就变直了。"工"是工匠，木
匠加工木材。"为白"是风吹去灰尘而使物体变得洁白。
"为长"是说风可以吹得很远，长风万里。"为高"是风可以
吹得很高，直上云霄，也可象征树木不断往高处生长。"为
进退"是因为风经常会转变方向。因为经常变换方向，所以
不果断，即"不果"，也可理解为不结果。"臭"是气味的意
思，风吹过会带来气味，故"为臭"。风会吹落树木的花叶，
显得稀疏，就人而言，象征头发稀少，即"寡发"。头发少就
显得额头宽，所以"为广颡"，"颡"即额头。"多白眼"是眼白
多，眼黑少，据说急性子的人（见后面"其究为躁卦"）眼白
多，眼黑少。"为近利市三倍"，高亨说："巽为木，人载植树
木，树木长成，或售其果，或卖其材，可得近于三倍之利于
市。""其究为躁卦"，巽发展到极点就变成了震卦，因震"为
决躁"。从象上说，震（☳）是巽的错卦，又称究卦，即把巽的
三爻阴阳变换一下。本节的取象大部分是从风和木来。

坎为水、为沟渎、为隐伏、为矫輮、为弓轮。其于人也，为加忧，为心病，为耳痛，为血卦，为赤。其于马也，为美脊，为亟心，为下首，为薄蹄，为曳。其于舆也，为多眚。为通、为月、为盗。其于木也，为坚多心。

此一节广论坎象。

宋衷曰："坎阳在中，内光明，有似于水。"（《周易集解》）黄寿祺说："坎卦形二阴包一阳，犹如水表阴里阳。""沟渎"即沟渠，阳陷阴中，犹如水在地中，所以说"为沟渎"，"为隐伏"，"隐伏"即隐藏。"矫輮"是古代把直木弯曲和把弯木弄直的一种技术。一般是把湿的木料放在模型上烘烤，冷却后木料就定型了。又水流有时弯曲，有时笔直，故言"为矫輮"。"弓轮"是将直木变弯做成。又坎为陷，陷引申为危险，人在险难之中，则会增加忧虑，故"为加忧"。忧虑多了，可能成为心病，故"为心病"。"为耳痛"，孔颖达释曰："坎为劳卦也，又北方主听，听劳则耳痛也。"高亨说："坎为水，又为耳，耳中有水，则成耳病。"俱可参考。人体内有血，象地中有水，血为红色，故"为血卦"，血是红色，故"为赤"。"美脊"指脊背美丽的马，象"阳在中央"，"亟心"指马心急，"下首"是马低头，"薄蹄"指马用蹄子踢地，"曳"为马脚拖地。黄寿祺等以为"既陷坎中，心必焦，首必垂，脚蹄必踢地，奋力拖拉，以求脱险"。"眚"是灾难，车碰到沟渎坑陷，危险难行，故"为多眚"。水流通无碍，故"为通"。月为水之精。故"为月"。坎为隐伏，故"为盗"。坎卦阳爻在内，二阴爻在外,故就树来说,为木质结实而多刺的树木。坎之属的取象或从卦形,或从险陷的意义引申。

离为火,为日,为电,为中女,为甲胄,为戈兵。其于人也,为大腹,为乾卦。为鳖,为蟹,为蠃,为蚌,为龟。其于木也,为科上槁。

此一节广论离象。

离卦卦形(☲)一阴在内,二阳在外,象火之表阳里阴。太阳和闪电都是光明之物。故"为日""为电"。"为中女"见前文。"甲胄"指铠甲和头盔,甲胄是刚硬之物,用来保护柔软的身体和头部,与离的卦象接近。"戈兵"即兵器,其取象类似。就人来说,是肚子大的人,因为肚子在人身体的中部。"乾"(gān)指干燥,因火能烘干物体,"乾卦"指干燥的卦。鳖、蟹、蠃、蚌、龟等动物皆外有硬壳,内有肉身,象离之卦形,故言"为鳖"等。"科上槁"是指中心空的木,上部则枝叶枯萎,所以离可指代空心木和上部枯萎的树木。离之属的取象原则或从卦形,或从光明,或从火的能量。

艮为山,为径路,为小石,为门阙。为果蓏,为阍寺,为指,为狗,为鼠,为黔喙之属。其于木也,为坚多节。

本节广论艮象。

艮为山,山高耸而静止不动,有停止的意义。其卦象(☶)二阴在下象征止,一阳在上象征高。"径路"是山间小路,山中有小路而崎岖难行,与"震"代表大路不同。山上多小石头,故"为小石"。"门阙"又叫门观,孔颖达说:"取其有径路,又崇高也。"门阙高大象山,下可通行。"为果蓏",木实曰果,草实曰蓏,"取其出于山谷之中也。""阍寺"是看门人,他们的职责是阻止外人进入,这和艮的止义相符,故"为阍寺"。手指能拿住物品,故"为指"。狗和老鼠都栖止在人家里,又狗能看门防备外人,故"为狗""为鼠"。"黔喙之属"指黑嘴动物,属猛兽猛禽之类,这类动物牙嘴厉害,牙嘴位于头部,阳刚居前,有似卦形。又猛兽猛禽依止山林,故曰"为黔喙之属"。就木来说,是坚硬多节的木。《周易集解》云:"阳刚在外,故多节,松柏之属。"八卦中,巽为木,坎、离、艮下又各取一木,但种类不同。总之,艮之属或取卦形,或取止义,或取山象,然后有所发挥。

兑为泽,为少女,为巫,为口舌,为毁折,为附决。其于地也,为刚卤。为妾,为羊。

最后一节讨论兑的象征意义。

"兑为泽",兑卦卦形作(☱),"一阴居二阳之上,犹泽面为阴,其下深蕴阳质,故象泽。"(《周易译注》)"为少女",说见前文。兑为口,巫婆凭口吃饭,故"为巫"。"口舌"既指口和舌,又引申为是非,因是非只为多开口。"毁折"是指秋天枯木之类毁坏,"附决"指秋天果实等脱落。孔颖达说:"兑西方之卦,又兑主秋也,取秋物成熟,槁秆之属则毁折也,果蕨之属则附决也。""刚卤"是盐碱地,孔颖达说:"泽水所停之地,则咸卤也。"兑为少女,又为泽,泽的水平面低于周边,年轻女子在家中地位低者"为妾"。羊柔顺而能取悦人,所谓羊大为美,故"为羊"。

八卦及其主要象征与功能

卦名	主要象征	主要功能	动物象征	身体器官	其他象征
乾	天	健	马	首	君、父等
坤	地	顺	牛	腹	母、布等
震	雷	动	龙	足	玄黄、大涂等
巽	风	入	鸡	股	木等
坎	水	陷	豕	耳	沟渎等
离	火	丽	雉	目	日等
艮	山	止	狗	手	径路等
兑	泽	说	羊	口	附决等

以上这些卦所引申的象例,在《彖》《爻》辞和大小《象》传中都可以看到。例如"需"卦《彖》曰:"需,须也。险在前也,刚健而不陷,其义不困穷矣。"因"需"卦上坎下乾(☳),坎有险陷之义,乾有刚健义,故曰"刚健而不陷"云云。又如"泰"卦之卦象为上坤下乾,其《彖》曰:"内健而外顺。"健是乾的功能,顺是坤的功能,其《象》曰:"天地交,泰。"乾代表天,坤代表地,天地交则万物通,故泰。"谦"卦之象为"山在地中",山本应在地上,所谓高山仰止,而谦卦之象为大山深埋于地中(☷),藏身守拙,不自炫光芒,以此显示谦谦君子的品德。故其卦辞曰:"谦:亨。君子有终。"

通过对《说卦传》解读，首先我们可以了解《周易》具有象征思维的特点。这样的思维，建构了一种解释世界的系统，于是能遍为万物说。且象征思维可以破除语言表述和逻辑思维造成的概念化和抽象化的局限，因此有其重要价值。但其缺点是过早地形成了一种封闭和感性的模式，不利于向外探索和理论创新。因此在今天这个中西文化交流的时代，我们既要弘扬传播中华优秀文化，也要积极探索研究西方优秀文化，文化交流不仅能促进文化创新，还能通过文化互鉴来增强文化自信。《周易》文化传入西方后，曾对西方学者有所启发，就说明文化交流的价值，我们对待自己文化，也应有一种开放的心态，文化是一个成长的概念。

其次，《周易》最早被认为是卜筮之书，卜筮需要和鬼神打交道，这个鬼神未必是人格神意义上的，而是指未知的神秘力量，所谓"阴阳不测之谓神"。因此《周易》非常强调"诚"，所谓"修辞立其诚"，而卦爻辞中则经常强调"有孚"，如"有孚颙若"等。"有孚"就是有诚信，有诚信就能持盈守泰，转危为安。《周易》重象，就象而言，鹿和马并没什么大区别，但真诚的人要根据实际来判断，不可指鹿为马。"诚"是中国文化的核心思想。我们应该向世界展示这种文化，而不仅仅是包饺子、贴窗花之类。

参考文献：

【唐】孔颖达《周易正义》，李学勤主编《十三经注疏》，北京大学出版社，1999 年版。

【唐】李鼎祚《周易集解》，中央编译出版社，2011 年版。

【宋】朱熹《周易本义》,中华书局,2009 年版。

尚秉和《周易尚氏学》,中华书局,1980 年版

高亨《周易大传今注》,齐鲁书社,1998 年版。

牟宗三《周易哲学讲演录》,华东师范人学山版社,2004 年版。

黄寿祺 张善文《周易译注》,上海古籍出版社,2004 年版。

马恒君《周易正宗》,华夏出版社,2019 年版。

李定 徐学斌《中国方易图式》,复旦大学出版社,2023 年版。

第四篇　物化与自由
《庄子·齐物论》精义阐微

概　　说

　　《庄子》一共有 33 篇,其作者一般认为是庄子。但《庄子》的相当一部分篇目有学者认为是庄子后学的作品。本书主要讨论其中的《齐物论》和《秋水》两篇,其它篇章推荐自行阅读。关于庄子和其作品《庄子》,这里先做一个简单的介绍。

　　庄子(约前 369—前 286 年),名周,战国时代宋国蒙(今亳州市蒙城县)人,曾做过蒙地的漆园吏,他是老子之后道家的代表人物,后世和老子并称“老庄”。庄子主张顺应自然,对统治阶级采取不合作的态度,对当时社会的黑暗现象多有批判。庄子在《齐物论》中曾把自己比作鹓鶵(yuān chú),也就是凤凰,只在梧桐树上停留(这个梧桐树,并不是我们今天上海常见的法国梧桐,法国梧桐原是云南的梧桐树,被引进到法国,再从法国反引回来的)。这个梧桐是一种高大挺拔的树,现在有的房地产老板为了说明自己开发的是高档社区,也有种植的,样子有点像放大了的竹子。鹓鶵只吃竹实,只喝最甘醇的水。同时庄子把官位比作死老鼠,把贪恋官位的人比作猫头鹰,猫头鹰一辈子抓住死老鼠不放,而凤凰对死老鼠完全无感,所以这个寓言是庄子人生观的自我写照。每个人的理想是不一样的,在乱世,庄子只想做一个普通人,平平淡淡地过完一生,保守自己的信仰。在《秋水》篇中,说自己愿意做一只曳尾于泥涂中的乌龟,而不愿做居于庙堂之上的神龟,也属同样一种寓言,表达出他不慕荣华、乐天安命的思想。

庄子生活的战国时代,是一个典型的乱世,"争城以战,杀人盈城;争地以战,杀人盈野。"比五霸争雄的春秋时代有过之而无不及。各诸侯国忙于打仗,尸横遍野。春秋战国时代,原有的价值观被打破了,文化不再是大一统的,也即"礼崩乐坏"了。这和西周时期不一样,西周的文化思想比较统一,叫做王官之学,没有诸子百家。到了春秋战国时期,各种具有创新性的思想纷纷出现,中国最富创造性的思想盛宴就开始了,所以春秋战国时期是一个思想的黄金时期,也是读书人思想最自由的时期。包括儒家的仁爱的思想,墨家兼爱的思想,以及道家、法家、名家等等的思想,都产生于这一时期。这其中,道家创始人老子思想的一大特点在于其批判性。庄子继承老子的思路,在观察了当时流行的各种思潮后,发觉每一种思想都有其立场和角度,因而都难免片面性和有限性。他在批判这些思想的局限中,慢慢形成了自然无为的政治观、价值相对的文化观以及心安神宁的养生观,等等。

庄子所属的道家思想,在历史上较少有统治者用它来治理国家,但却在塑造知识分子的价值观方面起过重要作用,在文化和艺术创造方面产生过重要影响。儒道互补,一直是中国文化人基本的心理结构。今天,道家思想仍然有着非常积极的意义,它始终在提醒我们,人类社会追求物质财富的步子是否走得太急太快了,是不是还记得为什么要出发? 我们应该树立怎样的价值观? 道家提醒我们要常常反思自己的行为。

关于《庄子》的参考书,可以看清代郭庆藩撰的《庄子集释》,虽然解释用的都是文言,但比较全面,引用了较多前代注疏家的言论,吸收了包括晋朝的郭象到清代注家的多位研究者的成果。还有原来台湾大学哲学系的陈鼓应教授的《庄子今注今译》一书,影响很大,较适合现代人阅读。另外最近出版的复旦大学陈引驰教授的《庄子讲义》也可参考。

《庄子》书里大部分内容是故事,或者说寓言,所谓"寓言十九"。比如《养生主》中的"庖丁解牛"就是通过寓言说明"顺其天理""因其自然"的道理。因为寓言虚设一个情境,表达的似乎不是作者的主观成见,这样的内容占了百分之九十,故曰"寓言十九"。在一篇文章中,庄子引用的寓言又常常借重先哲的言论故事,这些内容占到百分之七十,叫做"重言十七。"偶尔作者也会直接亮一下观点,这叫"卮言"。卮是一种酒器,这种酒器平放就会倾倒,酒就会洒出来。"卮言日出,和以天倪",意为零散的无心的语言时有出现,这是符合自然的。

《庄子》文本 33 篇,其中内篇 7 篇,外篇 15 篇和杂篇 11 篇。学界一般认为内篇是庄子所作的,外篇和杂篇是庄子的后学所写,但也有不同的意见,我们不讨论。大家历来比较重视内篇,《齐物论》是内篇的第二篇。《庄子》里面我个人觉得最有哲学性的就是《齐物论》,所以我们先研究这篇。

关于"齐物论"三个字,历来有两种解读,一种是齐物-论,还有一种是齐-物论。这两种解读有什么区别呢? 如果是齐物-论,其实就是说世界上千差万别的事物,都具有共同性,并无本质差别。而齐-物论的意思是说世界上各种各样的观点(也就是"议论")之间,其实并无不同,所以大家吵来吵去没有意义。在《齐物论》这篇文章中,两层意思都有,大家读了就会明白。

(一)

南郭子綦隐机而坐,仰天而嘘,荅焉似丧其耦。颜成子游立侍乎前,曰:"何居乎? 形固可使如槁木,而心固可使如死灰乎? 今之隐机者,非昔之隐机者也。"子綦曰:"偃,不亦善乎,而问之也! 今者吾丧我,汝知之乎? 女闻人籁而未闻地籁,女闻地籁而不闻天籁夫!"

南郭子綦等人都是庄子炮制的人物,虽然历史上可能实有其人,但庄子借用为得道者。《庄子》笔下的很多人,比如孔子、颜回都只能看作庄子笔下的人物,并非历史上真的孔子颜回。"隐机而坐"即靠着几案坐着,"仰天而嘘,荅焉似丧其耦"意为抬头向天吐气,突然之间仿佛进入超越物我对立的境界。"荅"就是物我两忘的样子。这个世界的基本观念就是对立,长和短对立,上和下对立,善和恶对立,"丧其耦"就是突然超越了对立两分。

这个时候,侍立于南郭先生旁边的学生颜成子游看不懂了,就问:一个人真的可以做到身体像枯木,感觉像死灰一样吗(物我两忘的形态)?

南郭子綦回答说,你的问题是个好问题。你听说过"吾丧我"这回事吗?(在今人看来,"吾"和"我"是一样的,但在古代是有所区别的。例如《论语·子罕》篇"子曰:"吾有知乎哉? 无知也。有鄙夫问于我,空空如也,我叩其两端而竭焉",就分别用了吾和我。)《齐物论》中的"吾"是指排除了主观成见的感知者,也可叫真我,而"我"则是一般世俗意义上的主体。"吾丧我"就是摆脱了主观成见和物我对立的状况,而超越了受外界影响的和主观成见的真我。"我"字的右边是一个戈,暗示向外执取,主体与客体的二分。

为了更好地理解"吾丧我",这里再对照一下奥地利心理学家弗洛伊德的精神分析理论。他认为每个个体身上包含着三个我,本我、自我和超我。本我是一种原始的生命力,压抑的本能,在睡梦当中有时会出现;自我是平时在社会生活中带着面具的我,超我是外在的道德规范和社会期待。虽然弗洛依德的理论很有建设性。但他的三个我基本仍在庄子"我"的范畴内。"本我"是内在的我,相对应的是潜意识,潜意识是受压抑的,平时注意不到,但里面的力量非常大,当你做梦的时候,很多平时想不到的东西都会显现出来,极富创造性。所以这个潜意识代表人的本能欲望,但这种意识还没有进入老子所说的"归根曰静"的深层意识,也没到佛教唯识宗所说的阿赖耶识的层面。东方的哲学和修行,最后要体会到意识涌动下面彻底的宁静。庄子的"吾"也可看作摆脱了这种有限的"我"。

"我"有两个主要的特征,一个叫情欲,一个叫知性。放不下这两样东西,那么这个主体就只能是"我",而不是"吾"。情欲有什么问题?情欲会影响人的判断,比如俗话说"情人眼里出西施",某姑娘可能长相一般,但因为你喜欢她,你就会觉得她好美。又比如饥肠辘辘的时候,会觉得什么都好吃,这就是食欲影响判断,所谓"饥者易为食,渴者易为饮"也。情欲还会影响人的心态。另外知性也会影响人的判断和意识,认识世界主要依靠知性,知性要求通过一定的认识方法,对现象进行抽象概括,但知性的认识能力本身有局限性,认识到的世界往往是概念化的世界,不是完整的世界,这方面西哲多有论述。另外知性所掌握的知识更容易造成认识的缺陷,因为知识是不断更新的,比如有些学历不高的人会用义和团思维去看待国际关系,因为他们对这方面的认知只来源于初、高中的几本统编教材。"吾丧我"其实就是要排除掉这两种有限性。《庄子》的《养生主》《大宗师》都讨论过这个问题。

为了进一步说明"吾丧我"的概念,南郭子綦又引入了"人籁"、"地籁"和"天籁"三个概念。"女闻人籁而未闻地籁,女闻地籁而不闻天籁夫!"认为颜成子游只知道"人籁",却没听说过"地籁"和"天籁"。

子游曰:"敢问其方。"子綦曰:"夫大块噫气,其名为风。是唯无作,作则万窍怒呺。而独不闻

之翏翏乎？山陵之畏佳，大木百围之窍穴，似鼻，似口，似耳，似枅，似圈，似臼，似洼者，似污者。激者、謞者、叱者、吸者、叫者、譹者、宎者，咬者，前者唱于而随者唱喁，泠风则小和，飘风则大和，厉风济则众窍为虚。而独不见之调调之刁刁乎？"

于是颜成子游希望老师能详细说说"三籁"。

南郭子綦说，大地发出来的气叫做风，风不吹则已，一吹则各种孔窍都会发出声音。比如山林溪谷，大树小树都会发出各种不同的声音。这段文字中用了很多譬喻和象声词。风大则声音大，风小则声音小。有时候风已停，树木还在摇晃。这种自然界的声音就是"地籁"。

子游曰："地籁则众窍是已，人籁则比竹是已，敢问天籁。"子綦曰："夫吹万不同，而使其自己也。咸其自取，怒者其谁邪？"

子游说，我明白了，"地籁"就是大地的孔窍发出的声音，"人籁"就是类似于把长短不同的竹子放在一起组成的乐器发出的声音，那么究竟什么是"天籁"呢？

子綦说，所谓"天籁"者，就是风吹万种孔窍而发出不同的声音，但这些声音虽然千差万别，乃是由于各个窍孔的自然状态所致，有谁鼓动他们发出这些声音吗？这几句话没有直接解释天籁，但却暗示了其意义。"怒者其谁邪"意为：自然界的一切变化，其实没有什么主宰，无所谓发动者，一切都是自然而然的。正如马其昶所说："万窍怒号，非有怒之者，其任自然，即天籁也。"（《庄子故》）老庄的思想，跟有些宗教不一样，有些宗教有所谓发动者，老庄没有这个说法，一切都是自然而然。老子说："人法地，地法天，天法道，道法自然。""人法地"好理解，人要向大地学习，大地柔顺载物，人也要柔顺载物。"地法天"也可以理解，上天生生不息而从不言说，大地也如此。天地运行是有规律的，规律就是"道"，故言"天法道"，那么道的运行法则是什么？道的法则是自然，这个自然不是指自然界（因为天地就是自然界），而是指自然而然，本来如此。从这个角度讲，那些在舞台上歌唱的艺术家，虽然唱得很好听，却只能是人籁，而某位家庭主妇，在做饭时一时兴起随意哼唱几句，即使五音不全，却可以称之为天籁。前者是表演，后者是自然流露。

庄子第一篇《逍遥游》曾讲过一个故事，大鹏鸟一飞就到达九万里的高空，接着从南海飞到北冰洋，小小麻雀和知了则只能从一棵树飞到另一棵树上，但是在《庄子注》的作者郭象看来，小鸟小虫和大鹏并没有什么差别，他们飞多远都是天性使然，实现了天性就是完成了自我。道法自然就是顺应天性，不要去人为干涉，郭象的注解可以帮助我们理解"天籁"。

　　大知闲闲，小知间间。大言炎炎，小言詹詹。其寐也魂交，其觉也形开。与接为构，日以心斗。缦者、窖者、密者。小恐惴惴，大恐缦缦。其发若机栝，其司是非之谓也；其留如诅盟，其守胜之谓也；其杀如秋冬，以言其日消也；其溺之所为之，不可使复之也；其厌也如缄，以言其老洫也；近死之心，莫使复阳也。喜怒哀乐，虑叹变蜇，姚佚启态——乐出虚，蒸成菌。日夜相代乎前而莫知其所萌。已乎，已乎！旦暮得此，其所由以生乎！

　　上一段话论述的是"天籁"，这一段话开始讲"人籁"，主要是通过辩论者的思想和行为比较夸张地说明人籁的极端状态。战国时代百家争鸣，各派学说都坚持自己的观点而驳斥别人的观点。"闲闲"是广博的样子，"间间"是细小分别的样子。"炎炎"是气势猛烈的言语，"詹詹"是喋喋不休地说话。比较聪明的人见多识广，语言就比较霸道；具有小聪明的人比较精细，讨论时就喜欢喋喋不休。这些争论不休的人，他们睡觉的时候精神与梦境相交，醒来的时候则形体不宁。这里庄子用了很多形容词，"缦"是迟缓的样子，"窖"就是深沉的样子，"密"是隐藏的样子。因为争辩害怕失败，就会有各种恐惧；因为辩论要抓别人的把柄，就会反复琢磨别人言语的缺陷。有的人出语迟缓，老成持重，有的人发言层层设下圈套，老谋深算；有的人推理严密，有的人沉默不言等待时机。久而久之，这些人心态焦虑，生命力丧失。他们的言说，就像音乐从虚器中发出来，又像菌类由地气蒸发而成一样。他们每天如此却不知道所以然，谁知道其中的道理呢？
　　因此人籁和天籁的最大区别，就是不自然，就是人为，含有很强的目的性。语言并非都是人籁，只有当语言被用作勾心斗角、互相驳难的工具而又影响到人的自由生活时才是人籁。从南郭子綦的行为和言行，我们可以看出天籁是超越人我、观念的对立的。

下一段继续讨论物我关系。

非彼无我，非我无所取。是亦近矣，而不知其所为使。若有真宰，而特不得其眹。可行己信，而不见其形，有情而无形。百骸、九窍、六藏、赅而存焉，吾谁与为亲？汝皆说之乎？其有私焉？如是皆有为臣妾乎？其臣妾不足以相治乎？其递相为君臣乎？其有真君存焉！如求得其情与不得，无益损乎其真。

庄子认为，我是相对于他人而言的，如果没有对立面，我的观念也不存在；没有我，对立面也无从体现。这个道理比较浅显易懂。然而这种对立却找不到背后的原因。仿佛有个"真宰"在起作用，却又找不到端倪。从作用上觉得似乎有"真宰"存在，形态上又不见。这里再一次说明任何事物皆是对立出现的，即老子所说的"有无相生，难易相成，长短相形，高下相倾，音声相和，前后相随。"但寻找这种对立的原因，似乎有一种更深刻的原因"真宰"，而"真宰"又只可感知而不可见识。

人的身体上有百骸、九窍、六脏（心、肝、脾，肺、肾，肾有两个），这些器官都是人所必须的，这样人才算完备。但是人的身体和哪个器官更亲近些呢？是一样喜欢，还是有所偏私？如果平等看待，那么可以把它们看作人身体的臣妾吗？臣妾之间都够互相治理吗？还是这些器官轮流做主宰，或者有个真正的主宰存在。不管我们能否找出真实的原因，这些器官本身的作用都不会背离自然之道。

这一段通过各种器官的不同功能，说明一物有一物的作用，而天机自张，并无所谓高低区别。成玄英疏云："夫首自在上，足自居下；目能视色，耳能听声。而用舍有时，故有贵贱。岂措情于上下，而递代为君臣乎？但任置无心而必自当也。"所谓"真君"（即真宰），无非就是道法自然。而既然是道法自然就暗寓万物的平等关系。

这样的讨论较有现实意义。好像著名相声演员马季和冯巩说过一个相声《五官争功》，鼻子说鼻子重要、嘴巴说嘴巴重要，眼睛说眼睛重要。我们或许觉得这个相声不错，也知道是在讽刺某些人。其实寓言可以从多方面解读。事实上我们都在分别主次贵贱，学校的校长可能觉得自己最有水平，书记则可能觉得自己觉悟很高，有的教师和员工觉得自己是打工的，没有存在感。而在美国的名校，校长反而是打工的，负责搞钱，教职员工才是学校的主人。以庄子的眼光看，其实每一种工作都有其存在的必要性，工作与工作并无高低之分，关键在于是否符合各人的天性，符合了就叫适性自足。庄子的哲学具有平等性，主张价值多元，反对在分别中讨生活，这在今天看来很具有普世性。

一受其成形，不亡以待尽。与物相刃相靡，其行尽如驰而莫之能止，不亦悲乎！终身役役而不见其成功，苶然疲役而不知其所归，可不哀邪！人

谓之不死，奚益！其形化，其心与之然，可不谓大哀乎？人之生也，固若是芒乎？其我独芒，而人亦有不芒者乎？

当人体还没成形而与自然合一时，是无所谓差别对立的，但一旦来到这个世界，身心就开始了消耗的过程，物我分离，执着于外在，在顺逆之境中不断取舍，一天天走向死亡而不可逆转，这不是很悲哀吗？终生成为外物的奴隶而不知道什么叫成功，疲惫困顿而不知道归宿在哪里，这样的人生不是悲剧吗？"苶（nié）然"：疲倦的样子。这样的人虽然生命尚在，又有什么价值呢？人的形体逐渐衰老，精神也随之消亡，这难道不是人生的大悲哀吗？人生在世，本来是如此的迷茫吗？还是只有我如此的迷茫，别人也有不迷茫的呢？

这里庄子提出了一个问题，即人生的意义何在。也可以转换成怎样摆脱有限性的问题，这也许是一切哲学，一切宗教都试图回答的问题。有些哲学家认为人是思想的动物，所以人生的意义在于追求知识以了解宇宙。但庄子显然不代表这种思想。《庄子·养生主》第一句话就是："吾生也有涯，而知也无涯。以有涯随无涯，殆已！"我们每个人的生命是有限的，以有限的生命去追求无限的知识，这是非常危险的一件事。道并不是通过知识的堆积来把握。老子说："为学日益，为道日损"。认为做学问，要不断积累知识和见闻，但理解道，就要逐渐减少自己的主观意识，私利欲望等。因为人的主观意识等有分别相对之局限，在求道的路上会成为障碍。而真理是无分别的,所以我们求真理要放下自己的主观意识,感性欲求等,要以"涤除玄鉴"的静观,来体会真理境界。

夫随其成心而师之,谁独且无师乎?奚必知代而心自取者有之?愚者与有焉!未成乎心而有是非,是今日适越而昔至也。是以无有为有。无有为有,虽有神禹且不能知,吾独且奈何哉!

"成心"是《齐物论》篇重要的概念,指的是主观成见。严格地说,我们每个人都有成见,这较多来自于我们的教育见闻等,因此当我们去认识世界的时候,不可能是纯客观地反映。庄子在这里提出的问题是,如果以这些成见为标准来当作判断的根据,那谁没有标准呢?岂必那些所谓了解自然变化规律的智者才有,愚笨的人也有啊,就像评论一出戏的好坏,何必听戏剧专家的呢?普通观众也可以啊。再说专家的意见就一定对吗?但如果说没有主观成见而可以有个判断标准,那就像今天出发去越国而昨天已经到了那样不靠谱。这是把没有的东西当作有,把没有的东西当作有,即使是神明的大禹都无法理解,我又有什么办法呢?

"今日适越而昔至",是战国名家惠子著名的十个问题(历物十事)之一,其想表达的确切意思今天已难有定论,庄子在这里以之为虚妄之说。这段话中,庄子对"成心"这个概念作了讨论,反映了"成心"作为判断标准的尴尬境地。事实上,庄子反对这个标准。我们今天社会上的各种冲突争端,小至个人的不同生活习惯,大到不同文化文明之争,最初都源于不同的认识,然而摆脱了各种相对意识,就像一个婴儿那样,又如何认识世界并做出评判呢?吊诡之处就在这里,我们似乎只能用这种相对意识去认识世界,而这样得到的世界又可能是片面的,因此需要跳出这一思维认识方式。

以下庄子再做发挥。

夫言非吹也,言者有言。其所言者特未定也。果有言邪?其未尝有言邪?其以为异于鷇音,亦有辩乎?其无辩乎?

前面谈到"地籁"和"天籁",都是风的吹动,风吹是纯任自然,没有发动者,所以吹有天籁的含义。但语言不是风,故"言非吹也"。语言是思想的现实,而思想是带有成见的,并不代表本然的世界,因此语言就不代表真理。就像人的影子是依赖人的身体,身体动静不定,影子又如何确定。从这个意义上说,这些辩论者的议论是不确定的。人们真的说过什么了吗?还是说过等于没说呢。他们都认为自己的议论和初生小鸟的鸣叫有所区别,"鷇"(kòu),即将破壳而出的幼鸟。但真的有所区别吗?还是没有区别。(这里说区别可以,因为小鸟的鸣叫出于自然,人的议论有所依赖;说无区别也可,因为都是声音。)

这里庄子指出了语言的局限性。语言是有待,所以语言难以反映世界的真相。

道恶乎隐而有真伪？言恶乎隐而有是非？道恶乎往而不存？言恶乎存而不可？道隐于小成，言隐于荣华，故有儒墨之是非，以是其所非而非其所是。欲是其所非而非其所是，则莫若以明。

大道被什么遮蔽了才被认为有真伪的区别？至言又被什么遮蔽而有了对错的分别？道在哪里不存在呢？言论又为什么有对不对的讨论呢？"道隐于小成，言隐于荣华，故有儒墨之是非。"当一个人被有限的认识遮蔽了双眼的时候，大道就无法真实呈现了。当一个人被浮华虚妄的文辞蒙蔽了心灵的时候，才有了对错是非等相对的结论。造就了儒家和墨家不同的观念。"以是其所非而非其所是"，儒墨各自肯定对方反对的而反对对方肯定的。（比如儒家强调乐，墨子就提倡"非乐"，墨子强调平等，儒家就重视等级。）其实与其这样，还不如以空明之心来观照事物的本然情况。

这一段可看作庄子对二元论的破斥。当有是非彼此的时候，人不是站在此的角度去看待问题，就是站在彼的角度去看待问题，以这样的角度看到的世界就是片面的，片面的就会有不同的呈现，因此就有是非之争。所以庄子最后的归结点是对墨家和儒家的批判。仁爱也好，兼爱也好，各有各的作用，但是庄子告诉我们要跳出来看，虽然有价值，却并非终极真理。互相争论，都是囿于小成之见。观点已受局限，语言又是表达观点的，又如何能代表正确。现象本身是变动不居的，语言当然也不能执着。

"莫若以明",即是以虚静的心灵作客观的反映,不预设立场,跳出二元对立的思维。像镜子一样作纯客观的映照。

所以读懂了这一段,前面意思也就容易明白了,庄子要求超越有限,超越对立,不要站在一面看问题。如果用禅宗的话来说,就是不做担板汉。一个人抱着一块板子,他只看到板子的一面,另一面是看不到的。我们人看世界就是这样,因为我们有主体和客体的对立,通过主客对立去认识世界,所以很难和我们之外的世界合一,人们看到的世界基本是抽象的世界、规定的世界、局部的世界,而不是真实的世界。

物无非彼,物无非是。自彼则不见,自知则知之。故曰:彼出于是,是亦因彼。彼是方生之说也。虽然,方生方死,方死方生;方可方不可,方不可方可;因是因非,因非因是。是以圣人不由而照之于天,亦因是也。

事物都可以说是彼方,也可以说是此方,从自己的角度来说,我是此,他人是彼。对他人来说,他人是此,我是彼。从他人的立场来看我,往往看不清,自己看自己,就比较清楚。彼方是由此方相对待而成立,此方也是因为和彼方相对待而形成。由此,可知生死也是相对待而成。一个生命刚刚产生,同时也开始了死亡的过程,一个生命刚刚消失,另一个生命就已开始。在我们身体内部,旧的细胞死亡的同时,新的细胞就诞生了。生命可以归为无数的刹那,每一刹那的随起就伴着随灭。肯定一件事情对，也就说明在相反的场合下不对；在其它地方不对的道理，到了这个地方又可以是对的。所以圣人不走这样相对的认识路子，而是以虚静之心关照事物的本然，也就是顺其自然。

这段话重在说明彼此的相对性，当说到彼此之时世界就一分为二了。当你强调善恶是非的时候，就远离了事物的本来属性。自然界的存在无所谓是非，一强调某一方面，就已经是人为，因而远离了自然本来的样子。这和儒家《周易》的思想可以相通，太极本来浑然一体，运转起来分为阴阳，然而阴中有阳，阳中有阴，阴阳虽对立而互根，说阴阳就有个太极在。

说到彼此和彼我的话题，这里略微提一下法国哲学家、精神分析学家拉康的镜像理论，以作比较。拉康认为我这个主体是虚幻的。比如某人叫张三，张三是父母给的名字；他在社会上是张局长，张局长是社会上对他的定位；在家他可能是父亲，而父亲是相对孩子说的，他在父母面前是儿子，儿子是相对长辈说的。仔细分析下来，某人这个主体是通过他者定位的，我是他人的镜像，我是在彼（他者）中认识自己的。这个和十六世纪以来笛卡尔的"我思故我在"对我思的强调甚为不同。可以说笛卡尔强调的是此（我思），拉康哲学则容易联想到彼（他者）。

是亦彼也，彼亦是也。彼亦一是非，此亦一是非，果且有彼是乎哉？果且无彼是乎哉？彼是莫得其偶，谓之道枢。枢始得其环中，以应无穷。是

亦一无穷，非亦一无穷也。故曰：莫若以明。

从事物对立转化的角度看，"此"也是"彼"，"彼"也即是"此"。"彼"中包含是非两个方面，"此"中也包含着是非两个方面。（劳思光先生认为每种理论系统里面都包含着是与非的判定，也通。）①从本然的角度看，真的有所谓彼和此的区别吗？或者真的没有彼和此的区别吗？（彼此其实是人为的区分），不要将彼此对立起来看，这才是"道"的枢纽。枢纽安放于圆环中，转动自如。道枢超越对立，故能应变无穷。如果执着于是或非，那么争论就会无穷无尽。所以说，应该以虚静空明的心来如实地反映一切。

这一段，庄子要我们跳出是非彼此的相对性视角，虽然就具体事件、具体现象来说，存在着是非彼此的对立，但这个对立不是绝对的，从绝对来说是没有对立的。就像门窗枢纽在孔窍中一样，灵活转动，门既可以打开，也可以闭合，开合是根据实际的情况，而开合本身也无所谓对错。在这里，我们可以读出庄子的"与时俱化"与万物平等的思想。

以指喻指之非指，不若以非指喻指之非指也；以马喻马之非马，不若以非马喻马之非马也。天地一指也，万物一马也。

这几句话，庄子是借公孙龙子的"指非指"和"白马非

---

① 见劳思光著《新编中国哲学史》，第四章第三节，生活·读书·新知三联书店，2015年版。

马"的命题来阐述自己的观点。公孙龙子的"指"可以理解为指称或类概念,和具体的"名"有所区别。比如说这些牛,是一种"指",和具体的比如一头名叫鲁道夫的牛有所区别。他说:"物莫非指,而指非指。"意为要理解真实的牛,需要指称,但指称本身不再需要指称。而且指称是人设想出来的,和现实中的实物是有区别的。"天下无指,而物不可谓指也。"因此与其用概念绕来绕去,不如直接拿出具体事物来否定指称或概念的真实性。著名的"白马非马"说中的"白马"指的是具体的一匹白马,而"马"是一个抽象概念。现实中只有具体的白马黑马,没有抽象的马。概念和具体事物是不同的,比如说树,可以指棕榈树,也可以指梧桐树。现实中可以找到具体的树,但找不到抽象的树。所以与其说"白马非马",不如直接用非马比如具体的牛或马来说明马只是个抽象概念。庄子借用公孙龙的这些概念是总结上文,即拘泥于彼此的是非差别或概念纠缠是片面的。

从大道的角度说区别是相对的,万物具有共同性,所以接着说"天地一指,万物一马"。

这一思想,在墨家思想和名家思想中均可找到根据。墨家提倡立论要"以名举实",其"名"就包括"达、类、私",即总概念、类概念、单独概念。从总概念的角度说,一切都可以叫做"物",是没有区别的。而惠子更提倡"泛爱万物,万物一体",强调万物具有共同性,相当于庄子的"道通为一"。从庄子在这一讲中多次引用墨家和名家惠子的思想,可见庄子对各家虽屡有批判,却很善于学习各派的长处。

我们对这部分略作总结,首先庄子对当时各派的思想尤其是儒墨思想进行了批判,本人以为并非庄子对这些学说有很大的偏见,而是在于说明任何学说,任何话语体系都有其局限性,不可执着,特别是要破除是非人我的对立观念,客观上起到了强调异端话语权的作用。其次,庄子认为好的思想和行为应该顺应自然,因势而为。不能违背自然规律而强调人定胜天,这也是道家的基本思想。

(三)

可乎可,不可乎不可。道行之而成,物谓之而然。恶乎然? 然于然。恶乎不然? 不然于不然。(恶乎可? 可于可,恶乎不可? 不可于不可。)物固有所然,物固有所可。无物不然,无物不可。故为是举莛与楹,厉与西施,恢恑憰怪,道通为一。

有些人的观点和你的相同,你就认为是对的,但并不意味着真的就对;有些人的观点和你的不同,你就认为是错的,也并不意味着真的就错。最早的路是人走出来的,事物的名称是人叫出来的。(比如树可以叫树,也可以叫 tree,灯可以叫灯,也可以叫 light。这些只是名相或概念。)有时候情况为什么是这样,因为大家都认为是这样,情况又为什么不是这样,因为大家都认为不是这样。其实说事物是这样,有说它这样的理由;说事物是对的,也有说它对的根据。在一定条件下,没有什么一定不是这样,也没有什么一定不对。说对说不对,说这样或那样,都是相对的说法。因此草茎和屋柱,丑女与西施以及一切稀奇古怪的东西,从大道相通的角度来说都是相同的。"恢",宏大;恑(guǐ),通诡,诡秘;憰(jué),通谲,多变。(原文括号内文字根据严灵峰、陈鼓应意见增补。)

庄子在这里讨论了道与相对认识的区别。从相对认识说,人可以有美丑、物可以有大小,甚至说能量有正负也可(从物理学上说,能量是矢量,无所谓正负)。但是从大道的角度说,任何存在都有其存在的理由。例如狮子食肉而威猛,绵羊吃草而柔顺,皆是天性所致,并无所谓对错好坏,若果能成就各类事物的天性,都可以说适性自足,一沙一世界。在庄子的齐物中,齐的是事物的天性自足,并不是事物的不同形态,在《庄子》中,你可以读出对万物独特性的尊重,也暗含着万法平等的思想。

当然庄子观点重在破斥当时各种见解,他本身并不强调某种价值,否则又是立。虽然道家推重道,但道不可说,可传而不可受,可得而不可见。

人一旦执着于一种观点就容易造成困境,比如说中国应不应该搞城镇化,如说不应该,有人马上会说,你现在享受的不就是城镇化吗? 如说应该,那我们的传统文化大多产生于乡村,没有了乡村,也就没有了源头活水。况且农村具有危机蓄水池的作用,真的全部城镇化了,经济不好的时候农民工归向哪里? 一旦确立某个观点,局限性就随之而来,所以顺其自然特别重要。

其分也,成也;其成也,毁也。凡物无成与毁,复通为一。唯达者知通为一,为是不用而寓诸庸。

**庸也者，用也；用也者，通也；通也者，得也。适得
而几矣。因是已。已而不知其然，谓之道。**

　　"分"可以看作是一个完整事物的损毁，但同时又意味
着许多新事物的形成，如一棵树被制成各种器具，就既是一
种分，也是一种成。对树来说是分，对器具来说是成。艺术
学院的专业有导演、戏曲、表演、编剧等等，这都属于戏剧这
个大类下分出来的。我们中国人最早的时候没有哲学、美
学、心理学、法学这些学科分类，就简单分为经史子集四种
学问。夏商周三代的学问叫做王官之学，到了春秋战国，诸
子百家各执一端以发挥，就形成了儒家、道家、墨家、法家等
等。如果王官之学不分，就没有后来的诸子百家，所以分对
于原来的思想是一种破坏，但同时对新思想的产生就是一
种契机。"成"也一样，可以看作一种新事物的产生，但同时
也意味着对原来事物的损毁。比如人类的发展是一种形
成，而形成需要各种矿产资源，使用矿产对于矿山来说就是
分及毁。人们在社会上的成功或失败，也可作如是观。所
以老子说："朴散则为器"，"朴"是原始的状态，"器"则代表
新的创造。从整体的角度看，物无所谓成与毁，成就一定有
毁，反之亦然。成毁往往同时出现。故而真正通达的人，不
拘泥于或成或毁的一偏之见，而完全根据事物的本身特点
来处理运用。这种运用就是无用之用，也是一种通达之用，
可谓恰到好处。恰到好处就接近于道了，顺着自然去做而
不计较利害得失就是道。
　　此文中的"不用"是不拘泥于一偏之见的用，"庸"是顺
势而为。王阳明说"此心不动"，又说"随机而动"，也是相同

的意思。处理问题，要根据实际的情况，实事求是，不能一成不变。

劳神明为一，而不知其同也，谓之"朝三"。何谓"朝三"？狙公赋芧，曰："朝三而暮四。"众狙皆怒。曰："然则朝四而暮三。"众狙皆悦。名实未亏，而喜怒为用，亦因是也。是以圣人和之以是非，而休乎天钧，是之谓两行。

接着以寓言来说明观点，有些人不明道理，费尽心力去追求思想的"一致"，也是一种执着，却不知事物本来就具有共同性。这种行为就叫做"朝三"。什么叫"朝三"，有个养猴子的老翁给猴子分栗子（芧 xù），说早上给你们三升晚上给四升，猴子们听了很愤怒。老翁又说，那么早上给四升晚上给三升，猴子们就高兴起来了。在这个事例中，名和实都没有改变而猴子一喜一怒，这其实是猴子观念颠倒使然，老翁则顺着它们的天性来饲养它们。成语朝三暮四就出在这里。因此圣人不执着于是非观念而保持事物自然的均衡，这就称作"两行"。"钧"是制作陶器的陶轮，"天钧"就是自然的道理。和前面提到的"以明""天籁""道枢"意义相近。"两行"就是陶轮向左转向右转都可以，也就是"无可无不可"，具体怎样做根据实际情况来决定。

过去有一个故事，战乱年代，两位长者看到有人饿死在路边，一个说应该埋掉，另一位则说不必。结果有一个人就这个事情去问一个高人，两者谁做得对，高人说这两个人都对,埋了是慈悲,中国人觉得暴尸荒野是不幸的;不埋是通达,人死了,不埋让老鹰吃,埋了让蝼蚁、蚯蚓吃,都是一回事嘛。这个故事的原版就是《庄子·列御寇》中的庄子。所以"和之以天钧",不是完全不讲是非,而是在理解道的基础上通达不执著。

前面提到,庄子非常喜欢用寓言来表达自己的观点,但在《齐物论》中寓言却不算多,这可能和本篇注重思辨有关。但"朝三暮四"是一个很有影响的寓言,它和佛教寓言"盲人摸象"有类似的寓意,盲人的各执一词是比喻众生的无明颠倒,看不清世界的本质。

好的文学作品都有寓言的性质,并非中国文学如此,西方文学也一样。我们看从古希腊戏剧《俄狄浦斯王》《安提戈涅》到现代的卡夫卡、加缪的作品,都可以看作某种寓言。德国哲学家黑格尔、本雅明对寓言均有很高的评价。

顺便说一句,这里说的"两行"并非孔子批评的乡愿,乡愿是为了个人利益而放弃原则,是违背人的自由天性的。"两行"是通达,是顺其自然。

古之人,其知有所至矣。恶乎至?有以为未始有物者,至矣,尽矣,不可以加矣! 其次以为有物矣,而未始有封也。其次以为有封焉,而未始有是非也。是非之彰也,道之所以亏也。道之所以亏,爱之所以成。果且有成与亏乎哉?果且无成与亏乎哉?有成与亏,故昭氏之鼓琴也;无成与亏,故昭氏之不鼓琴也。昭文之鼓琴也,师旷之枝策也,

惠子之据梧也,三子之知几乎皆其盛者也,故载之末年。唯其好之也以异于彼,其好之也欲以明之。彼非所明而明之,故以坚白之昧终。而其子又以文之纶终,终身无成。若是而可谓成乎,虽我亦成也;若是而不可谓成乎,物与我无成也。是故滑疑之耀,圣人之所图也。为是不用而寓诸庸,此之谓"以明"。

这一整段的意思是说,古代的时候,那些得道的人智慧非常高。高在哪里? 他们认为宇宙最初本来无一物存在,这就是最高境界了。这大概相当于老子的"无,名天地之始"。次一等智慧的人,认为有事物的存在,而没有彼此人我的分别。再次一等的聪明人认为有彼此人我的区别,而没有是非对错的执着。是非越来越清晰,道也就亏损了。道亏损了,偏好就形成了。但是就大道而言,真的有完成和亏损吗? 还是没有完成和亏损呢? 说有完成与亏损,就好比琴师昭文弹琴,说无完成与亏损,就好比昭文不弹琴。昭文能够弹出美妙的乐曲,就乐曲本身来说当然可以说是一种完成,但既然形成了乐曲,就一定遗漏了很多乐音,因此也可以说是亏损。当昭文不弹琴时,则既无所谓完成,也无所谓亏损。(后来陶渊明家的琴是无弦琴,没有声音而只表达心声,因为大音希声,表达不出来。)除了昭文以外,还有师旷持槌敲打乐器,辩手惠子靠着大树滔滔不绝发议论,也是属于相同的情况。他们的水准也可说是行业内的翘楚了,他们都终身从事这些工作。但他们的爱好和一般人不一样,却希望一般人能了解他们,这就有点对牛弹琴了。这和公孙龙整天向大众推广他的"坚白论"而无人理解没有什么区别("坚白论"是公孙龙提出的理论,认为面对一块石头,人的眼睛可以看到石头和白色,人的触觉可以感受到石头和硬度,但无法同时感受到石头、白色和硬度三者)。昭文的儿子又继承父业,也只会弹琴,可说也是不完成。如果他们这些人都算完成(有成就),那我也算完成,谁没有一技之长呢? 如果他们不算完成,那么他人与我都算不上完成。所以迷惑世人的可疑言行,是圣人要摈弃的。因此圣人不去追求所谓的完成(成功)而各尽天分,这就叫以虚静之心映照万物。

这段话以昭文、师旷、惠施和公孙龙来说明什么叫完成(或者叫成就),世人因为有一技之长而认为他们有成就,但他们的成就也可说是不成就,因为他们只懂自己的专业,况且谁都有自己的特长。重要的是,成就应该着重在从事的工作是不是符合自己的天性,这才是考量的标准。

在本篇《齐物论》中,其实暗含着天性解放的命题,也暗含着怎样理解自由的命题。今天我们往往以物质或名誉地位来评价一个人是否成功,接受这种标准容易使人成为身外之物的奴隶。体会庄子的意思,其实人不在于做什么,有什么成就,而在于行为是否符合天性。马克思认为劳动不应该是人的异化,而应该是人的本质力量的对象化,这方面也可比较一下。

所以此篇和《逍遥游》的以无待(无所依赖,依赖得越多越不自由)为自由,角度有所不同。

今且有言于此，不知其与是类乎？其与是不类乎？类与不类，相与为类，则与彼无以异矣。虽然，请尝言之。有始也者，有未始有始也者，有未始有夫未始有始也者。有有也者，有无也者，有未始有无也者，有未始有夫未始有无也者。俄而有无矣，而未知有无之果孰有孰无也。今我则已有谓矣，而未知吾所谓之其果有谓乎？其果无谓乎？

现在我庄子在这里说的话，与其他辩者说的话是同类吗？还是不同类呢？不管是否同类，既然说了话，就属于一类，也就和他们的言论差不多。（照道家的思路，最好不说，因为"知者不言，言者不知"。但有时不说，别人不明白，所以叫姑妄言之或尝试言之。）"尝"即"尝试"。

一般认为，宇宙有开始的时候（有始也者），有未曾开始的时候（有未始有始也者），更有未曾开始那未曾开始的时候（有未始有夫未始有始也者）。认识到宇宙有开始，就有未开始，这是二分意识，而在最初的阶段，连开始和未开始的观念都没有，这就是未曾开始那未曾开始。万物出现有个开始"有"的阶段，"有"之前有个"无"的阶段（老子认为无中生有），还有那未曾开始有"无"的阶段，更有那未曾开始有未曾开始有"无"的阶段。"有未始有夫未始有无也者"句，成玄英疏曰："此句遣非非无也。"如此则这几句的意思就是：先肯定"有"（非无），接着否定有而肯定"无"（非有），再否定"无"（非非有），最后全部破除（遣），成玄英称之为"离百非，超四句"，这种理解应该是受佛教的"离四句，绝百非"的启发,用来理解庄子似亦无不可。这样就进入了没有分别意识的状态,以后有无的观念突然就产生了。我不知道这个有尤是真有呢?或是真无呢?现在我已经说了这些话,不知我真的说了吗?还是没有说。

这一部分强调有无始终等概念是相对的,最初没有分别意识,然后出现无,然后出现有这些观念,最后再用语言表述之。只有了解了这点,才能说有说无。

> 天下莫大于秋豪之末,而大山为小;莫寿于殇子,而彭祖为夭。天地与我并生,而万物与我为一。既已为一矣,且得有言乎?既已谓之一矣,且得无言乎?一与言为二,二与一为三。自此以往,巧历不能得,而况其凡乎!故自无适有,以至于三,而况自有适有乎!无适焉,因是已!

因此天地虽然代表最大的物体,但并不比秋天鸟兽的羽毛更大。郭象注曰:"若各据其性分。物冥其极,则形大者未为有余,形小不为不足。"大小是从相对层面说的,大的物体和小的物体在当分自足上并没有差别,所以泰山也可以说小。殇子是未成年的人,而彭祖活了八百岁,但两个人都活了一生。时间的长短也是相对的,从当分自足的角度也没有区别,所以《逍遥游》中只能活一个早晨的朝菌和活八千岁的大椿并没有区别。正因为此,天地万物和我都是自足圆满的,所以说天地与我同时存在,而万物与我合而为一。到这里,前面所说的"天地一指,万物一马"的话就更好理解了。既然已经合为一体,还需要说什么吗? 既然已经说到合为一体,还能说没有说吗? 万物一体用语言表述就成了二,再加上前面的大一,就成了三(个人理解,这里的三是真实的万物一体、语言所表现的万物一体以及语言本身)。再加上各种事物都有名称,这样推演下去,就是最善巧的计算者也不能得出最后的数字,何况凡夫俗子呢。从无到有已经生出三个名称,更何况从有到有,所以各种议论蜂起。不必再讨论了,还是因任自然吧!

这一段是在前面破斥各种相对的基础上得出"天地与我并生,而万物与我为一"的结论。

(四)

夫道未始有封,言未始有常,为是而有畛也。请言其畛:有左有右,有伦有义,有分有辩,有竞有争,此之谓八德。六合之外,圣人存而不论;六合之内,圣人论而不议;春秋经世先王之志,圣人议而不辩。故分也者,有不分也;辩也者,有不辩也。曰:"何也?""圣人怀之,众人辩之以相示也。故曰:辩也者,有不见也。"

前面几部分,庄子讨论了彼此的问题、是非的问题、大小的问题、时间长短的问题以及语言与所反映对象的问题。从天籁到地籁再到人籁,世界就变得越来越复杂。这里从空间的区分继续讨论。

"夫道未始有封，言未始有常，为是而有畛也。请言其畛。"道开始的时候，并没有分界，因为道无所不在，所以不可分；语言反映道，所以语言也没有一定之说。"畛"（zhěn）是田地的分界。后来为什么会有界限呢？因为有了"是"的观念，"非"也接着产生。这样就接着产生了左和右的观念，逐渐有亲疏之伦理，有等级之秩序，有分别、有辩论，有角逐，有争斗，形成了八种现象，即"八德"。庄子在这里提到的八种现象，无论就个人还是国家来说，是非常有普遍性的，先是观念不同，随之产生争论，甚至上升到意识形态层面，接着竞争，竞争到最后可能发生战争。战争的结果，就是再次划分疆界。

《庄子·知北游》中有个故事，有个叫东郭子的人问庄子道在哪里？庄子说无所不在。东郭子不解，希望庄子说得具体点。庄子告诉他："比如在蝼蚁的身体中。"东郭子还是不解："为什么道会在这种卑微的地方？"庄子再次提示："也可以在稻田里无数的杂草中。"东郭子更加不解："怎么每况愈下了？"庄子继续开示："也可以在房顶上的瓦片中。"东郭子还是一头雾水："怎么越来越低下呢？"最后庄子说："在大小便（屎溺）中也能体现道。"东郭子听了，默然无对。其实这个故事就是讲大道平等，无所不在，但人们却喜欢区分上下贵贱，把世界碎片化。据说这个故事还有近代版和现代版，李鸿章推行洋务运动，有一次突然想知道抛物线是什么，随从解释了半天，最后说比如中堂您撒尿就是抛物线，李鸿章恍然大悟，说果然道在屎溺。前一段时间某著名作家的女公子创造了一种新的诗歌题材，网友称之为"屎尿体"，到此真可谓道在屎溺了。

真正理解自然之道的人，他们的言行却与众不同。"六合之外，圣人存而不论。"六合是指天地四方，这是我们中国古代的空间观念，在天地四方之外，比如太阳系之外，圣人知道其存在而不加以讨论，因为这是道未分的状态，语言就不需要了。（吕惠卿：以为无畛域而非论之所及也。《庄子义》）"六合之内，圣人论而不议。"在太阳系之内，有空间范围，已有上下左右的区分了，故圣人只论说而不议评。"春秋经世先王之志，圣人议而不辩。"历代先王治理的历史，圣人只议评而不辩论。成玄英云："圣人议论，利益当时，终不执是辩非，迷于成迹。"意为历史是为当下服务的，所以圣人不执著辩论过去的对错。"春秋"是古代历史的总称。

这里稍微扯开去一些，因为庄子说了"六合之外，圣人存而不论"这句话，一些学者认为中国哲学、科学不发达和这种思想有关，其实造成中国某些学科不发达的原因很多，不能仅归咎于某种思想。有些问题，譬如世界是从哪里来的？世界之外是否还有世界？这些就是六合之外的问题。古希腊人讨论这些问题，慢慢就形成了哲学，形成了本体论，而在中国的哲学思想中，确实对这些问题并不强调。

而所谓六合之内就是天地之间，我们生活的世界。这个世界圣人论而不议，他可能会告诉你这个是人类社会，那个是动物世界。需要做一个简单的界定，不然基本的关系无法确立，但往往也就止步于此，而西方人研究自然界就比较深入，后来慢慢产生出物理学、生物学等学问，并产生出了方法论，这种研究方法比较偏重二元论，人要跳出世界来研究世界。中国古代的哲人，无论是道家还是儒家，都比较强调万物一体的世界观。前者偏于分析,后者偏于综合。这两种研究,今天我们都需要。

至于"春秋经世先王之治,圣人议而不辩",虽然可以避免很多无谓的争执,但也会产生一些问题,最主要的是对社会科学的发展不利。

"故分也者,有不分也",天下事情,凡有所分别的,一定有不必分别的,当强调分别,强调某一种价值的时候,同时应该知道这些区别和价值背后还有一个浑然整一的世界。谈现象的时候,要知道现象中蕴含着"道",如果借用佛教的话,应该"善能分别一切法,于第一义而不动"。

"辩也者,有不辩也",有喜欢辩论的人,就一定有不喜欢辩论的人。当我们在强调争辩的时候,我们应该知道有些东西是不需要争辩的,这一方面是因为大道完整,辩者只是从不同角度看问题,另一方面在某些时候,不辩也是一种智慧。当年邓公搞改革开放,有著名的猫论,猫论搁置了多年以来姓社还是姓资的无谓争辩,把科学技术当作第一生产力,认为发展是硬道理。社会搞好了,执政党的先进性,制度的优越性自然就能体现。无需先搞一大套理论,反复宣传争辩,说明自己优越。

"圣人怀之,众人辩之以相示也。故曰:辩也者,有不见也。"圣人默默地体会,众人则纷纷攘攘辩论不休、互相夸示。所以争辩的人,一定是见解不全面的人。

总之庄子的思想,偏重在破,通过破来表达自己的思想。他的主要目的在于说明当时儒墨等各派的相对性,因此我们对于庄子的观点同样不能执著,因为一旦用语言表述观点,就已经立了。这种以破为立的方法,古印度的佛教学者龙树运用得非常好,他的《中论》破了很多当时流行的观点,他的著名的四句偈"不生亦不灭,不常亦不断,不一亦不异,不来亦不出。"只否定,不肯定,影响深远,有兴趣者不妨研究。

夫大道不称,大辩不言,大仁不仁,大廉不嗛,大勇不忮。道昭而不道,言辩而不及,仁常而不成(周),廉清而不信,勇忮而不成。五者圆而几向方矣!故知止其所不知,至矣。孰知不言之辩,不道之道?若有能知,此之谓天府。注焉而不满,酌焉而不竭,而不知其所由来,此之谓葆光。

这段话的主要意思是:大道是不可称谓的,相当于老子说的"道可道非常道";大辩是不可言说的,相当于老子说的"大辩若讷";大仁是无所偏爱的,相当于老子说的"圣人不仁,以万物为刍狗";大廉不需要谦让,因为本来毫无贪念;大勇对别人是没有伤害的,因为勇本来就应无害于人。道能讲明白就不是道,争辩的语言一定不全面,仁爱偏滞于某一方面就不周遍,廉洁过于表现则不可信,勇敢若怀有害人之心就不是真勇。五者都能做到圆通,就接近道了。"向方"意为接近道。所以一个人能知道止于性分之内,无言之境,就达到了极点。又有几个人知道有不用语言的辩论,无法称说的大道呢?知道这一道理,就可称之为天然的府库,无论注入多少都不会满溢,无论取出多少都不会枯竭,而不必知道这是怎样形成的,这就叫潜藏的光明,即"葆光"。

"葆光",崔誼释为若有若无之光,林希逸释为"藏其光而不露",俱可参考。成玄英释为"葆,蔽也。至忘而朗照,即照而忘,故能韬蔽其光,其光弥朗",这就类似佛教的般若智慧了,所谓"寂而常照,照而常寂。"成玄英的解释常有这种特点,他虽是道教学者,但他的解释反映了儒释道的融合。

　　这一段提到了一些概念,可略微发挥一下。比如说"大仁不仁",老子说"天地不仁,以万物为刍狗",这句话经常听到。刍狗就是稻草人,圣人把万物包括人当作稻草人,似乎缺少仁爱之心了。但老子又说:"我有三宝,一曰慈,二曰俭,三曰不敢为天下先。"首先强调慈。因此老子说的不仁是指没有偏爱之仁。举例来说、美国和加拿大山区自然资源丰富,但森林地区每年都会发生火灾,火灾并非人为,消防队员通常不救。有的人觉得奇怪,救火既可以保护植被,又保护了动物。但科学知识告诉我们,自然界有自己的规律,树林植被会越长越密,这样就会窒碍山林的生机,山火烧掉一些动植物,才能保持自身的循环。自然界有自己的循环法则,羚羊吃草,狮子吃羚羊,这是自然界保持平衡的一种方法,如果把食肉动物都杀光,草就不够吃了。所以"大仁不仁"可以理解为天地的仁爱,这种爱让万物成长而没有偏私。

　　又"大廉不嗛",即大的廉洁不需要刻意表现,"嗛"(qiān)为"逊让"义,即该得的得,不该得的不得,这也是当分自足的意思。现在某些官员台上大谈廉洁奉公,台下则腐败堕落。其实每个职业都有个底线,守住即可,如果夸夸其谈,反而令人怀疑。

　　"大勇不忮","忮"(zhì)为斗狠。儒家认为真正的勇来自于对仁爱和正义的坚守,道家则认为勇来自于对自然规律的体认,因此并不是动辄冒犯别人的蛮横莽撞,不是丛林法则。

"故知止其所不知,至矣。"道无法完全用思辨和知识去理解,而是要澄怀以观的,前面讲的"吾丧我",《大宗师》篇讲的"坐忘"等,都是体道过程。古希腊哲人苏格拉底也说过:我唯一所知的就是我什么也不知道。这是高级智慧。

这一段在强调大道无为无言的同时,也含蓄地对儒墨等派各自推崇的价值论进行了批判。

读到现在我们会发现庄子的语言非常丰富,名词也层出不穷,天籁、天钧、两行、以明、葆光等等,其实讲来讲去差不多。他不断地造概念,然后又换概念,其实就是告诉你概念只是用来说明问题的,概念是假的。

故昔者尧问于舜曰:"我欲伐宗、脍、胥敖,南面而不释然。其故何也?"舜曰:"夫三子者,犹存乎蓬艾之间。若不释然,何哉? 昔者十日并出,万物皆照,而况德之进乎日者乎!"

这一段对话很有现实意义,过去尧曾问舜说":我想要征伐宗、脍、胥敖三个小国,但临朝时却觉得内心不安,这是什么原因呢?"

舜回答说:"那三个小国,犹如生长于草莽之中的国家,为什么你放不下呢? 过去曾经十个太阳一起出现,照临人间,何况道德的光芒更胜过太阳呢!"

尧在历史传说中是一个圣明的君主,他可能觉得还有三个小国没有臣服于他,没有被先进文化感化,所以想征伐他们,使他们也沐浴在先进文化之下,但又觉得好像哪里不对劲,所以有此一问。而舜的回答非常巧妙,这三个国家虽然很小,且属化外之地,但就像太阳底下的杂草蓬艾一样,也有其存在的理由。小国人民能够快乐地生活,就代表了"物畅其性,安其所安",这样有什么不好呢?为什么一定要让别国跟随自己呢。现在某国发动战争,其理由也是逼迫他国接受自己的一套,还找出种种理由,这就更等而下之了。

啮缺问乎王倪曰:"子知物之所同是乎?"曰:"吾恶乎知之!""子知子之所不知邪?"曰:"吾恶乎知之!""然则物无知邪?"曰:"吾恶乎知之!"虽然,尝试言之:庸讵知吾所谓知之非不知邪?庸讵知吾所谓不知之非知邪?

这段还是讲故事,啮(niè)缺、王倪是庄子杜撰的人物,啮缺问王倪说:"你觉得天下万物有共同的标准吗?"王倪说:"我哪里会知道!"啮缺再问:"你知道你有不知道的东西吗?"王倪回答说:"我哪里会知道!"啮缺又问:"那么事物是不可知的吗?"王倪还是回答:"我哪里会知道!"

王倪接着说,虽然这样,我还是尝试着说几句:"你怎么知道我所说的'知'就不是'不知'呢?你又怎么知道我所说的'不知'不是一种'知'呢?"庄子在这里提到"知"和"不知"

的关系,但在理论上并未深入发挥,对"知"和"不知"关系进行深入阐述的是后来东晋的佛教学者僧肇,他写的《般若无知论》以佛教般若学的观点来阐述知与不知的关系,可参看。

且吾尝试问乎女:民湿寝则腰疾偏死,鳅然乎哉?木处则惴栗恂惧,猨猴然乎哉?三者孰知正处?民食刍豢,麋鹿食荐,蝍蛆甘带,鸱鸦耆鼠,四者孰知正味?猨猵狙以为雌,麋与鹿交,鳅与鱼游。毛嫱丽姬,人之所美也;鱼见之深入,鸟见之高飞,麋鹿见之决骤,四者孰知天下之正色哉?自我观之,仁义之端,是非之涂,樊然淆乱,吾恶能知其辩!"

接下来王倪举例说明标准不可知。王倪问:"人睡在潮湿的地方就会得腰腿痛或半身不遂的毛病,泥鳅也会这样吗?人待在树上就会战战兢兢,唯恐掉下来。猿猴是不是也这样呢?那么这三者谁的居住观是标准的呢?"

这里说到人呆在树上会害怕,我们有时也会做从高处掉落的梦,另外有些人恐高。所以人住在树上肯定不行,除非你的修行功夫特别好。唐代有个鸟窠禅师,住在树上,时任太守的白居易去见他,说你这样住在树上,不感到危险吗?你不害怕吗?鸟窠禅师说:我有什么危险,你比我危险多了,官场险恶,无常迅速,今天不知道明天,你哪一样不比我危险。白居易听后肃然起敬。鸟窠禅师的境界到了,才可以住在树上，一般人肯定不行。也不要相信房地产商的海景房广告，说什么面朝大海、春暖花开，住在潮湿的水边对健康不利。

接着王倪又说："人类喜欢吃肉，麋鹿爱吃草，蜈蚣喜欢吃小蛇，猫头鹰和乌鸦吃老鼠，那四者谁更懂得美食的标准呢？猵狙（猿类的一种）喜欢和雌猴作配偶，麋和鹿交配，泥鳅和鱼做伴。毛嫱丽姬是古代两个大美女，人们觉得她们很美，但是鸟见了她们高飞冲天，鱼见了她们沉入水底，麋鹿见了急速逃离，因为鸟、鱼、麋鹿都不觉得美女漂亮，反而觉得可怕。那么这四种动物谁的审美观是标准呢？"

据以上三种事例，王倪总结说："依我看来，仁义的开始，是非的路途，全是一片混乱，我哪能知道它们哪种可以作为标准，彼此又有什么区别呢？"

庄子讲这些，最后的目的还是批判各家学说，认为都是陷于相对的一家之言，大道无言不辩。

啮缺曰："子不知利害，则至人固不知利害乎？"王倪曰："至人神矣！大泽焚而不能热，河汉冱而不能寒，疾雷破山、飘风振海而不能惊。若然者，乘云气，骑日月，而游乎四海之外，死生无变于己，而况利害之端乎！"

啮缺接着问，你不关心厉害是非，那至人是不是也不关心呢？王倪说："至人神妙至极，原泽焚烧而不感到热，江河冰凝而不感到冷，疾雷破山而不受伤害，飘风振海而不受惊吓。像这样的人,驾着云气,骑着日月,而在四海之外遨游,生死的变化都对他没有影响,更不要说利害了!"

如果读过《坛经》,可知惠能说过"劫火烧海底,风鼓山相击"的话,有朝一日地球会燃烧,把海水都烧干,这是根据佛经的说法。现在我们根据科学知识知道这是真的,太阳有寿命,五十亿年后太阳会燃烧,那时火会向外扩张,烧到地球后会把一切都烧干。这个世界消失,然后又有新的世界产生,但境界很高的修道人不会受影响。

庄子这里引出一个"至人"的境界,"至人"在《庄子》文本中反复出现。《逍遥游》里说,"藐姑射之山,有神人居焉,肌肤若冰雪,绰约若处子,不食五谷,吸风饮露。乘云气,御飞龙。而游乎四海之外。其神凝,使物不疵疠而年谷熟。"这个神人就是至人,有时也叫圣人。至人超越生死,超越物我,没有是非,没有疆域,不拘对错,不重区别,那怎么会有利和害的概念呢?

(五)

瞿鹊子问乎长梧子曰:"吾闻诸夫子,圣人不从事于务,不就利,不违害,不喜求,不缘道,无谓有谓,有谓无谓,而游乎尘垢之外。夫子以为孟浪之言,而我以为妙道之行也。吾子以为奚若?"

这一节借两人对话继续讨论。

瞿鹊子和长梧子都是庄子虚构的人物。瞿鹊子问长梧子说："我听孔子说过，圣人不从事那些世俗的事情。不追求利益，不躲避危害，不热衷妄求，无心攀援大道，什么也没说却已经说了，说了等于没说，心灵遨游于红尘俗世之外。孔子认为这些都是不切实际的说法，而我却认为这是大道之行，您以为怎样？"

长梧子曰："是皇帝之所听荧也，而丘也何足以知之！且女亦大早计，见卵而求时夜，见弹而求鸮炙。

予尝为女妄言之，女以妄听之。奚旁日月，挟宇宙，为其脗合，置其滑涽，以隶相尊。众人役役，圣人愚芚，参万岁而一成纯。万物尽然，而以是相蕴。"

长梧子说："这是黄帝听了都迷惑的话，孔丘怎么能了解呢？但你也太操之过急，看到鸡蛋就想得到公鸡，见到弹丸就想烤鸮（一种飞禽）肉吃。"这是批评瞿鹊子一听到有些道理的话就认为是大道的体现，不免操之过急。

长梧子接着说："现在我姑且说说，你也姑且听听。圣人依傍日月，怀藏宇宙，与万物混同，接受各种不同的现象而不分别，把贵贱尊卑看作一样。""脗（wěn）合"即合为一体，"置其滑涽"即放任混乱不管。世俗之人迷惑于各种现象而劳逸不息，圣人愚钝，糅合古今各种现象进入无彼此是非之分的纯一之境。万物都有共同点，万物也可说互相蕴含。

这节进一步回答瞿鹊子之问,大道无利害之分,无违就之别,混万物而为一,而瞿鹊子所闻,听起来高妙,却还有语言和分别思维在。

"予恶乎知说生之非惑邪!予恶乎知恶死之非弱丧而不知归者邪!丽之姬,艾封人之子也。晋国之始得之也,涕泣沾襟。及其至于王所,与王同筐床,食刍豢,而后悔其泣也。予恶乎知夫死者不悔其始之蕲生乎?"

另外,我又怎么知道贪生不是一种迷惑呢?又怎么知道怕死不是从小流浪在外的人害怕回乡呢?丽姬是艾地守封疆人的女儿,当晋献公刚刚得到她的时候,她哭成了泪人。等到来到了晋王的宫殿,和晋王同睡在 kingsize 的大床上,同吃鱼肉,然后才觉得当初的哭泣是多么幼稚。我又怎么知道已死的人不会后悔当初贪生呢?"蕲(qí)"通"祈",求也。

庄子把生死看作一个自然的过程,《大宗师》说:"死生,命也;其有夜旦之常,天也",认为有生有死就像有白天黑夜一样自然。在《至乐》篇中的"鼓盆而歌"和"百岁髑髅"的寓言,说的都是这个意思。齐物的道理,说到最后一定会涉及到生死问题,生死是最大的对立,如果不能等同生死,那么前面混同彼此是非等就站不住了。佛教说学佛的目的是"了生死",也是相近的意味。所以庄子后面再举做梦的例子。

> "梦饮酒者，旦而哭泣；梦哭泣者，旦而田猎。方其梦也，不知其梦也。梦之中又占其梦焉，觉而后知其梦也。且有大觉而后知此其大梦也，而愚者自以为觉，窃窃然知之。君乎！牧乎！固哉！丘也与女皆梦也，予谓女梦亦梦也。是其言也，其名为吊诡。万世之后而一遇大圣知其解者，是旦暮遇之也。"

夜里做梦喝酒的人，白天醒来想到伤心事，常难过得哭泣；夜里梦到伤心事痛哭的人，白天高兴地去打猎了。在这些人做梦的时候，他们并不知道自己在做梦，有时梦中还在占卜另一个梦，醒来才知不过是一场梦。只有觉悟的人才知道人生就是一场梦。愚蠢的人却自以为醒着，一副很明白的样子。什么君上啊，臣子啊，实在太浅陋了。孔丘和你都是梦中人，我说你在做梦也是梦话。我说的这番话，可以称之为奇谈怪论。万世以后遇到一个理解这个道理的大圣人，也就像今天遇到的一样。

这一节通过梦和觉的交替，进一步说明分别生死和是非的虚妄。梦中人在梦中认为发生的事是真实的，等到醒过来才知道不过做了一个梦，那么又安知醒着的时候不是在另一个梦中呢？所以后人常说人生如梦。人间如梦、梦中说梦的寓言也广见于其它典籍，唐代白居易《读禅经》诗云："须知诸相皆非相，若住无余却有余。言下忘言一时了，梦中说梦两重虚。"人生如梦的主题还广泛影响到文艺作品,《南柯记》《邯郸梦》同时出现于小说和戏曲作品中,目的在于提醒人们参破功名的虚妄。

人世间的价值秩序,在庄子看来也是相对,统治阶级(君)和被统治阶级(牧)只是暂时现象,可惜后来的中国社会发展的路子忽视了庄子的提醒,逐渐形成了官本位文化。今天对照民主国家的官怕民,不知哪一个更像梦。因此长梧子认为不仅孔子和瞿鹊子在做梦,自己也在做梦,因为一切分别皆假。这话听起来奇诡,故称作"吊诡"。有人就用"吊诡"来翻译西方名词"悖论"。这里说很多年后能遇到一个觉者理解这些话,和今天遇到没什么区别了,是因为时间也是个假象。

读到这里,我们不难发现庄子的语言具有扑朔迷离、似是而非的特点。庄子借用这种语言来说明他的观点,又说他的语言为"吊诡",不可信。庄子告诉人们要"得意忘言、得鱼忘筌"。语言只是通向真理的桥梁,而不是真理本身。佛教尤其是禅宗也有这样的特点,所以后来禅宗能够流行,和道家的思想土壤有很大的关系。这种想法看似与西方现代哲学对语言的认识有所不同,其实未必然。比如现象学哲学家海德格尔曾经说"语言是存在之家",表面看对语言很重视,但他所说的语言,并非指具体的语言,也不是作为知识对象的语言,而是一种诗化语言,或者说艺术语言。这和庄子的"谬悠之说,荒唐之言"有异曲同工之妙。

"既使我与若辩矣,若胜我,我不若胜,若果是也? 我果非也邪? 我胜若,若不吾胜,我果是也?

而果非也邪？其或是也？其或非也邪？其俱是
也？其俱非也邪？我与若不能相知也。则人固受
其黮暗，吾谁使正之？使同乎若者正之，既与若同
矣，恶能正之？使同乎我者正之，既同乎我矣，恶
能正之？使异乎我与若者正之，既异乎我与若矣，
恶能正之？使同乎我与若者正之，既同乎我与若
矣，恶能正之？然则我与若与人俱不能相知也，而
待彼也邪？"

　　接下来进一步论述辩论的无价值。长梧子说：假如我
和你辩论，你胜了我，我没有胜你，真的代表真理在你这边
吗？如果辩论我胜了你，你没有胜我，就真的代表真理在你
那边吗？是我们两人中一人对一人错呢？还是两人都对，
两人都错呢？你我都不能互相理解，而人都有偏见，我们请
谁来评判呢？如果找一个和你观点相同的人来评判，他既
然已经同意你的观点，又怎么能做评判？如果请同意我观
点的人来评判，他已经同意我了，他怎么能能够做评判呢？
如果找一个和你我观点都不相同的人来做评判，既然他和
你我的观点不一样，又怎能评判你我的对错呢？如果让一
个既同意你又同意我的人来评判，他既然都同意，又怎么能
做评判呢？这样的话，你我他都不能做评判，那我们还需再
等谁来评判呢？

　　由此可见辩论解决不了谁对谁错的问题。现在高校的
辩论赛每年都搞得很热烈，如果作为一种演讲训练或思维
训练，当然可以，但与真理并不相干。

"化声之相待,若其不相待,和之以天倪,因之以曼衍,所以穷年也。何谓和之以天倪?曰:是不是,然不然。是若果是也,则是之异乎不是也亦无辩;然若果然也,则然之异乎不然也亦无辩。忘年忘义,振于无竟,故寓诸无竟。"

"化声"指各种辩论,它们变化不定,都是根据一定的条件(对待)而成,如果要超越对待,就要用自然的分际(天倪)来调和,顺应自然的变化而变化,这样就可享受自己的天年。什么叫用自然的分际来调和? 那就是说:"是"即"不是","然"即"不然"。"是"若真的就为"是",那就和"不是"有差别,辩论也就不需要了;"然"若真的与"不然"有差别,辩论也不需要了。这样就能忘掉年龄生死,忘掉是非义理,畅游于无穷之境,本身就体现着无穷。

"是不是,然不然"可以有两种理解,一种认为是就是不是,不是就是是。还有一种可以理解为把不是的当作是,把不然的当做然。两种理解都可以,都有混同合一的意思。庄子的概念非常多,这里又出现一个"无竟","无竟"是没有边际的无穷状态,时间空间均无穷。

罔两问景曰:"曩子行,今子止;曩子坐,今子起。何其无特操与?"景曰:"吾有待而然者邪? 吾所待又有待而然者邪? 吾待蛇蚹蜩翼邪? 恶识所以然? 恶识所以不然?"

"罔两"是影子的影子,"景"是影子,罔两问影子说,你刚刚在走路,现在停下来了,刚刚你坐着,现在你站起来了,你为什么没有一个固定的行为标准? 影子说:"我是因为有所依赖才这样的吗? 我所依赖的东西(比如人和动物等)又有所依赖才这样的吗? 我所依赖的东西难道就像蛇依赖于鳞皮和蝉依赖于翅膀吗? 我怎么会知道为什么这样,为什么不这样呢?"

这一节,通过罔两和影子的对话,说明一切事物的存在都是有条件的(有待),而有条件即是不自由。在《逍遥游》中,庄子曾讨论过有待逍遥和无待逍遥的问题。在庄子看来,从小鸟到大鹏,从人到仙(列子)都不自由,往往能力越大就越不自由。大鹏和小鸟比起来,它所依赖的风力更大,需要六月的台风才能起飞。人也一样,实力越强,所依赖的东西就越多,也就越不自由,一个单身打工者只要自己吃饱就可以了,而一个世界五百强企业的老总还得考虑企业怎么发展,员工福利如何提高等。即使这些都得以顺利解决,人生在世,还有名利得失放不下,还有是非美丑的观念存在,普通人受到一些批评,就会影响心态。人的是非观念、价值判断大部分和所受的教育相关,甚至人为什么会出现在这里而不是那里,其实并非只有自我决定,所以存在主义哲学家说,人是被偶然抛入世间的,即告诉你人不是完全自由的。况且个体的生命有限而天地无限,这也是一种对立。要从有待逍遥进入无待逍遥,庄子的说法是进入"无己、无名、无功"的至、圣、神状态。只有彻底摆脱了物我、是非、成败等对立的人,与天地万物为一体,"物物而不物于物",才能进入无待逍遥,进入自由之境。

"恶识所以然？恶识所以不然"两句，表达了某种不肯定"，一件事物的成立，到底有哪些条件决定呢？其实很难确知。依条件而起，用佛教的话来说叫"缘起"，"缘"就是条件。不管由何而起，只要合乎于自然就行了，不需要去说明。

昔者庄周梦为胡蝶，栩栩然胡蝶也。自喻适志与！不知周也。俄然觉，则蘧蘧然周也。不知周之梦为胡蝶与？胡蝶之梦为周与？周与胡蝶则必有分矣。此之谓物化。

最后这一段是著名的庄周梦蝶寓言。

以前庄周梦见自己变成了一只蝴蝶，翩翩然飞舞的一只蝴蝶，自己感觉非常快乐，根本不知道自己是庄周。突然醒来后，惊觉自己是庄周。不知是庄周做梦变成了蝴蝶呢？还是蝴蝶做梦变成了庄周。庄周和蝴蝶是一定有所区别的，这个就称之为"物化"。

庄子这里提到了"物化"的概念，这个"物化"和现代的"物化"观念不同，我们现在常说我们的社会是个越来越物化的社会，物化是说人变成了器物，人的价值以占有物质的多少来衡量，成功与否也以金钱来衡量。你有一千万，我就要有一个亿，这就是物化的社会。开名车，穿名牌也算是一种表现。美国哲学家马尔库塞所写的《单向度的人》批评的就是这种现象。但是庄子讲的物化，不是这个概念。庄子的物化指的是物与物隔阂的取消。在中国哲学中，不管儒释道哪一家,都有这种思想。或叫"万物一体",或叫"物我无间",也或叫"自他不二"。在一般观念中,庄周和蝴蝶是有区别的,庄周是庄周,蝴蝶就是蝴蝶,但在梦中蝴蝶和庄周的界限就打破了。

在中国文化中,万物相通的根据是气的关联,这方面庄子可谓代表。他说:"人之生,气之聚也:聚则为生,散则为死。若死生之徒,吾又何患,故万物为一也。……故曰:通天下一气耳。"(《知北游》)又说:"是故天地者,形之大者也;阴阳者,气之大者也,道者为之公。"(《则阳》)所以万物为一体也好,独与天地精神相往来也好,不仅在于道的一致性,还在于气的相关性。儒家也说"宇宙不曾限隔人,人自限隔宇宙"。因此人和万物的相通,在中国人看来是一种实然。这和西方古希腊哲学到德国古典哲学的人与世界二元对立的看法不同,也与近现代现象学家所谈的"主体间性"不同,"主体间性"是承认客体就其自身而言也是一种主体,比如观众欣赏舞蹈,并非单方面的静态观赏,舞蹈演员的动作无时不在影响着观众,舞蹈演员也是主体,两个主体之间有互动。但这和万物一体的观念仍有不同,所以本人并不赞同以西方现象学主体间性的观念来谈庄子和中国美学。

人和蝴蝶的物化,也代表着生死、是非,美丑等一切对立的消解。而当一切对立消解的时候,人就不再是一个有限的人,因而获得了心灵的自由。在这方面,陈鼓应有一段话比较有意思,这里引用一下:

　　"人与外界是否能融和交感？其间是否有必然的关系存在着？这是哲学上的一个老问题。如以认知的态度来研究,这在认识论上,西洋历代有不少哲学家都持着相反的见解。……

这问题到了庄子手上,便转了方向,他不从认知的立场去追问,却以美感的态度去观赏。在观赏时,发出深远的同情,将自我的情意投射进去,以与外物相互会通交感,而入于凝神的境界之中,物我的界限便会消解而融和,然后浑然成一体。这全是以美学的感受来体会,决不能以科学的分析来理解。"(《庄子浅说》)

这样从美感的态度去理解,当然不失为一种较好的角度,但我们也应该看到,庄子的自由义不仅仅局限于美感的理解,在蝴蝶梦中,庄子借用翩翩起舞的蝴蝶,象征人和世界万物皆具有自由的精神,这正是人和蝴蝶可以互化的依据。

陈鼓应还以《蝴蝶梦》和卡夫卡的小说《变形记》等作比较,认为卡夫卡的寓言代表了现代人所承受的时间压缩感、空间囚禁感、与外界的疏离感,以及现实生活的逼迫感。这一点正和《蝴蝶梦》所代表人与自然的和谐交融相区别。笔者年轻时以为卡夫卡《变形记》一类的让人读了内心压抑的寓言,是西方资本主义的产物,但后来知道在中国也有表现。如果读过莫言的小说,就会发现很多都是寓言,生活中或许并不存在,但却曲折地反映了某种丑陋的现实。莫言的阅读体验并不愉悦,如《檀香刑》容易让人联想到国民的冷漠,统治者的残暴,以及底层民众互害的现状和心理,《粮食》则让人面对特殊年代展现的丑陋人性。莫言小说具有深刻的社会意义,他本人也因此得了诺奖。但这类作品的出现,对于一个社会来说是幸或还是不幸,令人深思。顺便说一下,如果具有较单纯美感的读者,不建议读莫言,容易引发无意识中的恐怖记忆,不如好好读读《庄子》,从而感受人性自由的那种美好。

另外,庄子强调人的自由的主体精神和万物的平等性,这和现代社会提倡的自由和平等理念虽不完全相同,然而庄子思想却先天蕴含着后者的这种可能性,从可能性到实现的距离并非遥不可及,完全可以进行创造性转化。

参考文献:

【宋】吕惠卿《庄子义》集校,中华书局,2009 年版。

【清】王夫之《庄子解》,中华书局,1964 年版。

【清】王先谦《庄子集解》,三秦出版社,2005 年版。

【清】郭庆藩《庄子集释》,中华书局,1961 年版。

劳思光《新编中国哲学史》,生活·读书·新知三联书店,2015 年版。

徐复光《中国艺术精神》,华东师范大学出版社。2004 年版。

陈鼓应《庄子今注今译》,中华书局,1983 年版。

陈鼓应《庄子浅说》,生活·读书·新知三联书店,1998 年版。

方勇 刘涛《庄子译注》,上海古籍出版社,2019 年版。

第五篇　游鱼之乐

《庄子·秋水》精义阐微

概　　说

　　《秋水》是《庄子》外篇中的名篇,影响很大。王夫之说:"此篇因《逍遥游》《齐物论》而衍之,推言天地万物初无定质,无定情,扩其识量而会通之,则皆无可据,而不足于撄吾心之宁矣。"(《庄子解》)王夫之认为这篇的思想是《逍遥游》和《齐物论》思想的扩展,主要也是探讨"物"的属性,破除事物间对立和不变的观念。陈鼓应先生认为《秋水》篇的主题思想是讨论价值判断的无穷相对性。这些看法都是《秋水》篇的应有之义。

　　因《秋水》篇之深义在《齐物论》中已有所阐述,理解相对简单,又本篇多举寓言来发挥,整篇文章一气呵成,有"气蒸云梦,波撼岳阳之势"(刘凤苞《南华雪心编》),故笔者对本篇的解读采用意译加点评的方式,避免串讲过多而影响文义之贯通。

（一）

秋水时至，百川灌河；泾流之大，两涘渚崖之间，不辩牛马。于是焉河伯欣然自喜，以天下之美为尽在己。顺流而东行，至于北海，东面而视，不见水端。于是焉河伯始旋其面目，望洋向若而叹曰："野语有之曰：'闻道百，以为莫己若者。'我之谓也。且夫我尝闻少仲尼之闻，而轻伯夷之义者，始吾弗信，今我睹子之难穷也，吾非至于子之门则殆矣。吾长见笑于大方之家。"

秋水按着时节到来了，所有的小河都汇入黄河，黄河水量暴涨，水面显得非常宽阔，两岸及河中水洲之间，连牛马都分不清楚了。于是河伯（黄河之神）非常高兴，以为自己集中了天下所有的美好。他顺流往东而行，一直到了北海界面，抬眼东望，看不到水的边际。这个时候河伯才改变了自得的神情，望着大海向海神若叹息说："俗话说，'听到的道理多了，就以为别人都比不上自己。'这句话说的就是我啊！以前我曾听说有人看不上孔子的学问，轻视伯夷的道义，过去我不信，今天我看见了你大海的无穷无尽，我若是没有经过你家门口就糟了，我一定会被懂得大道理的人耻笑。"

这一段里有些句子后来变成了成语，经常被人引用，如

"望洋兴叹"、"贻笑大方"等,而本段对话揭示的主旨是"见识越少的人越觉得自己了不起",为后面展开讨论做铺垫。河伯虽然因受到空间的限制而见识有限,但能够及时认识到自身的问题,并及时纠错,虚心学习,因此是可以学道之人。这和一些固执己见、一条道走到黑的人有着天壤之别。

北海若曰:"井鼃不可以语于海者,拘于虚也;夏虫不可以语于冰者,笃于时也;曲士不可以语于道者,束于教也。今尔出于崖涘,观于大海,乃知尔丑,尔将可与语大理矣。天下之水,莫大于海。万川归之,不知何时止而不盈;尾闾泄之,不知何时已而不虚;春秋不变,水旱不知。此其过江河之流,不可为量数。而吾未尝以此自多者,自以比形于天地,而受气于阴阳,吾在天地之间,犹小石小木之在大山也。方存乎见少,又奚以自多!计四海之在天地之间也,不似礨空之在大泽乎?计中国之在海内,不似稊米之在大仓乎?号物之数谓之万,人处一焉;人卒九州,谷食之所生,舟车之所通,人处一焉。此其比万物也,不似豪末之在于马体乎?五帝之所连,三王之所争,仁人之所忧,任士之所劳,尽此矣!伯夷辞之以为名,仲尼语之以为博。此其自多也,不似尔向之自多于水乎?"

北海之神若说:"没法和井蛙("鼃"通"蛙")讨论大海,

是因为它受到环境的限制；没法和夏虫讨论冰块，是因为它受到时间的局限；不可以和乡下的书生谈论大道，是因为他受到教育的束缚。现在你从河岸边走出来，看到了大海，才知道自己的渺小，故而可以和你一起讨论大道。天下的水，没有比海更多的了，众多的河流归向这里，不知道何时停止而海水并不满溢；海水从尾闾（泄海水之所）排泄出去，不知道何时停止而不会枯竭。无论春天还是秋天，对大海都没有影响，无论是水涝还是旱灾，大海都不会有感觉。大海超过江河的水量，是无法统计的。而我并没有因此自我夸耀，是因为我寄托在天地之间，形体由阴阳之气而产生，我在天地之间的位置，就像小石小木在大山上一样。度量四海在天地之间，不就像蚁穴在大泽里一样吗？度量中国在四海之内，不就像小米在大仓中吗？物类的名称有万种，人不过是其中之一；人类生活于九州，在粮食生长的地方，在车船可通行的地方，而这些只是大地的一部分。人和万物相比，不就像一根毛在马的身上一样吗？五帝所禅让的，三王所争夺的，仁人所担忧的，能者所操劳的，也不就是这样吗？伯夷通过辞让来获取名声，孔子通过谈论来显示博学，他们自以为了不起，不就像你刚才认为你的水很多一样吗？"礨（lěi）空：蚁穴

以上两段内容，是河伯和海若的第一次对话。海若以大破小，阐明智慧浅、见识少的人不可能理解高深的道理，因为这超出了他们的认识能力。但善于学习的人，可以通过反思和类比等手段逐渐提高认识能力。庄子也顺带批评了对仁义的推崇。这段中的"井蛙语海""夏虫语冰"等成语，经常为后人所引用。

河伯曰:"然则吾大天地而小豪末,可乎?"

北海若曰"否。夫物,量无穷,时无止,分无常,终始无故。是故大知观于远近,故小而不寡,大而不多,知量无穷。证向今故,故遥而不闷,掇而不跂,知时无止。察乎盈虚,故得而不喜,失而不忧:知分之无常也。明乎坦涂,故生而不说,死而不祸:知终始之不可故也。计人之所知,不若其所不知;其生之时,不若未生之时;以其至小,求穷其至大之域,是故迷乱而不能自得也。由此观之,又何以知毫末之足以定至细之倪,又何以知天地之足以穷至大之域!"

河伯说:"那么我以天地为大,以毫毛为小,可以吗?"

北海若说:"不可以。事物的数量无穷,时间没有止境,得与失并非一成不变,开始和终止也并不固定。所以有大智慧的人既看远又看近,小的不代表少,大的不代表多,知道事物的数量不可穷尽。因为能够明白古今变化的道理,故对于遥远的过去和未来情况并不苦闷,对于眼前的一切也不生贪慕之心,这是由于知道时间是流动的。大智慧者了解盈亏的道理,所以得到并不感到欣喜,失去并不感到忧伤,因为知道得失不是一定的。明白了有生有死是人类发展的规律,所以活着并不特别高兴,死亡也不以为是灾祸,因为时间的终始是不可穷尽的。考察人所知道的,远少于所不知道的;人存在于世的时间,少于不存在的时间;以有限的智慧去追求无限的知识,必定会茫然无所得。由此观察，又怎么能知道毫毛是最小的事物，又怎么能认定天地是最大的领域呢？"掇（duō），指眼前的事物。

这一段主要有几层意思，首先大小是相对的，并不绝对，大物和更大物比较，它就是小；小物和更小物相比，就是大物；其次人是有限的存在，其认识能力也有限，并不能确定何为最大，何为最小；第三，万物处于无穷的时空和变化之中，所以每一事物本身都是完美自足的，并不需要强作大小之别。本段在于破除河伯以大小为固定的对立双方而褒大贬小的观点。

河伯曰："世之议者皆曰：'至精无形，至大不可围。'是信情乎？"

北海若曰："夫自细视大者不尽，自大视细者不明。夫精，小之微也；垺，大之殷也：故异便，此势之有也。夫精粗者，期于有形者也；无形者，数之所不能分也；不可围者，数之所不能穷也。可以言论者，物之粗也；可以意致者，物之精也；言之所不能论，意之所不能察致者，不期精粗焉。"

河伯说："世界上的议论者都说，最精细的东西是没有形体的，最粗大的东西是没法测量的，这是真的情况吗？"
北海若说："从小的角度去看大的事物是看不完整的，从大的角度去看小的事物是看不清楚的。精，代表小中之小，垺（fú），代表大中之大。大小各有各的方便之处，这是形势的必然。所谓精细和粗大，是针对有形的事物来说的；

而无形的极微，是数字不能表现的；不可测量的大物，是数字不能穷尽的。可以用语言描述的，是事物的粗浅方面，可以用思维理解的，是事物的精细方面。至于语言所不能论述的，思维所不能理解的，是不能用精粗去定义的东西。"

这段话中的精粗之物是指有形的事物和可以用认识表达的现象，"不期精粗"者，指的是超越于形态、无法用语言思维直接把握的道。这是海若破斥河伯认为一切现象皆可用精粗小大来分别的观念。大道既不属精，也不属粗，无所不在，不期精粗。

"是故大人之行，不出乎害人，不多仁恩；动不为利，不贱门隶；货财弗争，不多辞让；事焉不借人，不多食乎力；不贱贪污，行殊乎俗；不多辟异，为在从众；不贱佞谄，世之爵禄不足以为劝，戮耻不足以为辱；知是非之不可为分，细大之不可为倪。闻曰：'道人不闻，至德不得，大人无己。'约分之至也。"

"所以大人的行为，不会做害人的事情，也不多行仁爱；做事不是为了利益，也不看轻守门人；不会争夺财富，也不矫情推让应该得到的东西；做事不多求人，也不会为了食物过于劳碌；并非出于厌恶贪婪污下，才表现出行为与世俗不同；行为即使和别人一样，但并非因为从众。也并非因讨厌谗佞谄曲而显得正直，世间的爵位富贵对他不构成激励，世间的刑戮羞耻对他也不构成侮辱。因为大人知道是非并无定分,小大没有定论。我听到过这样的话:'得道的人不求闻达,至德的人不求有得,大人排除自我执着而与万物为一。'这就是强调恰如其分的意思。"

这一段提到大人的行为就是所谓的"行乎其所当行,止乎其当止",因而超越对立观念。"害人"是恶,"仁恩"是善,然而大人两者都不取,只是顺其自然。大人既不逐利,也不轻视逐利者;既不过分借助他力,也不过分运用己力;既不求同,也不求异;既不喜欢功名,也不厌恶耻辱。一切是出乎自然,安于本分。"大人"是庄子设立的又一个完美概念,近于"至人"。此段进一步说明大道超越矛盾对立的理念。

以上两段是二者的第三次对话。

河伯曰:"若物之外,若物之内,恶至而倪贵贱? 恶至而倪小大?"

北海若曰:"以道观之,物无贵贱;以物观之,自贵而相贱;以俗观之,贵贱不在己。以差观之,因其所大而大之,则万物莫不大;因其所小而小之,则万物莫不小。知天地之为稊米也,知毫末之为丘山也,则差数睹矣。以功观之,因其所有而有之,则万物莫不有;因其所无而无之,则万物莫不无。知东西之相反而不可以相无,则功分定矣。以趣观之,因其所然而然之,则万物莫不然;因其所非而非之,则万物莫不非。知尧、桀之自然而相非,则趣操睹矣。"

　　这时河伯听说是非小大之不可分的道理，仍有疑问，就接着问："那么在物的外部，在物的内部，怎样来区别贵贱，怎样来区分小大呢？""倪"，端倪，有区别之义。

　　北海若回答说："从道的角度看，事物没有贵贱之分；从物自身的角度来看，事物都自以为贵而互相轻视；从世俗的角度看，贵贱不在于自己，而在于别人的评价。从差序的角度来看，顺着事物大的一面来看，比如观毫毛和微尘，则所有事物都是大的；顺着小的一面来看，比如观大山和天地，则很多事物都是小的。理解了天地犹如一粒小米（则天地之于太虚，犹谓稊米也。吕惠卿《庄子义》），理解了毫毛犹如一座山丘的道理，那么就可以理解事物的差数是怎么回事了。从功用来看，顺着万物有用的一面来看，则万物都是有用的；顺着万物无用的一面看（比如木材不能当饭吃），则万物都是没用的。理解了"东"和"西"方向相反但缺一不可，那么就可以确定万物的功用和名分了。以取向来看，顺着万物对的一面去肯定它，那么万物都值得肯定；顺着万物错的一面去否定它，那万物都应该被否定。知道了尧和桀互相非议的原因，则取向和操守（趋操）的道理就懂了。"

　　本段认为人和事物都有对立双方，从相对角度来说，对立双方各有其存在的合理性，对立双方又相辅相成，而道本身是一绝对，不会执着于任何一方，偏重哪一方要因顺自然，蜜蜂总是对着花香飞，而不会区别东方还是西方，也即《齐物论》"休乎天钧"的意思。这样既说明了道无所谓贵贱大小，也破除了河伯强分内外的执着。

"昔者尧、舜让而帝，之、哙让而绝；汤、武争而

王,白公争而灭。由此观之,争让之礼,尧、桀之行,贵贱有时,未可以为常也。梁丽可以冲城而不可以窒穴,言殊器也;骐骥骅骝一日而驰千里,捕鼠不如狸狌,言殊技也;鸱鸺夜撮蚤,察毫末,昼出瞋目而不见丘山,言殊性也。故曰:盖师是而无非,师治而无乱乎?是未明天地之理,万物之情也。是犹师天而无地,师阴而无阳,其不可行明矣!然且语而不舍,非愚则诬也!

帝王殊禅,三代殊继。差其时,逆其俗者,谓之篡夫;当其时,顺其俗者,谓之义之徒。默默乎河伯,女恶知贵贱之门,小大之家!"

海若继续举例说:"过去尧舜通过禅让而延续帝位,燕王哙和燕相子之却因禅让而亡国;商汤和周武王因争夺而称王,楚国白公胜因争夺而灭亡。这样看来,争夺或禅让的做法,尧和桀的不同的行为,哪个更加有效是由时代环境决定的,不可一概而论。栋梁可以用来攻打城池,却不可以用来塞小洞。这是器具的用途不同;良马一日奔驰千里,捕鼠不如猫和黄鼠狼,这是由于技能不同;猫头鹰在夜间能捕跳蚤,明察秋毫,白天出来瞪着眼睛看不清山丘,这是由于天性不一样。曾经有人说,'何不效法对的而抛弃错的,效法治理而抛弃动乱?'这种说法是不明白天地的道理和万物的实际。这就好比只效法天而不效法地,只取法阴而不取法阳,这样显然是行不通的。但有些人还是把这种话说个不停,那样的人不是愚就是妄。帝王的禅让各不相同,三代的传承也不一样。不符合时代，违背世俗的，就被认为是篡夺之人，顺应时代，符合世俗的，就被认为是高尚的人。河伯啊，你还是保持沉默吧，你哪里知道贵贱的门径，小大的道理呢？"鸱鸺（chī xiū），即猫头鹰。

　　这两段通过器具之不同、技术之不同、天性之不同以及时代环境之不同，说明体道之人不可固执一端，道本身并无贵贱大小（重要或不重要）之分，但又可体现于贵贱大小之中，关键是适应时代（时）、环境（俗）与特性（殊）。在《周易》中，这种原则被称之为"与时偕行"，所谓"时止则止，时行则行，其道光明"。王夫之说："观之者因乎时，而不知成心以为师，则物论可齐，而小大各得其逍遥矣。"（《庄子解》）这一思想在今天仍有指导意义，各级管理者治理社会，要顺应时代潮流和世界大势，不可执一不化。

（二）

　　河伯曰："然则我何为乎？何不为乎？吾辞受趣舍，吾终奈何？"

　　北海若曰："以道观之，何贵何贱，是谓反衍；无拘而志，与道大蹇。何少何多，是谓谢施；无一而行，与道参差。严乎若国之有君，其无私德；繇繇乎若祭之有社，其无私福；泛泛乎其若四方之无穷，其无所畛域。兼怀万物，其孰承翼？是谓无方。万物一齐，孰短孰长？道无终始，物有死生，不恃其成。一虚一满，不位乎其形。年不可举，时不可止。消息盈虚，终则有始。是所以语大义之方，论万物之理也。物之生也，若骤若驰。无动而不变，无时而不移。何为乎，何不为乎？夫固将自化。"

　　河伯问："那么我应该做什么，应该不做什么？我应该怎样辞让受纳、进取退舍呢？"

　　北海若说："从道的角度来看。无所谓贵贱，贵贱是互相转化的；不要拘束你的心志，而与道相违背。也无所谓少和多，少和多是转换变化的；不要拘泥一个方面而不知变化，这和大道不合拍。行为要严正得像一国之君，对任何人没有偏私；坦然如被祭祀的社神，对谁也没有偏私的赐福；广大如四方的无穷，没有各种界限。泛爱万物，又有谁受到了特殊的照顾？这就叫做没有偏向。万物是齐一的，适性自足，哪有什么短长？道并没有开始和结束，而万物却有死有生，不能以一时的成就为恒常。万物时而空虚，时而充实，并没有固定的形态。年月不可挽留，时光不会停止（成玄英疏曰：阴消阳息，夏盈冬虚，气序循环，终而复始。）这谈说的就是大道之法和万物之理。事物的生长，犹如快马奔驰，每一个动作都在变化之中，每一个瞬间都在移动。光阴如流，何足介怀。应该做什么，或者不应该做什么？事物自有其变化的规律。"谢施（yì），指转化发展。繇繇，悠然自得的样子。

　　本段中河伯的提问，反映出他虽接受了海若的教诲，但还未能完全理解，因此不知道怎样付之于实践。

　　而海若的回答中，包含着几层意思。首先，因为道超越于相对，因而内心不能拘泥于一偏，而要有一种自由开放的平等心态；其次就具体事物而言，贵贱、多少、短长、死生、终始是存在的，但又处于不断的变化之中，智者的行为方式，就是任运逍遥，与时消息，随顺自然规律的变化而变化。

　　这一段庄子提到时间"年不可举，时不可止"，郭象注曰："欲举之令去而不能""欲止之使停又不可。"意为既不能阻止时间的到来，又不能留住时间令其不消失。东晋僧肇《物不迁论》讨论时间云："是以言去不必去，闲人之常想；称住不必住，释人之所谓往耳。岂曰去而可遣，住而可留耶？"认为佛经说的时间流逝，并非真的流逝，而是为了防止人们产生时间真实存在的"常见"；说时间驻留并非真的驻留，而是为了破除人们认为事物永恒静止的"断见"。这虽和庄子的时间观有所不同，但庄子的思想资源却为佛教进入中国做了思想铺垫。

　　河伯曰："然则何贵于道邪？"

　　北海若曰："知道者必达于理，达于理者必明于权，明于权者不以物害己。至德者，火弗能热，水弗能溺，寒暑弗能害，禽兽弗能贼。非谓其薄也，言察乎安危，宁于祸福，谨于去就，莫之能害也。故曰：天在内，人在外，德在乎天。知乎人之行，本乎天，位乎得，蹢躅而屈伸，反要而

语极。"

河伯说："那么道有什么可贵的呢？"

北海若回答说："了解道的人必定通达事理，通达事理的人必定明了应变，明了应变的人不会让外物伤害自己。具有最高修养的人，火不能烧到他，水不能淹没他，寒冷炎热不能损害他，禽兽不能侵犯他。这并非说他有能力进入这些危险境地而无损，而是说他能够预知安危，又坦然接受所处的祸福处境，谨慎地处置进退的行为，这样（在物理上和心理上）就没有东西能损害他。所以说天然是内在的本性，人为是外在的应变，最高修养是顺乎自然。要知道人的行为，本于自然，性分自足，因而要时进时退，时曲时伸，应接万物，皆不离根本，其所言也符合大道。"蹢躅，同踯躅；要，枢要、根本。

在这段对话中，河伯认为道既然超越于相对，无大无小，无可无不可，这样就无为而非道，怎么做都可以，那强调道还有什么意义呢？而海若以为道是有其规定性的，即是顺乎自然。世上万事万物，顺乎自然才能找到最恰当的应对方法，如果明知道水火无情、禽兽危险，还去靠近，那就违反了自然。人需要预判吉凶祸福，谨慎应对，万一遭遇不可避免的麻烦，则及时调整心态，这样才符合大道。而以不变应万变，恰恰是不符合道的。这里破除了对齐物的误解，齐物并不意味着任何事物没有差别，也并不意味着应对任何事物都躺平不选择。

在生活中，我们也会遇到这种情况，比如强调城市的静态美并无不可，但在人民足不能出户的非常时期，有些学者去强调城市寂静的美，别人就会问你有几个意思了。

曰："何谓天？何谓人？"

北海若曰："牛马四足，是谓天；落马首，穿牛鼻，是谓人。故曰：'无以人灭天，无以故灭命，无以得殉名。谨守而勿失，是谓反其真。'"

河伯又追问说："那么什么是天然？什么是人为？"

北海若回答说："牛马生来有四只脚，这叫做天然；用辔头套在马首，用绳索穿过牛鼻，这叫做人为。不要用人为毁灭天然，不要用技巧毁坏天性，不要因贪得而追求名声，谨守这些道理而不违背，这就叫回复到天然的本性。"

这一段对话，前面几句直接说明天然人为之分别，牛马生来有四只脚，而鸡鸭只有两只脚，这就是天然。进一步说，牛的力气大，马的速度快，这也是不同的天性所致，是天然，但人类因为牛马力大和善跑的天性，给马戴上辔头供骑行，给牛穿上绳索以犁地，那就是人为了。在这里，值得注意的是郭象的注，"人之生也，可不服牛乘马乎？服牛乘马，可不穿络之乎？牛马不辞穿络者，天命之故当也。苟当乎天命，则虽寄之人事，而本在乎天也。"（《庄子注》）郭象这段解释，从人类中心主义的角度出发，认为给牛马穿绳戴络正是将牛马的天性发挥出来，这并不符合庄子的原意，其实已接近于儒家思想，代表着魏晋新道家的一种综合。王夫之对这一段解释说："天者自然之化，人者因功、趣、差等而达权者也。既已为人，而不得不人；络马穿牛，不容已则不已之,无不可为也。然不以马之宜络,遂络其牛;牛之须穿,并穿其马;则虽人而不灭天。"(《庄子解》)也就是说,给牛鼻穿绳子,给马首戴辔头是人的需要,虽然出于人的需要,但也是符合牛马的天性的,这就是前面所说的应变。但如果给牛首带上辔头,给马鼻子穿上绳索,则违背了牛马的天性,就是彻底的人为了。这样的解释虽也不完全符合庄子的本义。但强调一物有一物的用处,彼此的功用不同,应该找到事物的本质特征加以运用,毕竟比不顾事物的本性强加利用为好。如果从究竟意义看,牛和马在野生状态下,可以算是真正的自然,而人类社会早期物质力量不够,于是驯服牛马为人所用,这是一种权变,但也要符合动物的本性,而不能说牛马天生就是为人所用的。

这一段后面几句话,强调要分清天然和人为,不要因为追求人为而迷失了天然。

到这里,河伯和北海若已经七问七答,将庄子的道论全面展开。后面庄子进一步用数个寓言故事说明这些思想。

夔怜蚿,蚿怜蛇,蛇怜风,风怜目,目怜心。

夔谓蚿曰:"吾以一足趻踔而行,予无如矣。今子之使万足,独奈何?"

蚿曰:"不然。子不见夫唾者乎?喷则大者如珠,小者如雾,杂而下者不可胜数也。今予动吾天机,而不知其所以然。"

蚿谓蛇曰:"吾以众足行,而不及子之无足,何也?"

蛇曰："夫天机之所动，何可易邪？吾安用足哉！"

蛇谓风曰："予动吾脊胁而行，则有似也。今子蓬蓬然起于北海，蓬蓬然入于南海，而似无有，何也？"

风曰："然，予蓬蓬然起于北海而入于南海也，然而指我则胜我，鰌我亦胜我。虽然，夫折大木，蜚大屋者，唯我能也。故以众小不胜为大胜也。为大胜者，唯圣人能之。"

独足兽夔羡慕多脚虫蚿，蚿羡慕蛇，蛇羡慕风，风羡慕目，目羡慕心。

夔对蚿说："我用一只脚跳跃着行走，没有比我更方便的了，但你用那么多的脚配合着行走，你是怎么做到的呢？"趻踔（chěn chuō），跳跃。

蚿说："你说得不对，你见过吐唾沫的人吗，吐出的唾沫大者像珠，小的像雾，散杂着落下，不可胜数，这并不是那个人故意要制造这个效果。现在我用百足行走，也只是顺其自然而已，我并不知道为什么会这样。"

蚿对蛇说："我用多脚行走，还不如你无脚行走速度快，为什么呢？"

蛇说："这是天机自然发动，不可更改，我哪里用得着脚？"

蛇对风说："我运动我的腰背行走，还是有形的，现在你呼呼地从北海刮起，一直刮到南海，而好像没有形象，这是为什么呢?"

风说:"是的,我呼呼地从北海产生,一直刮到南海,然而人们用手指来指我,我却吹不动它,用脚踢我,我也没办法撼动它。但是,吹折大树,吹飞大屋(蜚大屋),却只有我能够做到。所以我虽在许多小的方面不能胜利,但却能取得大的胜利。真正完成大的胜利,只有圣人能够做到。"

以上这个寓言以具体事例来说明之前的观点。夔、蚿、蛇等,都不在乎自己所拥有的,而羡慕别人所拥有的;他们看到自己的是短处,看到他人的却是长处,不知道天机自然,适性自足的道理,因而处在无穷追求的不觉悟状态。只有风能够看到事物的两面,有长必有短,有强必有弱,但在不同情况下依然有小大之分别。唯有圣人,能知道绝对和相对的道理,也就无胜无不胜了。

在这个对话中,庄子提到风羡慕目,目羡慕心,因为目不动而见,心不见而知,都是同样的道理。

孔子游于匡,宋人围之数匝,而弦歌不辍。

子路入见,曰:"何夫子之娱也?"

孔子曰:"来,吾语女。我讳穷久矣,而不免,命也;求通久矣,而不得,时也。当尧舜而天下无穷人,非知得也;当桀纣而天下无通人,非知失也;时势适然。夫水行不避蛟龙者,渔父之勇也;陆行不避兕虎者,猎夫之勇也;白刃交于前,视死若生者,烈士之勇也;知穷之有命,知通之有时,临大难而不惧者,圣人之勇也。由,处矣! 吾命有所

制矣！"

　　无几何，将甲者进，辞曰："以为阳虎也，故围之；今非也，请辞而退。"

　　孔子周游到匡，卫国人（"宋"为"卫"之误）把他重重包围，但孔子还是每天弹琴唱歌。

　　子路进见孔子，说："您为何如此快乐？"

　　孔子说："来，我告诉你。我忌讳困穷也很长时间了，但改变不了，这就是命运啊！我希望能够通达也有很长时间了，但得不到，这就是时代啊！当尧舜的时候，天下没有困穷的人，不是因为人们的智商高；当桀纣的时候，天下没有通达的人，并非那时的人智慧不够；其实都是时势的缘故。在水里劳作而不躲避蛟龙，是渔父的勇敢；在陆地行走而不躲避犀牛老虎，是猎人的勇敢；明晃晃的刀子架在眼前而毫不畏惧，视死如生，是烈士的勇敢。了解困穷是因为命运，通达是因为时势，碰到大难而不畏惧，这是圣人的勇敢。仲由啊，你去休息吧，我的命运是受到限制的。"

　　过了不多久，有个带兵的军官进来辞谢说："我们把你当做阳虎了（阳虎曾迫害匡人），所以包围你，现在知道搞错了，请原谅，我们撤了。"

　　此段借用孔子故事，来说明穷通寿夭皆有天命，安时知命，则可以无往而不逍遥。当然这里的孔子，仍然是带有道家色彩的孔子。

（三）

公孙龙问于魏牟曰："龙少学先王之道，长而明仁义之行；合同异，离坚白；然不然，可不可；困百家之知，穷众口之辩；吾自以为至达已。今吾闻庄子之言，汒焉异之。不知论之不及与？知之弗若与？今吾无所开吾喙，敢问其方。"

公孙龙问魏牟说："我年轻时学习先王的教导，长大后明白仁义的行为；能够把事物的同和异的道理讲清楚，能够把一个物体的颜色和硬度区分开来，能够把不对的说成对，把不可以说成可以；于是困倒百家的智慧，屈服所有的辩论；我自以为是最通达的人。现在我听了庄子的话，感到茫然不解。不知道是我的辩论比不上他呢？还是智慧比不上他？总之我在他面前开不了口，请问其中原因"。喙，鸟的嘴，这里指人的嘴巴。

这一段写公孙龙自认为才能比不上庄子，面对庄子的议论无法开口，却不知是什么原因，所讲未必是历史的真实。《庄子》一书，虽然处处阐明自己的思想，但一个重要目的是批判各家观点，公孙龙所代表的名家思想也在其中。公孙龙的主要思想是"坚白论"和"白马非马说"。"坚白论"认为一块石头从视觉上只能看石头和颜色（白），从触觉上只能摸到石头和感觉到硬度（坚），因此坚和白不能同时存在。"白马非马"可以有多重理解，比如具体和抽象、类和属之不同等等。"合同异"一般认为是名家惠子的观点，惠子以为一切事物的同异关系可以区分为"小同异"、"大同异"和"毕同毕异"三种。

公子牟隐机大息，仰天而笑曰："子独不闻夫埳井之蛙乎？谓东海之鳖曰：'吾乐与！出跳梁乎井干之上，入休乎缺甃之崖；赴水则接腋持颐，蹶泥则没足灭跗。还虷蟹与科斗，莫吾能若也。且夫擅一壑之水，而跨跱埳井之乐，此亦至矣。夫子奚不时来入观乎？'东海之鳖左足未入，而右膝已絷矣。于是逡巡而却，告之海曰：'夫千里之远，不足以举其大；千仞之高，不足以极其深。禹之时，十年九潦，而水弗为加益；汤之时，八年七旱，而崖不为加损。夫不为顷久推移，不以多少进退者，此亦东海之大乐也。'于是埳井之蛙闻之，适适然惊，规规然自失也。"

魏牟听了，靠着桌子长叹一声，仰天大笑说："你没有听说过浅井里蛤蟆的故事吗？蛤蟆对东海的鳖说：'我快乐啊！我从井里出来，在井栏上跳跃，回去可以在井壁的破砖上休息。跳到水里，水就托着我的两腋和两腮；踏进泥中，泥就淹没了我的脚背（跗 fú）。回看井里的赤虫（虷 hán）、螃蟹与蝌蚪，没有一个比得上我。况且我独占一坑之水，盘踞一座浅井，这也是快乐的极致了吧。你为什么不经常进来看看呢?'东海的大鳖左脚还未跨入,右脚已被井栏绊住,只能慢慢地退却,并告诉蛤蟆关于东海的知识:'千里的广大,不足以形容东海之大;千仞的高度,不足以测量东海之深。大禹的时代,十年有九年发生水灾,但东海的水并不增加;商汤的时代,八年有七年发生旱灾,可是海岸线并不降低。能够不随时间推移而改变,不因水量多少而有增减,这就是东海的大快乐啊!'浅井的蛤蟆听了,惊慌失措,怅然自失。"

　　"且夫知不知是非之竟,而犹欲观于庄子之言,是犹使蚊负山,商蚷驰河也,必不胜任矣。且夫知不知论极妙之言而自适一时之利者,是非埳井之蛙与?且彼方跐黄泉而登大皇,无南无北,奭然四解,沦于不测;无东无西,始于玄冥,反于大通。子乃规规然而求之以察,索之以辩,是直用管窥天,用锥指地也,不亦小乎?子往矣!且子独不闻夫寿陵余子之学于邯郸与?未得国能,又失其故行矣,直匍匐而归耳。今子不去,将忘子之故,失子之业。"

　　公孙龙口呿而不合,舌举而不下,乃逸而走。

　　"而且你的智慧不能够了解是非相对的究竟,就想考察庄子言论的内涵,那就像让蚊子背负大山,让马鲅虫(商蚷)渡河一样,一定不能胜任。何况你的才智不足以讨论精妙的言论,而总在追求一时的利益,岂不也是一只浅井之蛙吗？庄子的思想,下入黄泉,上达天空,没有南北之分,四面八方都通达,进入了深不可测的境地;非东非西,起始于玄远之地而其道杳冥(玄冥),最后回归大道(大通)。现在你却琐碎地想用观察和辩论的手段去把握它,这就像用管窥天、用锥量地一样不可能。你走吧,你没听说过燕国寿陵的少年到赵国邯郸去学走路吗？没有学会邯郸的走路方式,却忘记了自己的走路方式,最后只能爬回家。你现在还不离开,也将忘记你原有的技能,失去你的专业。"

公孙龙紧张得合不拢嘴,放不下舌,赶快逃走了。

魏牟的这些话,波涛滚滚,主旨是批评百家之学,认为百家之学以小窥大,各执一偏,犯了和河伯一样的错误。公孙龙自谓"困百家之知,穷众口之辩",而在听了庄子的言论之后却茫然自失,那百家之学也不过如此,以此来突出庄子思想的深刻性。

庄子钓于濮水。楚王使大夫二人往先焉,曰:"愿以境内累矣!"

庄子持竿不顾,曰:"吾闻楚有神龟,死已三千岁矣。王以巾笥而藏之庙堂之上。此龟者,宁其死为留骨而贵乎？宁其生而曳尾于涂中乎?"

二大夫曰:"宁生而曳尾涂中。"

庄子曰:"往矣! 吾将曳尾于涂中。"

庄子在濮水垂钓,楚威王派了两个大夫前去致意,说:"希望可以把国事托付给您!"

　　庄子拿着鱼竿头也不回地说："我听说楚国有只神龟，死了已经三千年了。国王用布包着它的甲壳，藏在竹箱中，置于庙堂之中。（用来占卜）你们认为，这只龟宁愿选择死掉留甲而贵呢？还是愿意活着拖着尾巴在泥地里爬呢？"

　　两位大夫说："当然愿意活着拖着尾巴在泥地里爬。"

　　庄子说："你们可以回去了，我想拖着尾巴在泥地里爬。"

　　和前面章节阐发道论不同，这段庄子的轶事反映了庄子的人生价值观，而中国文化的一切哲学思想，最后都会落实到人生价值上来。这段对话中反映出庄子对自由的绝对推崇，他把当官看作是留骨而贵，是对自在生命的戕害。他希望过一种自在放旷的生活，而不是享受一种一切被设计安排好的所谓成功生活。孟子曾说过，君王和士有三种关系，以士为师、以士为友和以士为臣。孟子最推崇的当然是第一种关系，这种关系或许在春秋战国时代还有可能吧！那个时代被称作读书人的黄金时代。但就几千年的历史而言，一般读书人"学成文武业，货与帝王家"，不过是帝王的属下或奴才。所以在庄子看来，无论处于何种情况都是难以接受的，因为这意味着交换自由。这让人想起电影《肖申克的救赎》中的那句话："总有些鸟儿是关不住的。"庄子就是那向往天空的关不住的鸟儿。

　　惠子相梁，庄子往见之。或谓惠子曰："庄子来，欲代子相。"于是惠子恐，搜于国中三日三夜。

　　庄子往见之，曰："南方有鸟，其名为鹓鶵，子

知之乎？夫鹓鶵发于南海而飞于北海，非梧桐不止，非练实不食，非醴泉不饮。于是鸱得腐鼠，鹓鶵过之，仰而视之曰：'吓！'今子欲以子之梁国而吓我邪？"

惠子曾作梁惠王的相国，庄子去看他。有人对惠子说："庄子来，是想取代你的相国位子。"于是惠子害怕了，在国都中搜捕庄子三天三夜。

庄子就主动去见惠子，对他说："南方有一种鸟，它的名字叫鹓鶵（凤凰），你知道吗？鹓鶵从南方出发飞到北海，不遇到梧桐树它就不停下休息，不是竹食它就不吃，不是甘甜的泉水它就不喝。那时有个猫头鹰抓住了一只死老鼠，鹓鶵刚好飞过，猫头鹰抬起头大叫一声'吓'，现在你想用你的梁国来吓我吗？"

对于惠子来说，能够进入体制，进入梁国高层，是他人生成功的体现，因此当有人告诉他庄子要来夺他位子的时候，他会非常恐惧。也就是说，惠子虽然学富五车，但在战国乱世还时时刻刻担心位置不保，因此是一个内心有着很大挂碍的人，一个心为形役之人，相比于庄子把官位看做牺牲之牛和庙堂之龟，在乱世唯求全生远害，其差距不可以道里计。

当然这里的惠子并不一定就是历史上的惠子，宋人林希逸说："庄子惠子最相厚善，此事未必有之，戏以相讥耳。"（《庄子口义》）惠子只是体制内精致利己主义者的象征。在过去几千年的王朝历史上，能够进入官僚体制的毕竟是少数,大部分人只要家有五斗米,仍然可以做一个自由的思想者。一旦所有的人都不得不进入体制之中,那么自由的思想就会逐渐丧失,这方面可以看看当代话剧《蒋公的面子》,而随着自由思想的丧失,创造力也必然萎缩。中华文化将来要想对世界做出较大的贡献,这是我们不得不思考的问题。

庄子与惠子游于濠之上。庄子曰:"儵鱼出游从容,是鱼之乐也。"

惠子曰:"子非鱼,安知鱼之乐?"

庄子曰:"子非我,安知我不知鱼之乐?"

惠子曰:"我非子,固不知子矣;子固非鱼也,子之不知鱼之乐全矣!"

庄子曰:"请循其本。子曰'汝安知鱼乐'云者,既已知吾知之而问我。我知之濠上也。"

庄子和惠子同游于濠水的桥上。庄子说:"这些白条鱼自由自在地在水里游泳,真快乐啊。"

惠子说:"你不是鱼,你怎么知道鱼是快乐的?"

庄子说:"你不是我,怎知我不知道鱼是快乐的?"

惠子说:"我不是你,确实不能知道你,你也确实不是鱼,你不知道鱼的快乐也是肯定的了。"

庄子说:"让我们回到话题的开始。你说'你怎么知道鱼是快乐的'这句话,是你已经认同了我知道鱼是快乐的而问我在哪里知道的,我现在告诉你,我是在濠上知道的。"

这段对话,影响深远。从逻辑上看,庄子在辩论中已经输了,最后几句可以说是在偷换概念,但庄子不这么看,要不这段对话就不会在文中出现。后来的读者也不这样看,大家都觉得庄子更有道理。何以如此,这里结合几位名人的观点来做个评述。

朱光潜先生认为庄子之所以认为鱼快乐,是因为审美经验中的移情作用。他说:"移情作用是把自己的情感移到外物身上去,仿佛觉得外物也有同样的情感。⋯⋯美感经验中的移情作用不单是由我及物的,同时也是由物及我的;它不仅把我的性格和情感移注于物,同时也把物的姿态吸收于我。所谓美感经验,其实不过是在聚精会神之中。我的情趣和物的情趣往复回流而已。"(《谈美》)

按照朱先生的说法,鱼游得很从容,给人造成很自在的感觉,同时庄子的心态也相当闲逸,所以人的情趣和物的情趣就互相交流了。这种说法当然符合人的审美经验,所谓"我看青山多妩媚,料青山看我应如是"。

陈鼓应先生说:"庄子与惠子游于濠梁之上的辩论鱼乐一节,写出庄子观赏事物的艺术心态与惠子分析事物的认知心态。"(《庄子今注今译》)也就是说,庄子看鱼用的是审美态度,接近美学;惠子驳难用的是分析态度,接近科学。提法与朱先生有所不同,但意思比较接近。

但庄子的意思,未必一定要这样理解。如果从《庄子》文本本身和中国文化的背景来分析,则或许对此"游鱼之乐"可以得出一种更为深入的理解。庄子所表现的精神,是一种自由的精神,这在《庄子》第一篇《逍遥游》中就体现出来,庄子的无待"逍遥",体现为无己、无功、无名的至人、神人、圣人境界,这些人超越了二元论和功利主义行为方式之束缚,独与天地精神相往来,而又能与时俱化,以和为量,不与万物发生冲突,因而做到了精神自由。《逍遥游》的"游"则是一种艺术精神,也是超功利的。徐复观先生说,"'游'之一字贯穿于《庄子》一书中","庄子把精神自由解放,以一个'游'之加以象征"。(《中国艺术精神》)所以逍遥游是一种体道状态,正像鱼儿在水中,是一种相忘于江湖的自由状态。游鱼之"乐"乃至庄子之"乐"则是一种人与万物的本然状态。

如果从禅宗的思想来看,也是和庄子的思想有着深远的相通。禅宗非常提倡精神的彻底自由,而这种自由被称作"解脱"。道信(禅宗四祖)少年时曾来向僧璨(禅宗三祖)问道说:"愿和尚慈悲,乞与解脱法门。"僧璨问:"谁缚汝?"道信答:"无人缚。"僧璨说:"何更求解脱乎?"于是道信大悟。(参见《景德传灯录》)可见禅宗认为,人天生自由,只为无事找事,迷头认影,增加了无明烦恼,只要一切放下,就能回归自由。

若从儒家思想来说,"乐"也是其中重要的思想。"一箪食,一瓢饮"的孔颜之乐,是儒家非常推崇的。《乐记》云:"乐者乐也,君子乐得其道,小人乐得其欲",强调了追求快乐是人的本能,君子之乐来源于对真理的追求。王阳明则明确提出,"乐是心之本体,虽不同于七情之乐,而亦不外于七情之乐。虽则圣贤别有真乐,而亦常人之所同有,但常人有之而不自知,反自求许多忧苦,自加迷弃。虽在忧苦迷弃之中,而此乐又未尝不存,但一念开明,反身而诚,则即此而在矣。"(《传习录》)阳明认为哪怕在忧苦悲伤时,快乐的本体仍然存在,一个觉悟的人,必定能够常常体会到快乐。

从这样的角度去看庄子的游鱼之乐。其实反映的是人自由的心境,照庄子看来,人和动物若能生活与天地之间,无拘无束,心无挂碍,那么他们就是快乐的。而惠子因困于小大、贵贱、人我是非之相对,以功利的方法来看待世界,因而未能再向上一步。

庄子和惠子的讨论,代表两种看问题的角度,若进一步展开,可以引发出很多话题。

参考文献:

【宋】吕惠卿《庄子义》集校,中华书局,2009 年版。

【清】王夫之《庄子解》,中华书局,1964 年版。

【清】王先谦《庄子集解》,三秦出版社,2005 年版。

【清】郭庆藩《庄子集释》,中华书局,1961 年版。

劳思光《新编中国哲学史》,生活·读书·新知三联书店,2015 年版。

徐复观《中国艺术精神》华东师范大学出版社,2004 年版。

陈鼓应《庄子今注今译》,中华书局,1983 年版。

方勇 刘涛《庄子译注》,上海古籍出版社,2019 年版。

第六篇 阴阳时空中的礼乐行政与文化理想

《礼记·月令》精义阐微

概　说

　　《月令》一篇出自《礼记》，关于《礼记》，我们在第一部分《大学》中已经做过简要介绍，可参看。按今人高明的分类，《月令》属于《礼记》中"通礼"的"国家政令制度"部分。笔者以为《月令》是一部谈论人（统治者）的行为礼仪跟阴阳、时空、季节关系的作品。

　　《礼记·月令》依据一年的十二个月，逐月记载当月的天象特征、物候，所主之神与物，天子所宜之居处、车马、衣服、饮食和器具，所当行的政令，以及行政违反时令将造成的灾害等等，故名《月令》。汉代蔡邕解释《月令》篇名说："因天时，治人事，天子发号施令，祀神受职，每月异礼，故谓之月令。"《礼记·月令》中的内容，也出现在另外一本书《吕氏春秋·十二纪》中。郑玄《礼记目录》云："《月令》本《吕氏春秋·十二纪》之首章也"。《月令》的时代难以确定，但既然同样的内容出现在《吕氏春秋》中，而《吕氏春秋》一般认为是吕不韦和他的门客所编纂,涉及到各家学说,吕是秦代统一前后的人物,所以这本书最晚应该成书于秦朝统一前后。此外西汉刘安《淮南子·时则训》中也有差不多的内容。民间《四民月令》则是参照该体裁所撰的农业作品。从《月令》出现于多部著作来看,可推知《月令》综合了各家学说,而非仅是某家学说,当然也包括了儒家和道家的思想,所以《月令》放在本书的最后进行阐释。在《月令》的作者看来,人,包括帝王在内,不可能是绝对自由的。人的自由不在于能够利用自然,而首先表现在尊重自然,遵循自然规律上面。政令应以自然节奏为依据,应有益于农业生产的展开,不能站在它的对立面破坏它。

　　以今天的眼光看,《月令》的价值在于阐述了中国人对宇宙的认识,这个宇宙包括时间与空间,以及较为系统地介绍了阴阳五行观念和人类行为的相关性。有人认为中国的阴阳五行观念起源很早,其实不能一概而论。阴阳的观念在先秦阶段的《周易》《老子》《国语》中均有反映,但后代具有生克关系、代表万物基本元素的“五行”观念则形成得较晚。徐复观先生认为:《尚书·洪范》出现了水火木金土“五行”的名字,《左传》和《国语》里也出现了五种事物的名称,但这五种名称代表的是五种材料,而非构成世界的五种元素。后来五行的观念的出现,以及与阴阳观念的结合,始自战国末年的阴阳家邹衍,而《吕氏春秋》的《十二纪》,“是现在可以看到最早把五行思想渗透到各方面而组成一完整体系的东西”[①]《十二纪》内容与

---

　　①　见徐复观《阴阳五行及其有关文献的研究》,《中国思想史论集续编》,上海书店出版社,2004年版,第50页。

《月令》相同,它综合了阴阳五行思想,并用于礼乐治国,这样就阴阳五行思想的发展而言,《月令》就具有总结归纳与承前启后的作用。此外《月令》也涉及古代的天文历法。在《月令》中,时间是和天空中的苍龙、朱雀、白虎、玄武四象及太阳的视运动轨迹相结合的,因此构成了中国独特的时空体系。

　　总之,《月令》为后人描绘了一个多层次的时空文化结构,其中以太阳运动为主形成了一个系统,具有决定的意义。太阳的运行形成了四时,每时又分为三个月。四时各有气候特征,每个月又有各自的动植物征候,称为物候。五行与四时的运转相配合,春为木,夏为火,秋为金,冬为水,土被放在夏秋之交,居中央。与四时五行相对应,每时都有一班帝神,每个月各有相应的行政和礼仪,以及各种人事活动。

　　当然,《月令》中也有些在今天看来荒诞不经的东西,这反映出当时认识水平的局限性。

　　以下我们结合文本来阐释《月令》的思想。

（一）

孟春之月,日在营室,昏参中,旦尾中。

　　孟春正月,太阳运行到室星宿的位置,黄昏时参星出现在南方天空的正中,黎明时危星出现在南方天空的正中。

　　孟就是老大,仲是老二,老三是季。因此"孟春"就是农历正月。我们现在用的农历指的是夏历,但是古书中有时候也会用周历,周历比夏历时间要早两个月。《月令》用的是夏历,偶尔也会出现周历。这里涉及到了中国古代的二十八宿的天文系统。古人观测天象是以恒星为标准的,因为他们觉得恒星是不动的。经过长期观察,他们选择了天上的二十八个屋宿①作为坐标,称为二十八宿,二十八宿又归为四组。分别是:

东方苍龙七宿:角亢氏房心尾箕;北方玄武七宿:斗牛女虚危室壁;西方白虎七宿:奎娄胃昂毕觜参;南方朱雀七宿:井鬼柳星张翼轸。

东方苍龙,北方玄武(龟蛇)、西方白虎、南方朱雀,这是古人把每一方的七宿联系起来想象为四种动物形象。

十二次与二十八宿图②

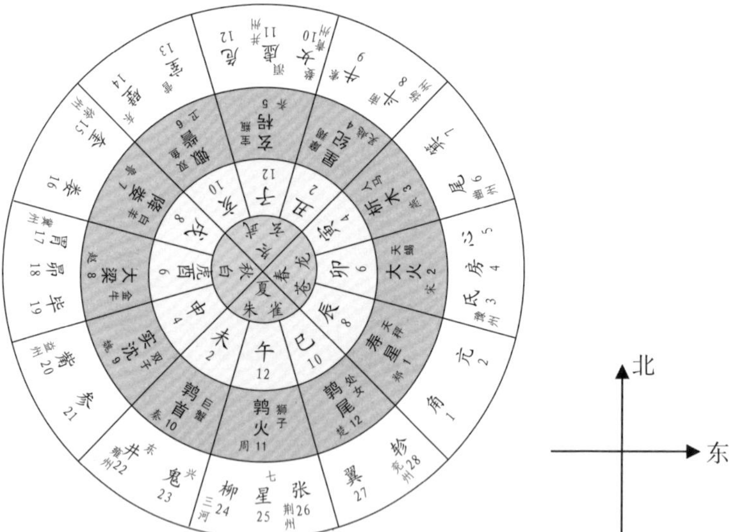

(图一)

---

① 古人把观察到的比较靠近的若干个星星归为一组,给予一个名称如毕、参、箕、斗等,后世又名星官。参见王力《中国古代文化常识》。

② 古人为说明日月五星的运行和节气的转化,把黄道附近的一周天按照由西向东的方向分为星纪、玄枵等十二个等分,叫做十二次。

二十八宿不仅是观测日月五星位置的坐标,有些星宿还是古人确定季节的参照对象。像这段说的"昏参中"就是指在春季第一个月黄昏参宿出现在天空的正南方。"旦尾中"就是在正月清晨时尾宿出现在正南天空的位置。观察这些现象,就能确定月份。

其日甲乙。其帝大皞,其神句芒。其虫鳞。其音角,律中大簇。其数八。其味酸,其臭膻。其祀户,祭先脾。

这个月的日子以甲乙日为主,这个月的主宰天帝是大皞,佐神是句芒,动物以鳞类为主,声音以角音为主音。候气律管对应着太簇。数字为木的成数八。味道以酸为主,气味以膻为主。这个月的祭祀对象为户神,祭品以牲畜的脾为上。

"其日甲乙"涉及到古代天干地支的时间系统。甲、乙、丙、丁、戊、己、庚、辛、壬、癸,为十天干;子、丑、寅、卯、辰、巳、午、未、申、酉、戌、亥,为十二地支,干支一一对应,比如甲子、乙丑、丙寅等。由于天干和地支的数字差异,第二轮从甲戌开始,乙亥、丙子……直到重新回到甲子,一个循环60年,称为一甲子。甲乙在五行属木,东方也属木。东方甲乙木,南方丙丁火,中央戊己土,西方庚辛金,北方壬癸水,这就是把五行和方向、天干相配,东方、甲乙都属木,时间上春天也属木,因此这个月以甲乙日为主日,时空通过五行贯穿起来。

"其帝大皞,其神句芒。其虫鳞。"大皞一说即伏羲氏,传说中上古东方部落的首领,因有德于民,死后成为东方之帝,五行属木,主管春天。句芒传说为上古另一部落首领少昊的儿子重,因辅佐大皞有功,故死后为木神。又句芒据孙希旦说,是木初生之时,句曲而有芒角。"句"即"勾"。此神据说长着人的脸,鸟的身体。此时的动物是鳞类,就是龙、蛇、鱼之类。因为按照前面所说的二十八宿的天象,苍龙在东方,属木,鱼类生活在水中,皆为龙属。

"其音角,律中大簇。"按照中国的五声音阶,角音属于东方的音,孔颖达说有点像敲击木头的声音。

五声音阶只有五个音(1、2、3、5、6),当需要表达 7 个音阶时,就加上变徵(4)和变宫(7)。但音乐中只有音阶是不够的,还需要有音高。古人就用十二个长度不同的管子,吹出十二个高度不同的标准音,叫做十二律。分别是:黄钟、大吕、太簇、夹钟、姑洗、中吕、蕤宾、林钟、夷则、南吕、无射、应钟。太簇即大簇。

据说古人把十二根长度不同的管子插入地中,其上与地平,其下则因长度不同而深入地下各异,管中放入芦灰,某月之月气至,则相应管子中的芦灰就会飞出。"律中大簇"就是孟春一月太簇管中的芦灰飞出来了,所以从音律上说,孟春正月对应太簇,仲春二月则是夹钟,以此类推。

"其数八",代表数字是八。照《周易》的说法,天数五,地数五。奇数是天数,偶数是地数。一到五为生数,六到十为成数。天一生水,地六成之;地二生火,天七成之;天三生木,地八成之;地四生金,天九成之;天五生土,地十成之。从成数上说,木的成数是八。故曰"其数八"。

"其味酸,其臭膻。"此时的口味是酸味,此时的气味是膻味。这是将气味根据五行来归类。春天口味以酸为主,气味以膻为主。

五行关系表

四季	春	夏	季夏	秋	冬
五声	角(简谱3)	徵(简谱5)	宫(简谱1)	商(简谱2)	羽(简谱6)
五色	青	红	黄	白	黑
五方	东	男	中	西	北
五行	木	火	土	金	水
五味	酸	苦	苦	辛	咸
五臭	膻	焦	焦	腥	朽

"其祀户,祭先脾。"这可能是古代祭礼的实际情况。为什么孟春要祭祀门神?一般的说法,古代户和门有别,户是门的内面,春天阳气生发,房内的阳气经过门户发散到外面,所以要祭门神。祭品要以脾为主,据说是因为脾属土,春天属木,而木克土,"祭其所胜也"。今天看来,这些解释都较牵强,姑且了解一下。

五行生克图

（图二）

总之，以上这一段介绍了正月的天象特征、该月的神灵、动物、音乐、以及祭祀等，并出现了与五行相关的思想，试图将天地间的各种事物和人类的文化整合成一个有机整体。

东风解冻，蛰虫始振，鱼上冰，獭祭鱼，鸿雁来。

东风吹来化解了冰冻，冬眠的虫类开始活动，鱼儿跃到了水面的薄冰上，水獭将捕来的鱼陈放四周，就像祭祀一样。大雁从南方飞来。①

关于"獭祭鱼"，中国古人观察到水獭抓鱼后不是马上

---

① 照《逸周书·时训解》的说法，"立春之日，东风解冻；又五日，蛰虫始振；又五日，鱼上冰。雨水之日，獭祭鱼；又五日，鸿雁来；又五日，草木萌动。"《时训解》以五日为一候。

吃掉,而是先摆放一下,然后再去抓另外一条,再摆放,就好像人祭祀前要先摆放供品一样,所以叫"獭祭"。高诱注《淮南子·时则训》云:"獭獱,水禽也。取鲤鱼于水边,四面陈之,谓之祭鱼。"日本现在有一种清酒的名字就叫"獭祭"。

这一段主要从动植物的现象变化来说明时令特征,动物和植物的变化现象,叫做"物候"。因为阳气生发,动物从冬眠或蛰居中起来,开始活动。

天子居青阳左个。乘鸾路,驾仓龙,载青旗,衣青衣,服仓玉,食麦与羊,其器疏以达。

这个月,天子居住在明堂东边名为"青阳"的左室。天子出行乘坐的是系有鸾铃的车,驾的是青龙马,插青色的旗,穿青衣,佩青玉。食物以麦和羊为主。

青阳在明堂的东边。明堂是古代天子宣明政教和举行祭祀的地方,凡有重大典礼,均在明堂举行。但明堂的形制,历代记载说法不一。一般认为明堂外圆而中方,四方及中央建堂。东方之堂叫青阳,南方之堂叫明堂(与总名一样),西方之堂叫总章,北方之堂叫玄堂。中间还有一堂叫太庙。四个方向的堂,每堂有三个房间,中间的叫大庙,左面的叫左个,右面的叫右个。例如青阳的三个房间,北面的房间叫青阳左个,中间的叫青阳大庙,南面的房间叫青阳右个。中间太庙没有左右个,唯有堂叫太室。天子每个月居住在不同的房间。顾颉刚《史林杂识》认为"《月令》式之明堂,乃阴阳家言之集中体现,全出理想,不必以事实求之。"这个说法应该是有道理的,很难想象天子每个月会换一次居处。但这一明堂模型，反映了中国人天圆地方的宇宙认知，且与《周礼·考工记》所说的"方九里，旁三门，国中九经九纬，经涂九轨"的古代城市模型属于同构类型，所以从思想上说也不为无据。

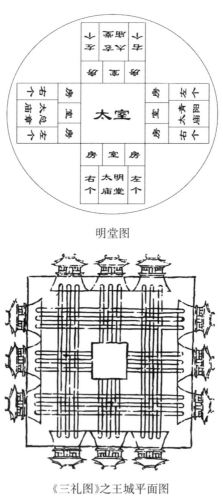

明堂图

《三礼图》之王城平面图

（图三）

这个月用青色，也是为了顺应时气，东方的颜色是青色。食物以麦和羊为主。据高诱说"麦属金,羊属土,是月也,金土已老,食所胜也。"①麦属金,应该是成熟于秋天的缘故,羊为未,属土。木克土,所以吃羊,金本来克木,但因季节是春天,金气已老,所以食麦。这种解释,应该说非常牵强。

用的器皿的花纹要粗疏而直顺,这是因为春天生气外泄,不可压抑,否则容易造成情志不畅。因此器皿要给人通气的感觉,这属于原始思维中的互渗思想或心理暗示。

是月也,以立春。先立春三日,大史谒之天子曰:某日立春,盛德在木。天子乃齐。立春之日,天子亲帅三公、九卿、诸侯、大夫以迎春于东郊。还反,赏公卿、诸侯、大夫于朝。命相布德和令,行庆施惠,下及兆民。庆赐遂行,毋有不当。

这个月立春,立春是每年第一个节气,立春前三天,太史拜见天子,报告说:"某日立春,为五行的木德当令。"天子开始斋戒。到了立春那一天,天子亲自带领三公、九卿、诸侯、大夫往东郊举行迎春之礼,主管春季的是一个人格化的神。行礼完毕回来,就在朝中赏赐公卿、诸侯、大夫。同时命令三公发布有关德教和禁令:褒扬好人好事,周济贫乏困穷,普及于全民。褒扬赏赐,要事事做得恰当。

我国古代民间立春要鞭打春牛,代表春天来了,要春耕了。仪式是先用泥做一头牛,或者纸扎一牛,然后把它打

---

① 高诱注《吕氏春秋》,《吕氏春秋·十二纪》的文字与《月令》基本相同。

碎,让牛醒过来了。这段说的斋戒、迎春是国家仪式,"齐"即"斋"。这些都是礼教治国的行为,一年要有个好的开始。

"庆赐"即表彰和施惠,这符合春天阳气开始渲泄的状况。董仲舒说:"圣人副天之所行以为政,故以庆副暖而当春。"(《春秋繁露·四时之副》)即此理。

乃命大史守典奉法,司天日月星辰之行,宿离不贷,毋失经纪,以初为常。

天子命令太史官,奉守典章制度,观测推算日月星辰的运行,对于它们运行的位置以及轨道的观察不能有差错,务使一切记录不失误,沿用旧法作为基本标准(或认为制定历法要以冬至点的牵牛初度为基准)。

这段涉及天文历法,观测天象说明古代对时间的重视,通过太阳在天空的位置确定节气,节气确定了,礼制的执行和农业生产就有了依据。正月的节气有立春和雨水。

是月也,天子乃以元日祈谷于上帝。乃择元辰,天子亲载耒耜,措之参保介之御间,帅三公、九卿、诸侯、大夫,躬耕帝藉。天子三推,三公五推,卿诸侯九推。反,执爵于大寝,三公、九卿、诸侯、大夫皆御,命曰:劳酒。

这个月,天子要在第一个元日,也就是辛日祭祀上帝,祈求丰收。元辰,就是选择一个好日子。天子要亲自载着农具耒耜，放在车右的参乘者和中间的御者之间，再率领三公、九卿、诸侯、大夫亲自到祭祀天帝的藉田耕耘。天子推耒耜三下，三公推五下，九卿、诸侯推九下。回来时，天子要在大寝殿（天子日常起居之处）举行宴会，三公、九卿、诸侯、大夫都要参加，宴会命名为"劳酒"，也就是安慰大家参与农业劳动辛苦之意。

耒耜是古代耕地翻土的农具。天子亲载耒耜，带领群臣参与耕耘仪式一方面有劝民农桑的意义，另一方面也有模拟巫术的象征含义。弗雷泽的《金枝》里，就提到模拟巫术和接触巫术，巫术的行为都是通过相似律或者接触律，这是早期人类皆有过的仪式行为。但巫仪在中国经过文明转化后变成礼仪。天子亲自下地耕种，就代表全国的种植开始了。现在植树节领导喜欢举行植树的仪式，也是这种思维的反映。通过这些礼仪，强化统治阶层的凝聚力，表达统治者对生产活动的重视。

是月也，天气下降，地气上腾，天地和同，草木萌动。王命布农事，命田舍东郊，皆修封疆，审端经术。善相丘陵阪险原隰土地所宜，五谷所殖，以教道民，必躬亲之。田事既饬，先定准直，农乃不惑。

这个月，天气下降，地气上升，天地之气相互混合，草木开始抽芽。天子命令部署农事的命令，派遣农官住在东郊，把冬天荒废下来的耕地疆界全都修理起来，把小沟及小径重新查明,修理端正。好好地斟酌地形,如高地应种植适宜于高地的作物,低地应种植适宜于低地的作物,还要把各类农作物的培植方法,教给一般农民,这些事农官必须亲自去做。等到田里的事都安排完毕,还得先确定种植的标准,使农民照这个标准种植而不至于混乱。

从《周易》"十二辟卦"来看,正月属于泰卦,卦象为(䷊),下面三根阳爻,上面三根阴爻代表阳气上升、阴气下降的阴阳交泰状况。由农官安排农业生产,在古代面积较小的国家或许可行,如果是大帝国,天子派遣农官的做法很难行得通。根据不同的土地因地制宜是对的,但种什么,怎样种,没有人比农民更清楚。地方官或农官只要提供便利的条件和政策即可。但由地方官安排督促农事的事情,后代还时有发生,例如柳宗元《种树郭橐驼传》里面就批评过那些地方官跑到农村去指导生产,"鸣鼓而聚之,击木而召之",造成基层的混乱。所以农业生产,还是应由农民和农业专家合作为好,不能搞全国一盘棋。

是月也,命乐正入学习舞,乃修祭典。命祀山林川泽,牺牲毋用牝。禁止伐木。毋覆巢,毋杀孩虫、胎、夭、飞鸟。毋麛,毋卵。毋聚大众,毋置城郭。掩骼埋胔。

孟春正月这个月,命令总管乐舞的官员乐正到太学教授舞蹈,修订祭祀的典则。皇帝下令祭祀山林川泽,祭品不要用雌的动物。这个月禁止砍伐树木。不要倾覆鸟巢,不要杀死幼兽、胎兽、刚出生的动物、初飞的小鸟,不要捕杀小兽,不要掏取鸟卵。这个就是民俗所谓的"劝君莫打三春鸟"。不要聚集大众,不要建置城郭。遇见枯骨腐肉要掩埋。

古代"乐"包括三个方面:诗歌、音乐、舞蹈。周王朝通过礼乐结合来治理国家,所以有专人负责教乐和表演。因为春天是母畜怀孕的时节,又因为春季是万物开始生长的季节,所以不能毁伤生命,不能用雌性动物祭祀。

春天要开始农业生产,古代生产力低下,聚集大众和修建城郭会影响农业生产。"骴"是腐肉,之所以要掩埋尸骨腐肉,是因为这些腐朽之气和春天的生发之气相违背。

是月也,不可以称兵,称兵必天殃。兵戎不起,不可从我始。毋变天之道,毋绝地之理,毋乱人之纪。

在这个月里,不可以举兵征伐,举兵必遭天殃。不可以发动战争,不可以从我方发起战争。不要改变天道,不要断绝地理,不要混乱人伦纲纪。

这些主要是指不能违背刚柔、阴阳、仁义的道理。古代中国人的观念,春天是万物生长的季节,阳气生气,而兵戎属阴,发动战争必然造成重大伤亡,违背上天好生之德。另外一年之计在于春,不可扰乱父子、夫妇的人伦之礼,否则将遭到上天的惩罚。军队只能用于抵抗外国的侵略。

孟春行夏令,则雨水不时,草木蚤落,国时有恐。行秋令则其民大疫,猋风暴雨总至,藜、莠、蓬、蒿并兴。行冬令则水潦为败,雪霜大挚,首种不入。

若在正月里施行夏天的命令,雨水将不会按时到来,草木提前凋零,国家会有恐怖之事出现。若施行了秋天的命令,则有大瘟疫、狂风暴雨、藜莠蓬蒿杂草丛生等祸事出现。如果施行了冬天的命令,就有洪水泛滥、霜雪大至、早春的作物无法播种的祸事出现。

这一段是讲违背时令行政将造成的灾害。"猋"是暴风,"藜、莠、蓬、蒿"都是野草,"挚"即到来。

以上为第一部分孟春的礼教行政,综合各段所言,都强调行政仪礼要和时令相结合,要符合天人合一的理念。汉初的董仲舒大力宣扬天人感应思想他说:"天有阴阳,人亦有阴阳。天地之阴气起,而人之阴之应之而起,人之阴气起,而天地之阴气亦宜应之而起,其道一也。"(《春秋繁露·同类相动》)在《月令》篇中,已出现了这种思想。

(二)

仲春之月,日在奎,昏弧中,旦建星中。其日甲乙,其帝大皞,其神句芒。其虫鳞。其音角,律中夹钟。其数八。其味酸,其臭膻,其祀户,祭

先脾。

仲春二月，太阳运行到奎宿的位置，奎宿是西方白虎七宿的第一宿。黄昏时弧星出现在南方天空的正中，黎明时建星出现在南方天空的正中。这个月的日以甲乙为主，此月的主宰天帝是大皞，佐神是句芒。句芒是春神、木神、东方之神，也有学者认为句芒就是高禖，是婚配神。此月的动物以龙鱼等的鳞类为主。此时的声音以角音为主，候气律管与夹钟相应。此月的成数是八。口味是酸味，气味是膻味。此时的祭祀对象是户，祭品以脾脏为先。

按这一段随着时间的推移，太阳的位置和星象也有所变化。但因为孟春和仲春同属春天，所以所主之神和祭祀对象及祭品并无差别，律管对应则由太簇变为夹钟。

月律相配表

孟春	仲春	季春	孟夏	仲夏	季夏	孟秋	仲秋	季秋	孟冬	仲冬	季冬
太簇	夹钟	姑洗	中吕	蕤宾	林钟	夷则	南吕	无射	应钟	黄钟	大吕

(图四)

始雨水，桃始华，仓庚鸣，鹰化为鸠。

这是雨水出现的节气，桃树开始开花，黄鹂开始歌唱，鹰变为鸠（布谷鸟）。

这里的"雨水"指的是雨水节气，现在的雨水在农历一月，是立春后的一个节气，二月则有惊蛰和春分。《月令》中雨水和惊蛰节气换了个位置。虽然名称换了一个位置,物候应该差不多的。当然这里的雨水也不一定要理解为节气,也可以说这个月雨水增多了。二月的卦象为大壮(䷡),阳气进一步增多,民间有"龙抬头"的说法。

鹰和鸠是两种鸟,"鹰化为鸠",现在一般解释为古代人观察事物不够仔细,且认为动物和动物之间可以互相变化,比如《庄子》中鲲变为鹏。二月天地间以阳气为主,古人认为鹰的喙变软,成了鸠。到了八月,阴气为主,鸠又化为鹰。

天子居青阳大庙,乘鸾路,驾仓龙,载青旗,衣青衣,服仓玉,食麦与羊,其器疏以达。

天子居于青阳之大庙,是这个月要换到青阳的正堂举行祭祀等仪式,出行则乘坐有鸾铃的车,驾青龙马,插青旂,穿青衣,佩青玉,食物是麦和羊;用花纹粗疏通达的器物。这些和孟春的行为是一样的,春天要情志舒畅,使用的器物要有宽松通透的感觉,这可以叫天人合一,也带有原始思维的痕迹。

这一节记述了仲春之月天子所宜之居处、车马、饮食、器物等方面。

是月也,安萌芽,养幼少,存诸孤。择元日,命民社。命有司省囹圄,去桎梏,毋肆掠,止狱讼。

这个月,要养护植物的萌芽,特别注意养育婴幼儿,抚恤孤儿。选择吉日，命令人民祭祀社神。命令官府减少监狱中的囚徒，除去其脚镣手铐，也不可拷问，并停止诉讼。

这一段反映的是比较理想的天人合一执政思想，现实中较少看到推行。比如国家或政府养育孤儿制度，这在古代社会不多见。

是月也，玄鸟至。至之日，以大牢祠于高禖。天子亲往，后妃帅九嫔御。乃礼天子所御，带以弓韣，授以弓矢，于高禖之前。

这个月，燕子飞来了。在燕子飞来的日子，要用牛羊豕三牲的太牢祭祀高禖神，天子要亲自前往。后妃也要率领众妻妾同去参加。要对怀孕的嫔妃行礼，给她戴上弓套，交给她弓箭。所有这些仪式都要在高禖神的面前举行。

高禖是掌管婚姻与子嗣的神。弓箭是男人威猛的象征，在举行了这个仪式后，出生的孩子就会被认为是孔武有力的。这也属于原始思维。但以人类学的眼光来看，授予弓箭恐怕还有另外的意义，在一些少数民族和汉族早期神话传说中，男女恋爱的行为常常会以狩猎追逐动物的形式出现，狩猎工具则是弓箭。例如海南黎族故事"鹿回头"和《搜神后记》"卢充遇仙"中，均有这样的情节，追着追着，猎物就变成了美女。这样看祭高禖这个仪式就有鼓励适龄青年结婚的意味。《周礼·地官·媒氏》篇云："仲春之月，令会男女,于是时也,奔者不禁。"可见在古代仲春或季春是个恋爱的月份,犹如后来少数民族的"三月三"。《诗经·郑风·溱洧》篇也曲折地反映了这一现象。

是月也,日夜分。雷乃发声,始电,蛰虫咸动,启户始出。先雷三日,奋木铎以令兆民曰:雷将发声,有不戒其容止者,生子不备,必有凶灾。日夜分,则同度、量,钧衡、石,角斗、甬,正权、概。

这个月,白天同黑夜的时间逐渐相等,进入日夜等分的春分节气。可听到打雷声,天空有闪电。冬眠的虫子都蠕动起来,开始从土洞里爬出。在没有打雷之前三日,官府先派人摇动木铎,警告天下万民说:"将要打雷了,大家的举止(房事)必须检点,不然,将会生下残缺不全的小孩,而且父母亦将遭灾。"木铎是一种摇动的铃,有唤醒民众的意思,故后人起名多有"振铎"。春分日夜平分,在这一天要校正日用的各种度、量、衡。

因为这个月代表平均,所以要统一度量衡,这一行为仍然来源于原始思维,但演变为一种仪式过程,有其合理性。至于打雷天气注意男女行为,似乎可以看出古人对自然现象的敬畏。《论语·乡党》记孔子遇"迅雷风烈,必变,"碰到迅雷大风,就改变神色(以示对上天的敬畏)。《礼记·玉藻》篇说:"(君子)若有疾风、迅雷、甚雨则必变,衣服冠而坐。"都是相同的思维。

是月也，耕者少舍。乃修阖扇，寝庙毕备。毋作大事，以妨农之事。

这个月，耕作的人要稍加休息，于是就要修理门扇、窗户，寝庙要整理完备。不要大兴土木，以免妨碍农事。不要进行军事行动，以免妨碍农业生产。

此段记述仲春之月的工作和禁忌。春天不宜做大的工程，但春天雨水多，小修小补是必须的。

是月也，毋竭川泽，毋漉陂池，毋焚山林。天子乃鲜羔、开冰，先荐寝庙。

这一个月，不要放干河川、湖泊之水，也不可放干池塘里的水，也不可用火来焚烧山林。天子向司寒之神献上羔羊，开窖取冰（古代无冷藏设备，就在冬天将冰藏在地窖中，春夏取出来用）来祭祀祖先。

春天为万物生长季节，当然不能竭泽而渔，也不能焚烧山林，这会造成动植物死亡。"漉"（lù）是枯竭的意思，"陂"（bēi）是蓄水池，"鲜"为"献"之误。《诗经·豳风·七月》"三之日纳于凌阴，四之日其蚤，献羔祭韭"，"三之日"即夏历正月，意为一月份将冰藏入地窖，两月份拿出来保鲜食物，祭祀祖先，正反映了这段的情况。

上丁，命乐正习舞，释菜。天子乃帅三公、九卿、诸侯、大夫亲往视之。仲丁，又命乐正入学

习舞。

在第一个丁日,命乐正教习舞蹈,举行祭祀先师的释菜之礼。这一天,天子亲自率领三公、九卿、诸侯、大夫,一同到国学里参观。到中旬第二个丁日,又命乐正往国学里教习乐舞,这是为下一个月的乐舞大会作准备。

释菜是一种祭祀形式,祭祀的对象是学校的先师。所谓释菜就是把菜放在先师的神位前,祭孔的仪式里面就有释菜礼。所以这个月不仅仅是祭祀祖先神、自然神,还祭祀先师神。荀子有一篇著名的文章叫《礼论》,里面说礼有三个来源:一是天地,天地是生物之本,所以要祭天地;二是祖先,祖先是"我"生命的来源,所以要祭祖先;三是圣人,圣人传授我们文化。[1] 老师就是传播文化的,所以要祭先师。

是月也,祀不用牺牲,用圭璧,更皮币。

这个月,一般祭祀不用牺牲,改用圭璧、鹿皮和束帛来替代。

春天是万物初生的季节。所以这个月的祭祀主要是重视形式,不用杀生的方式祭祀。圭璧是一种玉,皮币是鹿皮和丝织品。

仲春行秋令,则其国大水,寒气总至,寇戎来

---

① 这一说法也见于《大戴礼记》"礼三本"篇。

征。行冬令，则阳气不胜，麦乃不熟，民多相掠。行夏令，则国乃大旱，暖气早来，虫螟为害。

　　如果在仲春施行秋季的政令，则国内将有大水灾，寒气就会突然袭来，而且会发生敌人侵犯边境之事。仲春而行冬令，则阳气抵不住阴气，麦子不会结穗，引起饥荒，人民就会互相掠夺。施行夏令，则火气太大，国内要发生干旱，热浪就会提前到来，植物将发生病虫害。

　　总之，仲春部分和孟春部分一样，都是强调天人感应，与时偕行。国家的一切行为都要与时令特征相适应。董仲舒《春秋繁露》说："四政者，不可以易处也，犹四时之不可易处也。"（《四时之副》）反映的就是这一思想。

（三）

　　季春之月，日在胃，昏七星中，旦牵牛中。其日甲乙。其帝大皞，其神句芒。其虫鳞。其音角，律中姑洗。其数八。其味酸，其臭膻。其祀户，祭先脾。

　　季春三月，太阳出现在西方的第三个星宿胃宿，傍晚时分，七星（南方七宿的第四宿）在南方天空的正中，黎明时，牵牛星出现在南方天空正中。这个月的主日是甲乙，主宰天帝名大皞，佐神名句芒。动物以鳞类为主。声音以角音为主,候气律管与十二律中的姑洗相应。数字以八为成数。口味为酸,气味为膻。祭祀以户为对象,祭品以脾脏最珍贵。

季春的节气有清明和谷雨。这段的叙述除天象和律管对应外,和孟春、仲春基本一样,不赘。

桐始华,田鼠化为鴽,虹始见,萍始生。

从物候看,桐树开始开花,田鼠变成鹌鹑,彩虹也开始在天空出现,池塘里浮萍开始冒出。

田鼠化为鹌鹑之类,是先民动物化生观念的遗留。古人认为虹分雌雄,雄的为虹,雌的为蜺,春天阴阳之气相交而阳气盛,虹出现。这是古人的解释。现代科学家认为虹是 42° 的弧,红在外,紫在内;蜺是 50° 的弧,红在内,紫在外。[①]

天子居青阳右个,乘鸾路,驾仓龙,载青旗,衣青衣,服仓玉。食麦与羊,其器疏以达。

天子居住在明堂东部青阳堂的右室,乘的是有鸾铃的车子,驾青龙马,车上插青旗,穿青衣,佩青玉。主要食品是麦和羊。使用的器物和镂刻的花纹,粗疏而直顺。

这一段记述季春之月天子所宜之居处、车马、衣服、食

---

① 杨振宁《美与物理学》,戴吾三 刘兵编《艺术与科学读本》,上海交通大学出版社,2008 年版,第 126 页。

物及器具,与孟春和仲春相同。

是月也,天子乃荐鞠衣于先帝。命舟牧覆舟,五覆五反。乃告舟备具于天子焉,天子始乘舟。荐鲔于寝庙,乃为麦祈实。

这个月,天子要敬献黄色的礼服给先帝。这个月命令掌管船只的官吏检查船底,要翻来覆去检查五次,然后报告天子船只齐备,天子才开始乘船。这个月需要捕捞鲤鱼来祭祖,这样做是为了乞求麦子丰产。

"鞠"就是菊,菊花一般是黄颜色的。鞠衣是黄色的衣服。郑玄认为黄色像桑叶初生的颜色,所以献菊衣给先帝。"先帝",郑玄以为就是大皞一类的神,孙希旦以为是轩辕黄帝,因为养蚕业据说开始于黄帝的后妃西陵氏,所以就要穿黄色的衣服。古代除了农业生产外,桑蚕业也非常重要,都关乎民生必需之衣食。

另外古代技术落后,船如不密封发生漏水,则要危及生命。天子所乘之船,当然要特别小心。天子为何要此时乘船,孙希旦说"示亲渔也"。这个月要捕捞鲔(weǐ)鱼(鲤鱼之一种)供奉祖先神。古代很多行业比如伐木捕捞等在开工前都要祭祀神灵,以获得神灵的许可,"亲渔"应该也是这种仪式,现在沿海渔民仍有保留此习俗的。这个月进献鲔鱼于宗庙,祈求今年麦子丰收。

是月也,生气方盛,阳气发泄,句者毕出,萌者

尽达。不可以内。天子布德行惠，命有司发仓廪，
赐贫穷，振乏绝，开府库，出币帛，周天下。勉诸
侯，聘名士，礼贤者。

在这个月，生长正盛，阳气发泄，植物的苞芽都已萌出，
萌芽全都伸展，此时不可以收纳闭藏。天子要布德行惠，命
令官吏打开仓廪，赐予贫穷之人食物，赈济缺乏物资的人；
打开府库，发放财货，周济天下。要勉励诸侯，聘问名士，礼
遇有贤能的人。

这个月即阳春三月，其卦象为夬（☱），夬的意思为决，
即阳气已经弥漫于天地间，只剩一丝阴气。此时政令和人
事要符合时令特征。农历三月中旬以后，也是陈粮逐渐吃
完，而新麦尚未收割的时候，因此这个时候国家不能做收藏
的事，而要发仓廪、开府库，周济贫穷乏绝之人。古代天子
封邦建国，诸侯是天子的基本盘，所以要鼓励他们做好工
作，慰问名士，礼遇贤者，这样就可以野无遗贤，充分调动优
秀人才为国家出力。由此可见，古代天子并不认为自己全
知全能，永远方向正确。

是月也，命司空曰：时雨将降，下水上腾，循行
国邑，周视原野，修利堤防，道达沟渎，开通道路，
毋有障塞。田猎罝罘、罗网、毕、翳、餧兽之药，毋
出九门。

这个月，命令司空官说："雨季快要来临，地下水开始往

地上涌。赶快巡视国都和城邑,到各处原野视察,修整堤防,立即疏导淤塞的沟渠,并开通道路,不让沟渠和道路雍塞。同时,捕捉鸟兽用的各种器具和喂兽的毒药,都不许带出城门。"

司空是古代掌管水利的长官,春天雨水多,所以命令司空早做准备,避免洪涝灾害。同时春三月仍然是万物生长的季节,要保护动物,不能到山林杀伐。"罝罘(jū fú)"是捕兽的网,"罗网"是捕鸟的网,"毕"是长柄小网,"翳"通"弋",一种带绳的小箭。"九门"照清代赵良澍的说法是都城有四个方向,每个方向有三个门,但南方三门为"法门",一般不开,余下九门通行。

是月也,命野虞毋伐桑柘。鸣鸠拂其羽,戴胜降于桑。具曲、植、籧、筐。后妃齐戒,亲东乡躬桑。禁妇女毋观,省妇使以劝蚕事。蚕事既登,分茧称丝效功,以共郊庙之服,无有敢惰。

这一个月,要命令看管田野山林的官吏禁止砍伐桑柘树木。在斑鸠振动翅膀,戴胜(一种鸟)降落桑树的时候,就要准备养蚕的用具薄曲、木架、圆筐、方筐。后妃要斋戒,面向东方亲自采桑,要禁止妇女游玩,减少妇女的杂事,以鼓励她们专心采桑养蚕。到养蚕结束时,要分配蚕茧,根据缲丝的多少来确定成绩,这些丝是供给织匠做郊庙祭祀的礼服的,没人敢有所懈怠。

这一段比较好理解,三月正是养蚕的月份,蚕以桑柘之叶为食,自然不能砍伐。而后妃要斋戒并亲自采桑,一是敬重其事,二是给所有的女性作榜样。面向东方,是因为春天方位在东,紫气东来。

孙希旦说:"农桑为衣食之本,然农工成于三时,而蚕事成于一月,故蚕兴之时,而趋事为犹亟。"这在文学作品中也有表现,《诗经·豳风·七月》云:"春日载阳,有鸣仓庚。女执懿筐,遵彼微行,爰求柔桑。"女孩子春天拿着大筐采桑,正与《月令》中所记的事实相符。汉乐府《陌上桑》中的秦罗敷,从衣着打扮来看,"头上倭堕髻,耳中明月珠。缃绮为下裙,紫绮为上襦",穿丝挂珠,应该是富家女子,并且其丈夫"三十侍中郎,四十专城居",应是地方大员,然而她仍然要"采桑城南隅",也和此篇所记全民农桑的情况相同。

是月也,命工师令百工审五库之量:金、铁,皮、革、筋,角、齿,羽、箭、干,脂、胶、丹、漆,毋或不良。百工咸理,监工日号:"毋悖于时,毋或作为淫巧以荡上心。"

这个月,命令工匠的领班让工匠检查材料库里的储藏,例如金、铁、皮、革、筋、角、齿、羽、箭、弓干、油脂、胶、朱砂、漆,不要有品质不好的。各种工匠都要从事制作,而监工每日发出号令提醒他们:"一切制作应按照工期进行,不得制作奇技淫巧以动摇君王的心志。"

这是《中庸》篇所谓的"来百工",即鼓励各种工匠。工匠努力工作则财用充足，同时提醒工匠不要制作奇技淫巧让君王玩物丧志。

是月之末，择吉日，大合乐，天子乃率三公、九卿、诸侯、大夫亲往视之。

这个月末，择定吉日，举行联合舞乐大会。天子带领三公、九卿、诸侯、大夫亲往观看。

荀子说："乐和同，礼别异。"前面都可以看做礼仪行政的内容，但乐的共情作用也不可少，文艺可以和谐社会，化成天下。

是月也，乃合累牛腾马，游牝于牧。牺牲、驹、犊，举书其数。命国难，九门磔攘，以毕春气。

同时，在这个月，将许多好的种牛、种马都找来，把母牛、母马散放在牧场上，让其交配，因为春天是牛马的发情期。生下的备作祭祀用的牲畜、马驹、牛犊，全要记载数量。这个月在全国举行傩祭，在各个城门砍碎牲体祭祀门神以攘除疫鬼，用以结束春天的疫气。

傩祭是一种驱鬼仪式，主持者叫方相氏，戴着面具，队伍在后面跟着，击鼓呼喊，后来演变为傩戏，也是中国戏曲的起源之一。这种祛疫仪式，其思想背景是认为春天有疫气，容易致病，所以要驱赶。其实从世界范围来看，这样的仪式是普遍存在的。三月是个比较特殊的时期,一方面代表万物的新生,另一方面代表过去的消逝,在这个时间节点上要举行取新火的仪式,将旧火熄灭,重新钻木取火,这期间,有几天要冷食,代表新旧过渡,古代的寒食节就在这个月份。① 所以这段时间动物要让其繁衍,青年男女也进入恋爱时期。另外人们会到河边洗澡,以祓除不详,这在《论语·先进》中的"侍坐章"里面还有所反映。② 人们也会在这个时期祭祀祖先,怀念先人。总之,这个月是个迎新与送旧共存,欢乐与悲哀并存的时令。后来的清明节就在这个月,其节俗主要是祭祖和踏青,也可以看出这一点。

季春行冬令,则寒气时发,草木皆肃,国有大恐。行夏令,则民多疾疫,时雨不降,山林不收。行秋令,则天多沉阴,淫雨蚤降,兵革并起。

在季春三月施行冬季的政令,就会寒气时常发作,草木萧条,国家将有大的恐慌发生。施行夏季的政令,会使民众多有疾疫,春雨不降,高地上的农作物颗粒无收。施行秋季的政令,就会天气多阴,淫雨提前到来,有兵革战事在各地发生。

这段也是强调行事不能违反天人合一的原则。

---

① 《周礼·秋官·司烜氏》记载:"司烜氏掌以夫遂取明火于日……中春,以木铎修火禁于国中。"郑注曰:"为季春将出火也。"意为仲春禁火,季春出火。

② 曾点说:"莫春者,春服既成,冠者五六人,童子六七人,浴乎沂,风乎舞雩,咏而归。"提到暮春洗澡,其时天气尚冷,沐浴主要是一种古代仪式。

（四）

　　孟夏之月，日在毕，昏翼中，旦婺女中。其日丙丁。其帝炎帝，其神祝融。其虫羽。其音徵，律中中吕。其数七。其味苦，其臭焦。其祀灶，祭先肺。

　　孟夏四月，太阳运行到毕宿（西方七宿之第五宿，属金牛座）位置，黄昏翼星（南方七宿之第六宿）出现于南方天空正中，黎明时候婺女星（北方七宿之第三宿）出现在南方天空正中。这个月的日子以丙丁日为主，丙丁为火。主宰这个月的天帝为炎帝，辅佐天神叫祝融。夏季的动物为羽类。声音以徵音为主，候气律管对应于中吕。数字是成数七。口味以苦为主，气味以焦为主。祭祀对象为灶神，祭品以肺为上。

　　这一部分的描述和前面春天的三个月的类似，但夏天五行属火，方位在南方，故一切皆围绕着这个特性。这个月的卦为乾（☰）。炎帝的炎字有两个火，祝融据传是炎帝之后的统治者，死后成为火神。南方七宿朱雀是羽类，故动物以羽类为主。徵音、中吕皆属火。火烧木材等物则焦，其味苦。做饭要用火，生火做饭是古人生活中的大事，所以祭祀对象为灶神。肺在五行属金，为火所克，故祭品为肺。

蝼蝈鸣,蚯蚓出,王瓜生,苦菜秀。

这个时节,蛙类开始鸣叫,蚯蚓钻出地面,王瓜结果,苦菜开花。

这一段记述孟夏之月的物候。

天子居明堂左个,乘朱路,驾赤骝,载赤旗,衣朱衣,服赤玉。食菽与鸡,其器高以粗。

天子此时住在明堂的南方之堂的左室,出行乘坐红色的大车,骑红色的马,插红色的旗,穿红色的衣服,佩戴红色的玉,食物以豆类和羽类的鸡为主。用的器具高大而粗放。

这段记录天子在孟夏四月所宜居的居处、车马、衣服、食物和器具等。要之和时令相配,以五行之火为主。器具高大粗放,是“象夏气之盛大也”。四月的当令卦为乾,六爻皆阳,代表阳气充满。

是月也,以立夏。先立夏三日,大史谒之天子曰:某日立夏,盛德在火。天子乃齐。立夏之日,天子亲帅三公、九卿、大夫以迎夏于南郊。还反,行赏,封诸侯。庆赐遂行,无不欣说。

这个月立夏。立夏前三天,太史诣见天子说,某日立夏,从此日开始进入五行的火运。天子于是斋戒。到了立夏那天,亲率三公、九卿、大夫往南郊迎夏,礼毕归来,进行赏赐，分封诸侯，表彰赏赐官员，大众无不欢喜。

现在公历的立夏是固定的，一般在 5 月 4 日到 6 日，差不多就在农历的四月初。立夏之后进入夏天，所以天子要在南方举行迎接夏神到来的仪式，迎神是非常严肃的，所以之前要斋戒。五月还有一个节气是小满。根据《月令》的逻辑，春夏属阳，夏天阳气充足，要让阳气发泄，所以行为要以开放为主，天子就在这个月大行赏赐。董仲舒："圣人副天之行所以为政，……故以赏副暑而当夏。"（《春秋繁露·四时之副》）说的就是这个道理。

乃命乐师，习合礼乐。命太尉，赞桀俊，遂贤良，举长大，行爵出禄，必当其位。

命令乐师练习礼乐配合。又命太尉之官，赞助特别优秀的人，引进贤德善良之士，并选择魁梧高大的人，授给他们爵位和俸禄，使人才的爵禄和能力相符。

古代用礼乐治国，所以每个月都要练习礼乐。高诱说："礼，所以经国家，利人民，所以移风易俗，荡人之邪，存人之正性。故命乐师使习合之。"而之所以在这个月举拔贤良，孙希旦说："盖季春既聘名士，礼贤者，至此则择其才德之秀出，并及于形貌之魁异者，而加以爵禄，所以顺阳气之盛也。"也就是说在二月已经聘任了优秀的人，经过考察后在这个月给予突出者位子和俸禄。

是月也，继长增高，毋有坏堕，毋起土功，毋发

大众，毋伐大树。

这个月，所有生物都在继续生长增高，不可以有毁坏的行为。不要在此时大兴土木，征召群众，亦不要砍伐大树。

初夏万物逐渐成长，农事也日趋繁忙，所以一方面要禁止破坏动植物的成长，另一方面不能征发徭役妨碍人民耕作。

是月也，天子始絺。命野虞出行田原，为天子劳农劝民，毋或失时。命司徒巡行县、鄙，命农勉作，毋休于都。

这个月，天子开始穿细葛布做的衣服（夏装）。命令主管田野山林的官吏巡行田原，代表天子慰劳勉励农民，不要错失耕种时间；命令司徒巡行王畿、乡间，安排农众勤劳耕作，不要让人民停息于国都之中。

孟夏时节，天气开始变热，所以天子换穿夏装，古代服装也要符合礼制，所以有"黄帝垂衣裳而天下治"的说法。农历四月，农作物生长旺盛，所以劝导农民不要耽误时令，要在田间劳动，不要在城里摆龙门阵或游手好闲。

是月也，驱兽毋害五谷，毋大田猎。农乃登麦，天子乃以彘尝麦，先荐寝庙。

这个月，要驱赶野兽，不要伤害农作物，也不可举行较大规模的打猎。农官献上新麦，天子以猪肉配合尝新麦，在品尝前先进献于寝庙作为尝新麦之礼。

以猪肉配合尝新麦，郑玄说："麦之新，气尤盛，以彘食之，散其热也。"认为新麦火气太旺，需要猪肉来中和一下。按《说卦传》"坎为豕"，坎即水，豕即猪。猪肉属阴，所以郑说或许有理。"先荐寝庙"，高诱说："孝之至。"

是月也，聚畜百药。靡草死，麦秋至。断薄刑，决小罪，出轻系。

这个月还要储备各种药草，预防疾疫。这时荠菜之类野生的植物都已老死，却为麦子成熟的季节。有司要审理一些较轻的案件，判决一些小的犯罪。罪行不太严重的，以及短期拘留的犯人，可判决后予以释放。

一般作物秋天成熟，但麦子夏天成熟，故说"麦秋"。孙希旦说："以起下文之事，孟夏为万物盛长之时，然靡草则以之死，麦则以之秋，以明可顺时气而断薄刑也。"一般认为古代多在秋后判决，但不可能所有的犯罪都拖到秋后，如果轻微犯罪的人都关在监狱里，监狱既住不下，也可能因条件恶劣而造成不必要的死亡。孙希旦的说法，是为孟夏断薄刑找到礼俗上的依据。

蚕事毕，后妃献茧。乃收茧税，以桑为均，贵贱长幼如一，以给郊庙之服。

养蚕的工作既已结束，后妃们就举行献茧之礼。不管贵贱长幼之人，都依照其所用桑叶之多寡作为比例而抽取茧税，以便缫成丝绸，预备祭天和宗庙祭祀的礼服之用。

据孔颖达的说法，宫廷内的妇女是上交蚕茧，而一般妇女是根据养蚕所得收取十一之税。

是月也，天子饮酎，用礼乐。

这个月，天子在宗庙举行"饮酎"礼仪，用乐伴奏。

"酎"（zhòu）是一种重复酿造的醇酒，春天始酿，至夏而成。

孟夏行秋令，则苦雨数来，五谷不滋，四鄙入保。行冬令，则草木蚤枯，后乃大水，败其城郭。行春令，则蝗虫为灾，暴风来格，秀草不实。

夏四月如果施行秋季的政令，就会雨水频降，五谷不能生长，边境的民众都躲进城堡。施行冬季的政令，就会使草木提前枯萎，接着有大水发生，冲毁城郭。施行春季的政令，就会使蝗虫成灾，暴风来袭，草木不结果实。

此段记述孟夏之月违反时令行政的危害性，与前面几月体例相同。

（五）

仲夏之月，日在东井，昏亢中，旦危中。其日丙丁。其帝炎帝，其神祝融。其虫羽。其音徵，律中蕤宾。其数七。其味苦，其臭焦。其祀灶，祭先肺。

仲夏五月，太阳的运行到井宿位置，傍晚亢星出现于南方天空正中，黎明危星出现在南方天空正中。这个月的日子以丙丁为主。炎帝为这个月的主神，祝融为佐神。这个月的动物以羽类为主。相配的声音是徵，候气律管对应在蕤宾。数字为成数七。口味以苦为主，气味以焦为主。祭祀对象为灶神，祭品以肺为上。

这一段记述仲夏之月的天象特征及其所主的神与物，除天象与律管外，与孟夏相同。

小暑至，螳蜋生。鵙始鸣，反舌无声。

节气交到小暑，螳螂生长，伯劳鸟开始鸣叫，反舌鸟不作声了。

按一般仲夏五月的节气是芒种和夏至，小暑可能要到六月初。另《诗经·豳风·七月》云："七月鸣鵙。"可见伯劳鸟的鸣叫时间并不固定。这一小段记物候。

天子居明堂太庙，乘朱路，驾赤骝，载赤旗，衣朱衣，服赤玉，食菽与鸡，其器高以粗。养壮佼。

天子住在南向明堂之正室，出行则顺应夏火之色，车马、旗帜以及服饰佩玉都用红色。食物以豆类和鸡肉为主，用的器皿高大而粗放。这个月要培养强壮的人。

这一段记录仲夏五月天子所宜之居处、车马、衣饰、器物等。前面提到仲春养幼小，到了仲夏就要养壮佼，所谓春生夏长。

是月也，命乐师修鞀、鞞、鼓，均琴、瑟、管、箫，执干、戚、戈、羽，调竽、笙、簧、簧，饬钟、磬、柷、敔。命有司为民祈祀山川百源，大雩帝，用盛乐。乃命百县，雩祀百辟卿士有益于民者，以祈谷实。农乃登黍。

这个月，命乐师修整各式的小鼓、大鼓，调匀所有的弦、管乐器，整固盾、斧、戈、羽毛等文舞、武舞的用具，调和竽、笙、簧、簧等多种管簧乐器，整饬钟、磬、柷、敔等打击乐器。以备在即将到来的大雩祭（雩祭：求雨的祭祀）上使用。于是命典礼的官员替老百姓向那山川源头神祷告，然后由天子亲自主持大雩之祭，用隆重的音乐演奏。同时又命令畿内各县用雩祭来祭祷有功德在民间的前代百官卿士，祈求好的收成。然后农官才能献上黍。

这一段记述天子命令举行雩祭以祈求雨水丰沛的仪

式。夏季农作物生长需要雨水。雩祭是古代比较重要的祭礼，祭祀昊天上帝于南郊之圆坛。在祭祀之前，先祭祀山川百源之神，一方面是遍祭所有水神，另一方面是表示从小到大，由近及远。① 这符合儒家观念。"百辟卿士有益于民者"指勾龙、后稷等有益于人民的先辈。"辟"指的是君主。中国古人往往将有益于人民的先辈封为神，不仅三王五帝为神，后来的城隍、地方神也往往是曾经有益于当地的官员贤人来担当，这是人民不忘旧恩之情感体现。

是月也，天子乃以雏尝黍，羞以含桃，先荐寝庙。令民毋艾蓝以染，毋烧灰，毋暴布。门间毋闭，关市毋索。挺重囚，益其食。

这个月，天子就着小鸡肉品尝黍，品尝前，要和樱桃一起先献于寝庙。这个月命令人民不要刈割蓝草来做染料，也不要伐木烧炭，不要晒布。不要关闭城门间巷，也不要搜索关市。重囚给予缓刑，增加其食品。

"黍"在五月刚种下，因此学者多认为是以旧黍进献（也有人认为是一种叫做鸣条黍的特殊物种），以祈求新黍的丰收。至于为何要配合着鸡肉品尝黍？鸡是羽类，与季节相配，黍，孔颖达说是火谷，因此以黍配鸡。这时樱桃熟了，所以用樱桃进荐。

"艾"通"刈（yì）"，割也。蓝草可制作染料，不割是因草还未长成。夏天炎热，无需烧炭，一般秋末才烧炭。这些都

---

① 　参见孙希旦《礼记集解》"月令第六"。

涉及万物成长的观念。夏天晒布容易脆裂,所以不可晒布。夏天阳气旺盛,需要发泄,故不能关闭城门,也不要在关卡市场检查商品征税,以符合时令开放的特征。对重罪犯实行宽松的管理,增加他们的食物,以免他们因暑热暴死。

游牝别群,则絷腾驹,班马政。

母马已怀孕的,要和马群分开,要把已经能够腾跃的马驹拴牢。并颁布有关养马的政令。

将怀孕的母马从马群分开,拴牢跳跃的小马,是避免怀孕之马受到伤害。沈文倬说:"絷驹"是中国古代的一项重要典礼,这种礼的目的有二:一是使马驹断乳离开母马,二是将已经长大的马驹编入国君的财产项目。①

是月也,日长至,阴阳争,死生分。君子齐戒,处必掩身,毋躁。止声色,毋或进。薄滋味,毋致和。节嗜欲,定心气,百官静,事毋刑,以定晏阴之所成。

这个月,到了夏至,是一年里最长的一天。阴气与阳气形成互争的局面。阴、阳互争的时候,亦是万物死、生之界。这时君子要斋戒,在家里亦不可裸露身体,要安静而不急躁;停止声色娱乐,不要将舞乐和美色进献给君子,饮食不再讲究口味,节嗜欲而平心气;身体器官处于静养状态,谨

---

① 见杨天宇《礼记译注》"月令篇"。

慎行事,来等待阴、阳的稳定。

这个月有个重要的节气夏至,是白天最长的一天,过后则黑夜变长。这个月的月卦为姤(☰),其象为一阴始生,由四月纯阳乾卦的气息过渡到五月后阴气滋生,古人认为阳主生,阴主杀,这种阴阳相争变化的时节人体容易得病,因此要清心寡欲,安定身体,等待天气变化后的稳定。"晏"即"阳"。

这个月有个重要的节日端午节,从端午节的民俗事项上,也可看出阴阳相争的特点。挂菖蒲、喝雄黄酒、悬艾等,都是为了压制这个月气候变化引发的疫气。

鹿角解,蝉始鸣。半夏生,木堇荣。

这个月,鹿将脱角,而夏蝉开始鸣叫,半夏生长,木槿花开得最为茂盛。

这里是记述五月的物候。

是月也,毋用火南方。可以居高明,可以远眺望,可以升山陵,可以处台榭。

这个月,不要在南方用火。可以住在高爽明亮的地方,可以向远处眺望,可以攀登山丘,可以住在台榭上。

不可以在南方用火,郑玄的解释是"阳气盛,又用火于南方,害微阴也",也就是五月一阴始生,但阳气仍然很旺,南方又属火,在南方用火不利于季节的转换。五月阳气在上,阴气在下,所以可以居住在高处,例如山陵、台榭等。高处自然适合远眺。

仲夏行冬令,则雹冻伤谷,道路不通,暴兵来至。行春令,则五谷晚熟,百螣时起,其国乃饥。行秋令,则草木零落,果实早成,民殃于疫。

若在仲夏之月施行冬天的政令,就会有冰雹霜寒损害庄稼,并且导致道路不通,盗贼横行。施行春季的政令,则五谷不能按时成熟,各种病虫害发作,导致当地饥荒。若施行秋令,则草木零落,果实早熟,人民为时疫所伤害。

这一段记述仲夏之月违反时令行政的害处。

(六)

季夏之月,日在柳,昏火中,旦奎中。其日丙丁。其帝炎帝,其神祝融。其虫羽。其音徵,律中林钟。其数七。其味苦,其臭焦。其祀灶,祭先肺。

季夏六月,太阳运行到柳宿的位置,傍晚火星出现在南方天空正中,黎明奎星出现在南方天空正中。这个月的日子以丙丁为主。主宰天帝是炎帝,佐神为祝融。应气而动的动物为羽类,声音以徵音为主,候气律管应在林钟。以七为成数。口味以苦为主,气味以焦为主。祭祀对象为灶神,祭品以肺为先。

这段记述季夏的天象特征与所主之神与物,除天象与律管外,与前面两月几乎一致。

温风始至,蟋蟀居壁,鹰乃学习,腐草为萤。

这个时候,暖风开始吹了,蟋蟀躲在墙罅里,雏鹰开始学习飞行搏击,腐草变成了萤火虫。

这一段记述六月的物候,或以为"温风"应是"凉风"。此时蟋蟀还躲在墙缝中。孔颖达说:"(蟋蟀)生在于土中,至季夏羽翼稍成,未能远飞,但居其壁。"上海人称之为赤膊蟋蟀。腐草变为萤火虫是由于古人观察不够仔细,以及由化生观念而形成的错误认识。

天子居明堂右个,乘朱路,驾赤骝,载赤旗,衣朱衣,服赤玉。食菽与鸡,其器高以粗。

天子应时住在南方明堂的右室,出行乘红色的车,驾红色的马、插红色的旗,穿红色的衣服,佩红色的玉,食物以鸡肉和豆食为主,用的器皿是高大而粗放的。

这段记录了季夏之月天子所宜之居处、车马、衣服等,除居处外,其他与前面两月相同。

命渔师伐蛟取鼍,登龟取鼋。命泽人纳材苇。

此月天子命令渔官杀蛟捕鼍,献龟捉鼋。命令看管湖荡的人收取蒲苇。

鼍(tuó)即扬子鳄,鼋为大鳖。献龟取玉,按照《周礼》都在秋天。《诗经·豳风·七月》则曰:"八月萑苇",可知蒲苇要在八月收割。对此,孙希旦解释说:"盖此事以季夏始命,而自是至秋,皆可为之也"。

是月也,命四监大合百县之秩刍,以养牺牲。令民无不咸出其力,以共皇天上帝名山大川四方之神,以祠宗庙社稷之灵,以为民祈福。

这一个月,天子下令各县主管官员征集各地应缴的干草饲料,用以饲养祭祀的牺牲。命令民众都要出力,来供给祭祀皇天上帝、名山大川、四方神祈之所需,还需供应祭祀宗庙社稷之用,这样来为人民祈求福利。

这一段反映了古人对于神灵的敬重。荀子说:"礼有三本:天地者,生之本也;先祖者,类之本也;君师者,治之本也。无天地,恶生? 无先祖,恶出? 无君师,恶治? 三者偏亡,焉无安人。故礼,上事天,下事地,尊先祖,而隆君师。是礼之三本也。"祭祀天地四方神灵和祖先社稷,即反映了尊重天地和祖先的观念。

是月也,命妇官染采,黼、黻、文、章,必以法

故，无或差贷。黑、黄、仓、赤，莫不质良，毋敢诈伪，以给郊庙祭祀之服，以为旗章，以别贵贱等给之度。

这一个月，命令主管女工的官吏给丝帛染色，所染的黼、黻、文、章的各种颜色必须按照旧有的标准，不能有些许的差错。黑、黄、青、红各种染料，无不品质优良，不得虚假。这样染好的丝帛用做郊庙祭祀的礼服、旗帜，用来区别贵贱等级的差别。

这一段记述古代官方衣料染色的情况。《周礼·考工记》说："青与赤谓之文，赤与白谓之章，白与黑谓之黼（fǔ），黑与青谓之黻（fú）。"可见我国印染工艺成熟较早。"文章"的意思后来发生了变化，指文字创作。

是月也，树木方盛，乃命虞人入山行木，毋有斩伐。不可以兴土功，不可以合诸侯，不可以起兵动众，毋举大事，以摇养气。毋发令而待，以妨神农之事也。水潦盛昌，神农将持功，举大事则有天殃。

这一个月，是树木长得最茂盛的时候，就命令主管山林的虞人前往林区巡查，不许有盗采伐木的事情发生。同时不可兴建土木工程，也不可会合诸侯或兴兵动武。不要征发徭役。这些行为会干扰季夏生养之气。也不要预先发布命令让民众等待，这样会妨碍农官开展农业工作。由于这时雨水正盛,农官正好利用雨水成就农业丰收,如果举办大事而摇荡土气,就要受到上天的责罚。

在季夏六月砍伐森林,大兴土木,征发徭役兵役等,都会破坏农业生产,摇荡国本,因此予以禁止。炎帝神农,教民稼穑,死后成为土神。孙希旦以为这里的神农是"主稼穑之官",即农官,此说有理。

是月也,土润溽暑,大雨时行,烧薙行水,利以杀草,如以热汤。可以粪田畴,可以美土强。

这个月,泥土非常润湿,天气又很热,经常下大雨,要先割下野草烧成灰,雨水浸泡后,就像热汤一样,有利于杀死田中野草。这样做还可以肥沃土壤,改善土质。

这一段记述要顺应时令,在季夏利用野草来肥田,既除灭了野草,又改善了土质,反映了古人的农业智慧。薙(tì)即除草,孔颖达说:"五月夏至,芟杀暴之,至六月合烧之,故云'烧薙'也。"

季夏行春令,则谷实鲜落,国多风咳,民乃迁徙。行秋令,则丘隰水潦,禾稼不熟,乃多女灾。行冬令,则风寒不时,鹰隼蚤鸷,四鄙入保。

若在夏末施行春令,谷实就会量少而散落,境内多患风寒咳嗽,人民多迁徙流散。施行秋令,则高地、低地经常遭水淹,庄稼不得成熟,还有女人生子不易成活之患。施行冬令,则有大风寒流突发,鹰隼会过早搏杀猎物,而边境人民也会因被敌寇侵掠而躲进城堡。

这段描写违背季夏时令行政造成的灾难。

中央土。其日戊己。其帝黄帝,其神后土。其虫倮。其音宫,律中黄钟之宫。其数五。其味甘,其臭香。其祠中霤,祭先心。

一年之中央五行属土,这段时间的日子以戊己为主。主宰天帝是黄帝,佐神叫后土。动物以没有羽、鳞、毛、介的裸类为主。倮,即裸。声音以宫音为主,候气律管应在十二律之黄钟。数字为生数五。口味以甘为主,气味以香为主。举行祭祀土神的中霤礼,祭品以心脏为上。

这段话记录中央土所主之神与物等。古人四季的观念形成相当早,但作为五种元素的五行观念则为晚出的观念。《尚书·洪范》提到的金、木、水、火、土,还是具体物质的概念,且没有生克的关系。后人发展了五行观念,以五行配五方、五音等,显得非常自然,但以五行配四时,则产生了问题。阴阳学家遂作了这样的解释,春属木,夏属火,秋属金,冬属水。然后将每一个季节的最后十八天组合在一起,一共 72 天,形成一个属于土的时间段,称作"长夏"。而其他四季各抽走十八天后,也剩七十二天,这样五行就和四时相配了。《内经·素问·太阴阳明论》云:"脾者土也,治中央,常以四时长四藏,各十八日寄治。"因为木生火、火生土、土生金、金生水、水生木，所以土的位置在火后，时间排在夏后秋前。后来用于预测的方术，基本也是以这种方式确定时间的五行归属。

关于裸虫，孔颖达引《大戴礼》云："东方鳞虫三百六十，龙为之长；南方羽虫三百六十，凤为之长；西方毛虫三百六十，麟为之长；北方介虫三百六十，龟为之长；中央倮虫三百六十，圣人为之长。"五种动物，以人在其中的裸虫为最高贵，所以配中央土。

土的生数是五，成数是十，何以四季都用成数，这里独用生数？郑玄说："土以生为本。"孙希旦说："四时皆言成数，土独言生数者，以五居数之中，与中央之位合也。"

五行生数与成数表

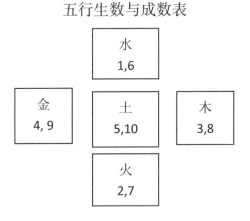

1-5 为生数，6-10 为成数。

（图五）

春季祭品以脾为上，春属木，脾属土；夏季祭品以肺为上，夏属火，肺属金，所以祭祀对象都是为季节五行之所克

（胜），但这里属土的时间段，祭品却是属火的心，而火是生土的。孙希旦说："土兼载四行，不以有所胜为功，故用其所由生。"也算是一种解释。也可能心在五脏中地位比较重要，故以之配中央土。

天子居大庙大室，乘大路，驾黄骝，载黄旗，衣黄衣，服黄玉，食稷与牛，其器圜以闳。

这时，天子居于明堂正中央之大庙大室，乘坐的是大车，驾黄色之马，插黄色之旗，穿黄袍，佩黄玉，吃的是谷子和牛肉，用的器皿要圆且高大。

这一段记录中央土行之时天子所宜之居处、车马、衣服、食物和器具等。中央土为黄色，故所用之物皆黄色，稷为五谷之首，产于土，古代以社稷指国家，可见其重要性。牛为土畜，《说卦传》云："坤为牛"，坤即大地，属土。

（七）

孟秋之月，日在翼，昏建星中，旦毕中。其日庚辛。其帝少皞，其神蓐收。其虫毛。其音商，律中夷则。其数九。其味辛，其臭腥。其祀门，祭先肝。

孟秋之月，太阳运行到翼宿位置，黄昏时建星出现在南方天空正中,黎明时毕星出现在南方天空正中。这个月的日子以庚辛为主。少皞为主宰天帝,蓐收为辅佐天神。当令动物是毛皮类动物。声音以商音为主,候气律管应在夷则。数字为成数九。口味以辛为主,气味以腥为主。祭祀对象为门神,祭品以肝为上。

秋在五行属金,天干中庚辛为金,所以说"其日庚辛"。少皞为传说中上古部落首领,号金天氏,因生前有功于民,死后为西方之帝,主秋。蓐收是少皞的儿子,死后成为西方金神。西方七宿的形象为白虎,又高诱说:"金气寒,裸者衣毛,毛虫之属,而虎为之长。"所以动物为毛皮类。金的生数为四,成数为九。辛指葱、蒜等植物的刺激性味道,毛皮类动物往往有腥臭的气味。春天祭户,秋天祭门,门是大门的外边,户是大门的里边,寒气从外面进来,故"祀门"。肝属木,为金所克,所以祭品为肝。

凉风至,白露降,寒蝉鸣。鹰乃祭鸟,用始行戮。

七月凉风吹来,白露初降,寒蝉哀鸣,鹰隼搏杀鸟类后摆放在四面如祭祀,随后开始吃掉这些鸟。

这段话记述孟秋之物候。有人将"用始行戮"理解为有司开始处决罪犯,这样就不是说物候了,与前面各月体例不同,故不取。

天子居总章左个,乘戎路,驾白骆,载白旗,衣

白衣，服白玉，食麻与犬，其器廉以深。

　　天子应时居住于明堂西面的总章左室，出行则乘坐兵车，驾白马，插白旗，穿白衣，佩戴白玉，食物以穈子和狗肉为主。用的器具有棱角且深邃。

　　这一段记述孟秋七月天子所宜的居处、车马、衣服、食物、器具等，因西方色白，所以颜色以白为主。陈奇猷说：麻即‘穈’之省文。”杨天宇认为“穈”就是穈子，即黍之不粘者。穈子在秋天成熟，为金谷，狗被认为是金畜。器物深邃代表秋天重收藏，有棱角暗示金属具有锐利的属性。

　　是月也，以立秋。先立秋三日，大史谒之天子曰：某日立秋，盛德在金。天子乃齐。立秋之日，天子亲帅三公、九卿、诸侯、大夫，以迎秋于西郊。还反，赏军帅武人于朝。天子乃命将帅，选士厉兵，简练桀俊，专任有功，以征不义。诘诛暴慢，以明好恶，顺彼远方。

　　这个月立秋。在立秋的前三天，太史谒见天子，报告说：“某日立秋，为金德当令。”天子于是斋戒。到了立秋那一天，天子亲自率领三公、九卿、诸侯、大夫，同往西郊举行迎秋之礼。礼毕回来，就在朝廷上赏赐军队长官和军人。然后命令军队将帅官，挑选战士，修整刀枪，选练骨干，任用有战功的人，征讨不义的人，责罚暴虐悖慢的人，这样就能彰显上面的是非好恶，让远方的人民闻风敬服。

此段记述天子迎秋典礼,赏善罚恶等行为。秋属金,方位在西,所以到西郊迎接秋神。秋天寓有肃杀之气,顺此时气,天子修炼武功,诛伐无道,惩罚暴虐,怀柔远人。这个月的节气有立秋和处暑。

是月也,命有司修法制,缮囹圄,具桎梏,禁止奸,慎罪邪,务搏执。命理瞻伤察创,视折审断。决狱讼,必端平。戮有罪,严断刑。天地始肃,不可以赢。

这个月,要命令司法官员严明法制,修缮监狱,置备镣铐,禁止奸邪,慎察罪恶,及时拘捕坏人。命令治狱官吏检查受刑后有创伤、筋骨折断的囚犯。判决案件,必须正直公平。杀戮罪人,要严格按照刑法。这个时节,天地气象开始肃杀,不可以宽缓懈怠。

秋天气候肃杀,法律也严酷,因此天人相感,这个时候要严格依法行事,处理违法乱纪的罪犯。死刑犯也在秋季执行,所谓秋后处斩。"理"是狱官,他们查看受刑而伤残的人,给予治疗,以体现天子的"矜恤之意"。

是月也,农乃登谷。天子尝新,先荐寝庙。命百官,始收敛。完堤防,谨壅塞,以备水潦。修宫室,坏墙垣,补城郭。

这个月,农官进献新谷,天子品尝新谷,必先进于寝庙。

宋人方慤认为这里的谷指的是稷。稷开始收割了。

这时,命令百官开始行收敛之政。修补堤防,检查堵塞之处,以防备水灾。修理宫室,增补墙垣,补葺城郭。

这一段记述收敛之政的内容,以修缮补遗以备不测为主。"坏"即"培"。一说"收敛"为收取赋税,也通。

是月也,毋以封诸侯、立大官。毋以割地、行大使、出大币。

在这个月里,不要分封诸侯、设立大官,不要赏赐臣下土地,不要派出大使,不要外赠币帛。

这段记述孟秋之月的禁忌,主要是不能有发散性的举措,统治者不可耗散财富和土地。七月的值月卦为否(䷋),阳气上升阴气下降是一个阴阳不交的象。所以外交部长不应在这个月宣布免除别国的债务,或赠予财物等。

孟秋行冬令,则阴气大胜,介虫败谷,戎兵乃来。行春令,则其国乃旱,阳气复还,五谷无实。行夏令,则国多火灾,寒热不节,民多疟疾。

若孟秋施行冬季的政令,则阴气太重,甲虫损害庄稼,有敌寇来袭。施行春令,则将遭受旱灾,而阳气乘之又来,使五谷不能结实。施行夏令,那么境内时有火灾,气温亦没有规律,人民多患疟疾。

此段记述孟秋违反时令行政之害。

（八）

仲秋之月，日在角，昏牵牛中，旦觜巂中。其日庚辛，其帝少暤，其神蓐收。其虫毛。其音商，律中南吕。其数九，其味辛，其臭腥。其祀门，祭先肝。

仲秋八月，太阳运行到角宿位置，黄昏牵牛星出现在南方天空正中，黎明觜宿出现在南方天空正中。这个月的日子以庚辛为主，主宰天帝为少暤，佐神为蓐收。这个月的当令动物以皮毛类为主。声音以商音为主，律管与南吕相应。数字为成数九。口味以辛为主，气味以腥为主。祭祀对象为门神，祭品以肝为上。觜巂（zī xī），即觜宿，西方七宿的第六宿。

这一段除了天象与律管有所不同外，其它与孟秋相同。

盲风至，鸿雁来，玄鸟归，群鸟养羞。

疾风吹来，大雁自北向南飞，燕子也都南归，群鸟开始储存食物。

这段是叙述仲秋八月的物候，"盲风"为迅疾的风。高诱以为"群鸟养羞"是鸟类羽毛变密准备过冬。

天子居总章大庙，乘戎路，驾白骆，载白旗，衣白衣，服白玉，食麻与犬，其器廉以深。

天子居住在明堂之总章的正室，出行乘坐白色兵车，驾白马，插白旗，穿白色衣服，佩戴白玉。食品以糜子和狗肉为主，所用器物有棱角而深邃。

这段除居处有所转移外，其他方面与孟秋同。

是月也，养衰老，授几杖，行糜粥饮食。乃命司服，具饬衣裳，文绣有恒，制有小大，度有长短。衣服有量，必循其故，冠带有常。乃命有司，申严百刑，斩杀必当，毋或枉桡。枉桡不当，反受其殃。

这个月，要着重养护衰老的人，赐给他们几和手杖，并赐以粥食。

根据天人合一的原理，秋天阴气重，老年衰。因此官方要赐予他们几和杖，便于他们坐立，"几"为"古人凭坐者"（《说文》），相当于凳子。赏赐粥食是方便消化。这个仪式后来一直保存了下来。《后汉书·礼仪志》记载："仲秋之月，县、道皆案户比民，年始七十者，授之以玉杖，哺之糜粥。八十、九十，礼有加赐。玉杖长尺，端以鸠饰。鸠者，不噎之鸟也，欲老人不噎。"唐代也有这样的仪式，开元二十四年（736）八月初五，唐玄宗将此日定为千秋节，下诏赐宴老人并赐礼物。

这时命令掌管服装的官员，认真整理祭祀所用的衣服，衣服的花纹以及大小、长短,都有一定的制度。其他日用的衣服尺寸、冠带样式,亦皆须依循以往的情形。

这里的"文绣",郑玄认为是祭服,而"衣服",则为平时上朝或宴饮时所穿的衣服。祭服的规定更加严格,必须保持形式稳定,以象征国家的稳定有常。

又命令司狱之官,重申严格执行各种刑罚,或斩或杀,一定要公正,不可有丝毫枉曲,倘有枉曲不当之处,司法者就要反受其罪。

这一段记述司法者在秋天处理各种案件,强调量刑必当,尤其对于死刑要慎重。

是月也,乃命宰、祝,循行牺牲,视全具。案刍豢,瞻肥瘠,察物色,必比类;量小大,视长短,皆中度。五者备当,上帝其飨。

这个月要命令太宰和太祝察看祭祀用的牺牲准备情况,看看牺牲是否完好。检验牛羊和猪等不同牲畜,看它们的肥瘦情形,观察其颜色,要根据不同祭祀将牺牲分类;量度其大小、长短,都要合乎标准。亦即必须使其种类、肥瘠、颜色、小大、长短五者皆合,上帝才会享用。

这一段中,宰是掌管祭祀用牺牲的官员,祝是祭祀时负责祈福的官员。吃草料的牛羊叫刍,吃谷物的牲畜叫豢。一说草料叫刍,谷料叫豢。这里用前一说。

天子乃难,以达秋气。以犬尝麻,先荐寝庙。

此时,天子举行秋傩,以通达秋气。用狗肉配合并品尝新熟的糜子,尝食前,先进献给寝庙。

这个月举行的傩是秋傩,郑玄说:"此难,难阳气也。阳气至此不衰,害亦将及人。"从卦象上看,八月为观卦(䷓)当令,阳气仅余上二爻,所以八月天气应该已凉快,但有时会突然变得很热,俗语所谓"秋老虎"之类,这种天气容易造成疾病,所以通过傩仪来驱除多余的阳气。

是月也,可以筑城郭,建都邑,穿窦窖,修囷仓。乃命有司,趣民收敛,务畜菜,多积聚。乃劝种麦,毋或失时。其有失时,行罪无疑。

这个月,可以修筑城郭,建置都邑,挖掘洞窖,修茸仓廪。要命令主管官吏督促民众收藏谷物,加紧储存蔬菜,积聚过冬物资。鼓励种植麦子,不要误失时令。如果有失时令,就将受到惩罚。

秋天万物成熟,所以可以适当砍伐,修整城郭,兴造建筑。秋天又是收敛的季节,需要多做准备,以备冬天的来临。这时段勉励种麦,因为去年收成的谷物到了夏末差不多吃完了,新谷七月收割,麻、稻要到八九月成熟。郑玄说:"麦者,接绝续乏之谷,尤重之。"麦在五到六月收割,正好在旧谷已完,新谷未收的情况下救急,因此在八月要播种,以备来年夏末之需。

是月也,日夜分,雷始收声。蛰虫坏户,杀气

浸盛，阳气日衰，水始涸。日夜分，则同度、量，平权、衡，正钧、石，角斗、甬。

这个月，白天和黑夜长度相等，雷声开始消失，昆虫在洞口培土预备蛰伏；这时肃杀之气渐渐加深，而阳气一天比一天减少，河水也开始干涸。"坏户"即培户，在洞口堆土。

这一段也是写物候。

当这日夜平分之际，正好校正度量衡的长度单位和容量单位，平准秤锤和秤杆，确定重量单位，核准容器。

到了秋分节气，所以黑夜白天相等。基于天人相应，这个月就要校正度量衡。此月在秋分之前还有一个节气是白露。

古代在秋分有祭月的仪式，后演变为中秋节。

是月也，易关市，来商旅，纳货贿，以便民事。四方来集，远乡皆至，则财不匮，上无乏用，百事乃遂。凡举大事，毋逆大数，必顺其时，慎因其类。

这个月，应该宽减关口的稽查，降低市廛的租税，以招徕各地的商人和旅客，收进他们携来的财物，使人民日用充裕。因为四方的人来赶集，远方的人都来旅游，则财用不会缺乏，政府经费充裕，各种事业就都可办成了。

秋天本是收藏的季节，如能多聚财富，自然地方昌盛。但聚财有道，轻税收，减关卡，商贸和投资成本低，各地做生意的人就都会来，资本自有其流动的规律。古人很早就懂得这个道理。

凡是举行大事，不可违反天道，必须顺时行事，在适当的时期，办适当的事。

郑玄说："大事，谓兴土功，合诸侯，举兵众也。"孙希旦认为这里的大事是承上段"百事乃遂"来说的，秋天财富充足，可以做些事情，但认为财富充足就可以妄为，那就要出事了。所以这里提出警告。

仲秋行春令，则秋雨不降，草木生荣，国乃有恐。行夏令，则其国乃旱，蛰虫不藏，五谷复生。行冬令，则风灾数起，收雷先行，草木蚤死。

仲秋施行春季的政令，则秋雨不降，草木再次开花，国内常有恐惧的事情发生。施行夏季的政令，那么国内将干旱，昆虫不能蛰藏入土，五谷又复发芽，败坏谷实。施行冬季政令，则常起风灾，又出现雷声，草木提前死亡。

此段记述仲秋违反时令行政之害。

（九）

季秋之月，日在房，昏虚中，旦柳中。其日庚辛。其帝少皞，其神蓐收。其虫毛。其音商，律中无射。其数九。其味辛，其臭腥。其祀门，祭先肝。

季秋九月,太阳运行到房宿位置,黄昏虚星出现在南方天空正中,黎明柳星出现在南方天空正中。这个月的日子以庚辛为主。主宰天帝为少皞,佐神为蓐收。动物以毛皮类为主。五音以商音为主,候气律管与无射相应。数字为成数九。口味以辛为主,气味以腥为主。祭祀对象为门神,祭品以肝为上。

此段记述季秋九月的天象特征及所主之神与物、声音气味等,除天象和候气管外,其它与前两月相同。

鸿雁来宾,爵入大水为蛤。鞠有黄华,豺乃祭兽戮禽。

鸿雁来到南方,鸟雀入海变为蛤。这月,菊开出黄花,豺捕获了猎物,将它们陈放四周如祭,然后杀兽而食。

这一段写物候。鸿雁是候鸟,天冷了回到南方。鸟雀入海变成蛤类,是古代化生观念,犹如庄子《逍遥游》的鲲变为鹏。菊花在九月开放,此花开后,下一次花开就是报春的腊梅了。故诗人说:"不是画中偏爱菊,此花开后更无花。"伴随着花开,九月有一个重要的节日重阳节,节俗为登高。九月的月卦为剥(䷖),阳气即将剥尽,唯在高天留有一丝,故需登高以接续阳气,重阳登高就包含这种思想。

天子居总章右个,乘戎路,驾白骆,载白旗,衣白衣,服白玉。食麻与犬,其器廉以深。

天子居住在明堂总章的右室，出行乘坐兵车，驾白马，插白旗，穿白衣，佩戴白玉。食物以糜子和狗肉为主，使用有棱角而深邃的器物。

这一段写季秋之月天子所宜之居处、车马衣服、食物器物等，与前两月相同。

是月也，申严号令。命百官贵贱无不务内，以会天地之藏，无有宣出。乃命冢宰，农事备收，举五谷之要，藏帝藉之收于神仓，祗敬必饬。

这个月，要严明各种号令，命令大小百官都从事于收敛的工作，以配合天地闭藏的季节特征，不可再有发散的行为。同时命令掌管政事的冢宰，在农作物全数收齐之后，将五谷赋税登记入帐簿，并将帝藉之田的收获储藏于神仓，要特别谨慎严肃。

这一段记述季秋的收藏工作。秋收冬藏，天地之气以收敛为主，人间事务也应注重收藏。"五谷之要"指五谷租税的登记册，"帝藉"是种植供祭神用的田地，这是古代的特供地。"神仓"是收藏祭祀用谷物的仓库。"祗敬必饬"是敬而又敬，务必准确。

是月也，霜始降，则百工休。乃命有司曰：寒气总至，民力不堪，其皆入室。

这个月，开始降霜，让工匠们停止工作休息。命令主管官吏说："寒气袭来,民众难以忍受,让他们都回家吧"。

这个月的节气有霜降和寒露,天气真的凉了。秋天本身就以收藏为主,况且百工经历了大半年的辛苦,所以让他们回家休息。

上丁,命乐正入学习吹。

在这个月第一个丁日,命令乐正到国家学校教授乐器吹奏。

这个时期,国家的礼乐教学仍然不能松懈,也是为后面的"飨帝"做准备。所以命掌管音乐的乐正到国家学校教学。孙希旦说:"春为阳,阳主动,故习舞;秋为阴,阴主静,故习吹。"

是月也,大飨帝,尝,牺牲告备于天子。

这个月,要举行飨五帝的祭祀和遍祀群神的"尝祭",所使用的祭牲完备后要报告天子。

这一段有些不同的解读,郑玄以为"大飨"是"遍祭五帝",孙希旦以为"祀上帝于明堂也"。今人杨天宇认为"大飨"礼已不可考。郑玄并以为"大飨"是天子亲祭,而"尝"为有司执行祭祀,恐未必然。

合诸侯,制百县,为来岁受朔日,与诸侯所税于民轻重之法;贡职之数,以远近土地所宜为度,

以给郊庙之事，无有所私。

　　天子会合诸侯和畿内的县官，颁布来年的朔日。同时，授予诸侯国内征税之标准。诸侯和各县贡献物品之多寡，应依其距离都城的远近与土地肥瘠的情形来制定等级，并用以祭神、祭祖，天子不得私用。

　　这一段反映的是此月天子会合诸侯百官，颁布税贡之法的情况。因为《月令》和《吕氏春秋·十二纪》基本相同，一般认为反映的是秦国的情况。秦历以十月为岁首，九月为岁尾，而朔日在 12 月，所以要确定朔日的时间。但《月令》和《十二纪》的叙事皆从夏历一月开始，到十二月结束，可见是兼用夏历和秦历，这和《诗经·豳风·七月》兼用夏历和周历可谓异曲同工。

**　　是月也，天子乃教于田猎，以习五戎，班马政。命仆及七驺咸驾，载旌、旐，授车以级，整设于屏外。司徒搢扑，北面誓之。天子乃厉饰，执弓挟矢以猎，命主祠祭禽于四方。**

　　这个月，天子利用田猎而教人民战法，学习五种兵器的使用方法，以及颁布驭马、用马的规则。命令戎仆及马官都驾车，车上竖起旗帜，依职位高低分派车辆，整队排列于猎场的屏障之外。司徒把鞭子插在腰间，朝着北面宣读军令。这时，天子披戴盔甲，执弓挟矢，率众打猎。结束后命主祭者用所获禽兽祭祀四方神灵。

这一段的"五戎"指五种兵器，即弓矢、殳、矛、戈、戟。"仆"是驾车的人。"七驺"是马官。"扑"是用荆条做成的类似于鞭子的东西。"厉饰"指戎装。

> **是月也，草木黄落，乃伐薪为炭。蛰虫咸俯在内，皆墐其户。乃趣狱刑，毋留有罪。收禄秩之不当、供养之不宜者。**

这个月，草木枯黄凋零，于是就可以砍柴烧炭。冬眠的动物都藏在洞穴中，用泥土封住洞口。这个时节，要加紧审理刑案，不要留下未被审理的罪人。要收回不适当的俸禄和供养。

草木黄落，蛰虫墐户，说明天气已经肃杀，可以行刑。孙希旦认为秦历以十月为岁首，不可以执行死刑，"故当刑者皆于此月趣决之也"。

> **是月也，天子乃以犬尝稻，先荐寝庙。**

这个月，稻子开始收割，天子乃以狗肉配合尝稻，先进之于寝庙，孝敬祖宗。

七月谷（稷），八月麻，九月稻，农作物至此收割完毕。

> **季秋行夏令，则其国大水，冬藏殃败，民多鼽嚏。行冬令，则国多盗贼，边境不宁，土地分裂。行春令，则暖风来至，民气解惰，师兴不居。**

若在秋季施行夏令,国中将有水灾,准备过冬的东西都将损坏,并且人民常患伤风鼻塞之病。鼽(qiú),鼻塞。施行冬令,则国内盗贼为患,边境常受侵扰,土地为人所占。行春令,则暖风到来,人民精神懈怠,常有军事行动。

这段记述违背时令行政的危害。

（十）

孟冬之月,日在尾,昏危中,旦七星中。其日壬癸。其帝颛顼,其神玄冥。其虫介。其音羽,律中应钟。其数六。其味咸,其臭朽。其祀行,祭先肾。

孟冬十月,太阳运行到尾宿位置,黄昏时候危星出现在南方天空的正中,黎明时候七星出现在南方天空正中。这个月的日子以壬癸为主。主宰天帝为颛顼,佐神为玄冥。这个月的动物是以龟甲类为主。声音以羽音为主,候气律管与应钟相应。数字为成数六。口味以咸为主,气味以朽为主。祭祀对象为行神,祭品以肾为上。

冬季五行属水,颛顼为古代部落首领,又称高阳氏,按照邹衍五德终始的说法,他以水德为王,所以死后为北方之帝,因北方五行也属水。玄冥为少皞之子,名字叫修,又叫熙,曾担任水官,死后成为北方水神。玄冥从颜色上说指深而暗的颜色,与冬天水的颜色接近。北方七宿的形象为龟

（玄武），所以动物代表为龟甲类；又龟鳖之类常潜藏于水底，所以是冬季的当令动物。"羽"为五声音阶的第五个音，相当于今天简谱的"6"音。水的成数为六。"朽"指腐朽的气息。"行"为路神，为何冬天要祭路神，不清楚。《白虎通》和《淮南子》这句作"冬祀井"。孙希旦云："下盛德在火而祀灶。冬盛德于水，似乎'祀井'为宜"，但行神也为古代祭祀对象。《月令》中祭品所用五脏，常常为季节五行之所克，冬为水，其所克为火，脏器应为心，但这里的祭品是肾，对此郑玄解释说："祀之先祭肾者，阴位在下，肾亦在下，肾为尊也。"也就是肾在身体的下方，阴气是往下走的，所以用肾。孙希旦说："肾属水，冬气静而复其所，故自用其藏也。"这两种解释都较牵强，其实《月令》中的说法，了解其大概原理即可，不必拘泥。

水始冰，地始冻。雉入大水为蜃。虹藏不见。

河水开始结冰，大地开始冻结，野鸡入海化为大蛤，彩虹隐匿不见。

这是记述孟冬的物候，郑玄和孔颖达均认为"大水"为淮河。野鸡化为大蛤，是古代的物化观念。

天子居玄堂左个，乘玄路，驾铁骊，载玄旗，衣黑衣，服玄玉，食黍与彘，其器闳以奄。

天子居住在明堂之玄堂的西室，出行乘坐黑色的车，驾黑色的马,插黑旗,穿黑衣,佩黑玉,食物以黍子和猪肉为主,使用的器物腹大而口小。

所谓铁骊,是指色黑如铁的马。郑玄说黍"属火,寒时食之,亦以安性也"。"黍"从中医角度说,有补中益气的功效,猪为水畜,五行与冬相配。"器阂以奄",对应冬气之收敛。

是月也,以立冬。先立冬三日,太史谒之天子曰:某日立冬,盛德在水。天子乃齐。立冬之日,天子亲帅三公、九卿、大夫以迎冬于北郊,还反,赏死事,恤孤寡。

这个月立冬。在立冬的前三天,太史谒见天子报告说:"某日立冬,为水德当令。"天子便开始斋戒。到了立冬那一天,天子亲自率领三公、九卿、大夫,同往北郊举行迎冬典礼。礼毕回来,乃在朝中赏赐为国捐躯者,抚恤为国捐躯者的妻子和儿女。

据孙希旦说,迎冬是迎北方黑帝颛顼。"赏死事"是"以励死敌者之气,亦所以顺杀气也。"冬天万物肃杀,阴气重,顺势纪念卫国捐躯的将士

这个月还有一个节气是小雪。

是月也,命大史衅龟策,占兆审卦,吉凶是察,阿党则罪,无有掩蔽。

　　这个月，命太卜之官用牲血涂抹占卜用的龟甲和蓍草，查看龟甲所显的"兆"象和蓍草所现"卦"数，视其吉凶。对于谄媚悦上或朋比为奸的人，则予以惩罚，使其罪行无所蒙蔽。

　　《吕氏春秋》之"十二纪"中"太史"作"太卜"。"衅"是"杀牲以血涂衅其龟及策"，这样据说预测比较灵验。"策"指蓍草。

**　　是月也，天子始裘。命有司曰："天气上腾，地气下降，天地不通，闭塞而成冬。"命百官谨盖藏。命司徒循行积聚，无有不敛。**

　　这个月，天子开始穿裘皮衣服。命令官员说："天气上升，地气下降，天地二气不相沟通，闭塞而形成冬天。"命令百官严格执行仓库的覆盖收藏工作。命令司徒巡查各类储备物资，不可有未收敛的财物庄稼。

　　孟冬十月的月卦为坤（☷），地上地下布满阴气，没有阳气，所以说天地不通，即《坤·文言》所谓的"天地闭，贤人隐"。因此要命令官员严格做好收藏工作，以符合天人合一的原理。

**　　坏城郭，戒门闾，修键闭，慎管龠，固封疆，备边竟，完要塞，谨关梁，塞徯径。饬丧纪，辨衣裳，审棺椁之薄厚，茔丘垄之大小、高卑、厚薄之度，贵贱之等级。**

要修筑城郭,加强城门和闾里的警戒,修理栓锁,慎重
管理钥匙,加固印封,守备边境,修缮要塞,严守关口,封锁
小路。

"坏"即"培",增厚之意。"疆"《吕氏春秋》和《淮南子》
都作"玺",即封印。封锁小路是预防盗匪。总而言之就是
关闭守卫。

整顿丧事的制度,辨别丧服的规矩,审看棺椁的厚薄,
营造坟墓的大小、高低、厚薄的程度,符合贵贱等级。

冬季为归藏的时令,人死进入坟墓就是归入大地。十
月为冬季之首月,因此和丧祭有关的细节也在此月开始办
理。祭礼又是古代最重要的五礼之一。"茔",《吕氏春秋》
和《淮南子》皆作"营",即营造。

**是月也,命工师效功,陈祭器,按度程,毋或作
为淫巧以荡上心。必功致为上。物勒工名,以考
其诚。功有不当,必行其罪,以穷其情。**

这个月,命令工师报告工作成绩,陈列所制造的祭器,
考察其样式法度。不准制造奇技淫巧动摇君王的心志,必
以功夫细致为佳。制作的器物都刻着工匠的姓名,用以考
验实绩。如果器物制作不合格,一定要追究责任,彻查
原因。

"工师"是掌管百工的官员,古代对工匠要求很严格,据
纪录片《复活的军团》对考古专家的采访,战国时秦国的武
器制造精良,并建立了从丞相吕不韦到具体制造工匠的四

级管理制度,每一件兵器上都刻有从工匠到各级管理者的名字,这也是秦军在战场上所向披靡的原因之一。武器如此,其它器物的制造工艺也不会差。可见古代工匠是非常敬业的,考核也非常严格,不会有豆腐渣工程。

是月也,大饮烝。天子乃祈来年于天宗,大割祠于公社及门闾。腊先祖五祀,劳农以休息之。

这个月举行大饮礼、并用烝礼祭祀宗庙。天子向日月星辰祈求来年丰收,宰杀牲口祭祀后土神,以及城门和闾里神,并用田猎所得的猎物祭祀先祖和五祀诸神。慰劳农民,让他们休息。

"大饮"据郑玄说是一种失传的古礼,"十月场功毕,诸侯与群臣饮酒于太学,以正齿位,为之大饮,别至于他,其礼亡。""烝"是"冬祭宗庙"。"公社"据高诱说是指国社,即后土神。"腊"是"以田猎所得禽祭也"。"五祀"即祭祀户、灶、中霤、门、行五种神。五神见于春、夏、长夏、秋和冬时节。这段说到"祈来年",周历以十月为岁尾,可见此处又兼用周历。一篇《月令》出现了三种历法,可见《月令》综合了先秦各家学说。

天子乃命将帅讲武,习射御角力。

同时,天子命各路将帅讲习武功,操练射箭和驾车,并较量勇力。

此节记述天子在十月讲习武事，演练武功。中国是农业社会，但武备不可废，否则劳动成果难以保存，所以历来统治者都会重视这个问题。《左传》所谓"三时务农，一时讲武"是也。冬天农事已毕，统治者正好组织军民操练武功。苏东坡的策论《教战守策》就是主张整顿军备，教民习武，有备无患。可惜后代的统治者，往往奉行宁与友邦，不与家奴的思想，弱兵弱民，因此多个朝代亡于外族入侵。

是月也，乃命水虞渔师，收水泉池泽之赋。毋或敢侵削众庶兆民，以为天子取怨于下。其有若此者，行罪无赦。

这个月，要命令水虞和渔师收取水泉池泽的赋税，不允许官员侵害民众利益，这样会使民众归怨于天子，如有这样的官吏，就要论罪行罚不能赦免。

水虞、渔师是主管湖泊渔政的官吏，冬天水德当令，所以天子收取湖泊的税费。但也要防止下级官员借此中饱私囊。

孟冬行春令，则冻闭不密，地气上泄，民多流亡。行夏令，则国多暴风，方冬不寒，蛰虫复出。行秋令，则雪霜不时，小兵时起，土地侵削。

孟冬月如果施行春季的政令，则会造成冻闭不严密，地下的阳气向上发泄,人民多有流亡。如果施行夏令,则国内时时起风暴,形成暖冬,蛰虫又复出土。行秋令,则雪霜不按时节而降,并有小的战争发生,国土时被侵削。

这一段记述孟冬违背时令行政的危害。

(十一)

　　仲冬之月,日在斗,昏东壁中,旦轸中。其日壬癸。其帝颛顼,其神玄冥。其虫介。其音羽,律中黄锺。其数六。其味咸,其臭朽。其祀行,祭先肾。

　　仲冬十一月,太阳运行到斗宿位置,黄昏时壁星出现在南方天空正中,黎明时轸星出现在南方天空正中。这个月的日子以壬癸为主。主宰天帝为颛顼,佐神为玄冥。主要动物以龟甲类为主。音乐以羽音为主,候气律管与黄钟相应。数字为成数六。口味以咸为主,气味以朽为主。祭祀以行神为对象,祭品以肾为珍。

　　此段记述仲冬之月的天象特征和所主之神与物等,除天象和律管外,与孟冬相同。

　　冰益壮,地始坼。鹖旦不鸣,虎始交。

　　冰越来越厚,地面开始冻裂,鹖旦鸟不再鸣叫,老虎开始交配。

这几句记仲冬十一月的物候。鹖(hé)旦,鸟名。

天子居玄堂大庙,乘玄路,驾铁骊,载玄旗,衣黑衣,服玄玉。食黍与彘,其器闳以奄。

天子居住在明堂玄堂的正室,出行乘黑色的车,驾黑色的马,插黑旗,穿黑衣,佩黑玉,食物以黍和猪肉为主,用的器具腹大而口小。

这段记述仲冬之月天子所宜之居处、车马、衣服、食物、用具等,除居处变动外,与上月同。

饬死事。命有司曰:"土事毋作,慎毋发盖,毋发室屋,及起大众,以固而闭。"地气且泄,是谓发天地之房,诸蛰则死,民必疾疫,又随以丧。命之曰畅月。

敕令将士立下为国捐躯的志向。并命令主管官员说:"不可兴建动土的工程,不要揭开藏品的覆盖物,施工不要揭开房顶,也不可征发群众。这样做是为了封闭地气。"如果地气泄漏了,那就像打开了天地的房子,各种蛰虫皆会因泄漏阳气而死,人民也会遭受瘟疫而导致死亡,这个月就被命为"畅月"。

"饬死事"一句承接上个月而言。孟冬十月训练士卒,这个月则从仪式上确立士卒要有为国不惜牺牲的信念。因为冬季是守藏的季节，所以不能掀开各种遮蔽物，也不能掀开房顶，也不能发动群众做事。又因为冬天是阴气当令的节气，阴气发散了地下的阳气就会泄露，这就等于把天地这所大房子打开了。地底的暖气泄露了，那些冬眠的动物昆虫就会死掉，人间阴阳不调，就会发生瘟疫。"畅月"孔颖达释为"充"，认为这个月"当使万物充实而不发动"。高诱和孙希旦释为畅达，就是本该闭塞的时节现在变成畅达了，这样"畅月"就要从反面理解了，似乎不妥。

是月也，命奄尹，申宫令，审门闾，谨房室，必重闭。省妇事，毋得淫，虽有贵戚近习，毋有不禁。

这个月，命宫中的太监头目重申宫里的法令，稽查门闾和房室的封闭情形，一定要达到严密的程度。同时，减少妇女们的劳动，不要让她们从事奢华的工作，以保养阴气。即使是贵戚或者天子所庆幸的人，也需遵从禁令。

这一段还是强调封藏，以与月令相适应。"淫"：郑玄认为是"女功奢伪，怪好物也。"

乃命大酋，秫稻必齐，曲蘖必时，湛炽必洁，水泉必香，陶器必良，火齐必得，兼用六物。大酋监之，毋有差贷。天子命有司祈祀四海、大川、名源、渊泽、井泉。

命令酿酒的大酋，监督酿造的环节：第一，选择秫米一定要用同时成熟的;第二,麴蘖的制作要掌握好时间;第三,清洗烧煮一定要清洁;第四,使用的泉水一定要甘甜;第五,装贮的容器一定要精良;第六,酿造的火候一定要得当。这六项由大酋负责监察,不可有一点失误。然后天子命典礼官分别祭祀四海、大川、名源、渊泽以及井泉的神祇。

大酋是"酒官之长",周代称为"酒人"。"秫"(shú)或指粘高粱,元代吴澄以为是"黍、稷、粱之总名"。"齐"指同时成熟。"麴蘖"指酿酒用的发酵剂,"时"指把握制作时间。《诗经·豳风·七月》云:十月获稻,为此春酒,以介眉寿。"对照本篇,可理解为十月收割稻子,十一月酿酒。这里酒酿好后,就用来祭祀各种水神,因为冬天五行属水。

是月也,农有不收藏积聚者、马牛畜兽有放佚者,取之不诘。山林薮泽,有能取蔬食、田猎禽兽者,野虞教道之;其有相侵夺者,罪之不赦。

这个月,如果有不收藏积聚的谷物,有牛马牲畜放在外面而不入栏厩的,被人获取了,不加追究。山林薮泽中有可以收获的蔬菜果实,可以田猎的禽兽,可在主管山林田野的官吏指导下让民众收获猎取,但如果有人互相侵犯争夺,就要论罪不赦。

这一段告诫人民要做好收藏工作,如果不做好这项工作,货物被人拿走不予追究,可以说是一种惩罚。另外本月收藏工作已经完成,所以有余力者可以去山林挖野菜打猎等,但仍然需要管理,不能破坏生态。

是月也,日短至。阴阳争,诸生荡。君子齐戒,处必掩身。身欲宁,去声色,禁耆欲。安形性,事欲静,以待阴阳之所定。

这个月,白昼时间最短,正是阴阳互为消长的时节,生机开始萌动。君子要斋戒,居住一定要遮掩好身体。休养身体,摒除声色的娱乐,禁止一切嗜好欲望,稳定身心,不妄动作,直到阴阳变化稳定。

这个月节气进入冬至,其月卦是复(䷗),此月一阳来复,生气已经在地下萌动。冬至和夏至一样,都是阴阳消长的时期,人体容易阴阳不调,因此要清心寡欲和保护身体。

芸始生,荔挺出,蚯蚓结,麋角解,水泉动。日短至,则伐木,取竹箭。

这时节,芸草开始萌生,马薤草抽芽,蚯蚓曲首向下,麋角脱落,泉水流动。白天最短,这时可以伐木,取竹箭。

此段说明这个月的物候,以及可以进行伐木。孟子说:"斧斤以时入山林。"《礼记·王制》说:"草木零落,然后入山林。"可见古代强调伐木有时,春生夏长时不可伐木。

是月也,可以罢官之无事,去器之无用者。涂阙廷门闾,筑囹圄,此所以助天地之闭藏也。

这个月里,可以罢免无所事事的官吏,废弃无用的器物。涂塞好宫阙和门闾,修筑监狱,用以顺助天地封闭收藏的功能。

去除冗官,封闭门阙,做好安全工作,准备过冬。

仲冬行夏令,则其国乃旱,氛雾冥冥,雷乃发声。行秋令,则天时雨汁,瓜瓠不成,国有大兵。行春令,则蝗虫为败,水泉咸竭,民多疥疠。

如果仲冬施行夏季的政令,那么国内将有大旱,雾气蒙蒙,雷声震震。施行秋季的政令,就会雨雪交加,瓜瓠不得结实,国内有大战役发生。行春令,那么蝗虫毁坏庄稼,水泉枯涸,人民多患皮肤病。

这段是说明仲冬违反时令行政将造成的灾害。"瓜瓠"即葫芦。孔颖达说:"'天时雨汁',天灾也。'瓜瓠不成',地灾也。'国有大兵',人灾也。"

(十二)

季冬之月,日在婺女,昏娄中,旦氐中。其日壬癸。其帝颛顼,其神玄冥。其虫介。其音羽,律中大吕。其数六。其味咸,其臭朽。其祀行,祭先肾。

季冬十二月,太阳运行到婺女宿位置,黄昏时娄星出现在南方天空正中,黎明时氐星出现在南方天空正中。这个月的日子以壬癸为主。主宰天帝为颛顼，佐神为玄冥。当令的动物是以龟为首的甲壳类。声音以羽音为主，候气律管与大吕相应。数字为成数六。口味以咸为主，气味以朽为主。祭祀以行神为对象，祭品以肾为上。

这段记述季冬之月的天象和所主的神与物，除天象和律管外，其它与前面两个月相同。

雁北乡，鹊始巢。雉雊，鸡乳。

大雁开始往北飞，喜鹊开始筑巢，野鸡鸣叫，母鸡生蛋。

此段记述季冬之月的物候。

天子居玄堂右个。乘玄路，驾铁骊，载玄旗，衣黑衣，服玄玉。食黍与彘，其器闳以奄。

天子居住在明堂玄堂的右室，出行乘黑色的车，驾黑色的马，插黑旗，穿黑衣，佩黑玉，食物以黍子和猪肉为主。用的器物腹大而口小。

此段记述季冬之月天子所宜之居处，所用车马衣服器具等，与前两个月相同。

命有司大难，旁磔，出土牛，以送寒气。征鸟厉疾。乃毕山川之祀，及帝之大臣，天之神祇。

命官员举行大傩，在国门旁分割牲体，并且制作土牛来送寒气。

这个月的傩是攘除阴气。季冬之月阴气很盛，如果滞留不去，就会影响来年春气的生发。磔（zhé）：分裂牲畜肢体举行祭祀。牛为丑，正好和这个月的属性相同，土可以克水，季冬五行为水，但已到冬末，所以做土牛可能有迎春送寒的意思，春耕需要用牛，需提早让牛预热一下。这个月的傩叫大傩，孔颖达说，季春之傩为国家之傩，仲秋为天子之傩，而这个月的傩旁及庶人之故，称为大傩。故此傩也就是《论语》中的"乡人傩"。

此月鹰鸟变得凶猛而矫捷。于是总祭山川之神、天帝之大臣以及天地众神。

郑玄等认为"帝之大臣"指句芒、祝融等，"天之神祇"指司中、司命、风师、雨师等。孙希旦以为"帝之大臣"指"先帝之大臣，如百辟卿士之有益于民者也。"也即活着时有益于人民的诸侯地方官。

是月也，命渔师始渔，天子亲往，乃尝鱼，先荐寝庙。

这个月，命掌管渔业的官员开始打鱼，天子亲自前往视察，并在尝鱼之前，先供献于宗庙。

天子亲往是表明对渔业的重视。"先荐寝庙"表达对祖先的敬重，因为鱼不是经常用来作为祭品的。

冰方盛，水泽腹坚。命取冰，冰以入。令告民，出五种。命农计耦耕事，修耒耜，具田器。命

乐师大合吹而罢。乃命四监收秩薪柴，以共郊庙及百祀之薪燎。

　　这个月冰冻得最厚实，河湖皆凝结了很厚的冰，天子命令取冰，藏在窖中。同时又命令农官布告人民，挑出五谷的种子，计划耦耕之事，修缮耒耜，备办耕田的用具。命令乐师集合各种乐器举行一次大演奏。

　　十二月天寒地冻，水面结冰，因此要取冰储存，待至仲春之月，献羔开冰，用以保鲜食物。《诗经·豳风·七月》说："二之日凿冰冲冲，三之日纳于凌阴。"反映的就是古代取冰藏冰的情况。"二之日"即十二月。"耦耕"是古代的一种耕作方法，两人各执一耜并肩而耕，"耒耜"为农具。关于"大合吹"，孙希旦说："季秋习吹，，至此则合而作之，以观国子学吹之成也。"

　　又命令监管山林川泽的官，征收薪柴，以供给祭天、祭祖以及各种祭祀所用的薪燎。

　　"四监"郑玄以为是"主山林川泽之官"，高诱以为是"监四郡之大夫"。"薪燎"即祭天、宗庙等用的薪柴。郑玄说："薪施炊爨，柴以给燎。"古代祭天要燔柴（燎），《尔雅·释天》邢昺疏云："祭天之礼，积柴以实牲体、玉帛而燔之，使烟气之臭上达于天，因名'祭天曰燔柴'也。"

　　是月也，日穷于次，月穷于纪，星回于天。数将几终，岁且更始。专而农民，毋有所使。天子乃与公、卿、大夫，共饬国典，论时令，以待来岁之宜。

到了这个月,太阳已经走完了十二次,月亮又运行到去年与太阳交会的位置,星辰在天上也绕了一圈回到原来的位置。一年的日子即将告终,然后就是新年的开始。要让农民专心休养,不派他们劳役。这时,天子和公卿大夫整饬国家的法典,讨论四时的政纲,使之能适合来年的运用。

"日穷于次"的"次"指十二次,古人为了说明日月五星的运行和节气的转化,把黄道附近的一周天按照由西向东的方向分为星纪、玄枵等十二个等分,叫做十二次。[①] "月穷于纪"的"纪"意为相会,在季冬之月,太阳月亮重新回到玄枵的位置,与去年相同。

乃命太史次诸侯之列,赋之牺牲,以共皇天、上帝、社稷之飨。乃命同姓之邦,共寝庙之刍豢。命宰历卿大夫至于庶民土田之数,而赋牺牲,以共山林名川之祀。凡在天下九州之民者,无不咸献其力,以共皇天、上帝、社稷、寝庙、山林、名川之祀。

于是命令太史区别诸侯的大小,使其如数献上牺牲,以供给皇天上帝和社稷之祭。并命令同姓之国,供给祭祀宗庙所用的牺牲。又命令小宰排列卿大夫的禄田以及百姓土田多寡之数,分配其供给祭祀山林、名川所用的牺牲。总之,在一年中祭祀皇天上帝、社稷宗庙以及山林名川所用的物品,天下九州之人都需竭力奉献。

---

① 十二纪的顺序是星纪、玄枵、诹訾、降娄、大梁、实沈、鹑首、鹑火、鹑尾、寿星、大火、析木。参见图一、图六。

这段文字中的"刍豢"即是牺牲,从这里可见从官员到百姓都要为祭神做贡献,可见在古中国对祭礼的重视。

季冬行秋令,则白露早降,介虫为妖,四鄙入保。行春令,则胎夭多伤,国多固疾,命之曰逆。行夏令,则水潦败国,时雪不降,冰冻消释。

在季冬十二月施行秋季的政令,就会使白露提前降落,各种甲壳动物即将兴妖作怪,四境民众都躲入城堡。施行春季的政令,就会使怀孕母兽和小兽多有夭折伤亡,国民多患难愈的疾病,这就叫做"逆"。施行夏季的政令,就会使水涝毁坏国家,降雪不及时,冰冻消解融化。

这是描述季冬违背时令行政的危害。

根据《月令》篇描写的天象特征,对照十二次、二十四节气和北斗星的斗柄指向,可编制出下图:

四季　十二次　十二月　二十八宿表

季节	北斗七星斗柄指向	太阳于十二次中的位置	二十四节气	太阳于二十八星宿中的位置	夏历(农历)月份	出现在南方中天的星宿
春季	东	娵訾	立春、雨水	室、壁	一月	初昏:参宿 拂晓:尾宿
		降娄	惊蛰、春分	奎、娄	二月	初昏:弧星宿 拂晓:建星宿
		大梁	清明、谷雨	胃、昴、毕	三月	初昏:星宿 拂晓:牛宿

（续表）

季节	北斗七星斗柄指向	太阳于十二次中的位置	二十四节气	太阳于二十八星宿中的位置	夏历（农历）月份	出现在南方中天的星宿
夏季	南	实沈	立夏、小满	觜、参	四月	初昏：翼宿 拂晓：女宿
		鹑首	芒种、夏至	井、鬼	五月	初昏：亢宿 拂晓：危宿
		鹑火	小暑、大暑	柳、星、张	六月	初昏：心宿 拂晓：奎宿
秋季	西	鹑尾	立秋、处暑	翼、轸	七月	初昏：斗宿 拂晓：毕宿
		寿星	白露、秋分	角、亢	八月	初昏：角宿 拂晓：觜宿
		大火	寒露、霜降	氐、房、心	九月	初昏：虚宿 拂晓：柳宿
冬季	北	析木	立冬、小雪	尾、箕	十月	初昏：尾宿 拂晓：星宿
		星纪	大雪、冬至	斗、牛	十一月	初昏：壁宿 拂晓：轸宿
		玄枵	小寒、大寒	女、虚、危	十二月	初昏：娄宿 拂晓：氐宿

（图六）

　　《月令》大致反映了战国末年或秦汉之际对阴阳五行和时空现象的认识，以及以此进行礼乐行政的思想。这些思想对中国文化形成了很大的影响，但我们也应该看到，《月令》的这种与阴阳时空结合的礼乐行政思想相当教条,这和《周易》所提倡的"为道也屡迁,变动不居,周流六虚,上下无常,刚柔相易,不可为典要,唯变所适。"的时中思想有冲突,因此历史上除了王莽这种二货外,很少有统治者会照章办理,但是作为理解天人合一和阴阳五行思想的参考,则是很有价值的。

参考文献:

李学勤主编《十三经注疏・礼记正义》,北京大学出版社,2000年版。

【汉】高诱注 清毕沅校《吕氏春秋》,上海古籍出版社,2014年版。

【清】孙希旦《礼记集解》,中华书局,1989年版。

【清】苏舆《春秋繁露义证》,中华书局,1992年版。

【清】王聘珍《大戴礼记解诂》,中华书局,1983年版。

杨天宇《礼记译注》,上海古籍出版社,1997年版。

张萌 胡平生《礼记》,中华书局,2017年版。

廖名春 陈兴安《吕氏春秋全译》,巴蜀书社,2004年版。

王力《中国古代文化常识》,江苏教育出版社,2005年版。

黄意明 孙伯翰《与时偕行:中国传统节俗文化的现代转化》,上海文化出版社,2020年版。

杨振宁《美与物理学》,戴吾三 刘兵编《艺术与科学读本》,上海交通大学出版社,2008年版,第126页。

后　记

本人自 1987 年大学毕业进入上海戏剧学院工作,主要是在人文社科部从事本科生的文化通识教育,也在学校研究生部和戏剧文学系指导硕士和博士研究生开展艺术学理论和民俗方面的研究工作。

上海戏剧学院的研究生,较多毕业于不同艺术院校,所学专业也各异,传统文化经典的知识较为欠缺,而本科生的知识体系则基本来自于应试教育。我本人以为,作为艺术生,光学习技术是不够的,所以上世纪九十年代开始在学校开设一些传统文化的选修课。大约在十多年前,当时的戏剧文学系主任陆军教授和汤逸佩教授邀请我给戏剧文学系本科生讲授《中国哲学史》课程,他们认为搞创作光有专业知识是不够的,必须提高文化水准,后来在戏文系历任领导支持下,这门课一直开设至今。同时我又应戏文系和研究生部之要求为研究生开设了《中国古代文化名著导读》课程,近几年又开设了《中国文化艺术精神》课程。由于本人讲课较注重理论联系实际,常常针对一些现实困境而发挥,以至于其他院系的研究生和外校的蹭课者也有闻风而来者。这些课程的开设,对这部著作的形成起到了推动作用。

另外，这本书中的部分内容，我也在其他高校和一些国学院讲过，其中值得一提的是上海的紫轩书院，该书院的创办人是毕业于新加坡南洋理工大学哲学系的穆晓峰博士，他受过系统的现代学术训练，因此办学理念和课程设计都相当专业。他聘请我为书院学术顾问，和我同时上课的有复旦大学和上海外国语大学的一些知名教授。因为这个书院，我也有了一个将经典运用于具体实践的机会。这个学校的学生年龄从70后到90后都有，大部分都有硕士文凭，也是各行业的成功人士，他们学习国学完全是出于兴趣。给他们上课，随时要准备回答各种现实问题，虽然讲的是古代的学问，却面临今天如何运用的情况，而这也正是我平时非常在意的问题。

这部著作的出版，得到了上海戏剧学院学术委员会评审专家和科研处的支持，也得到了上海三联书店黄韬总编以及嘉定区委宣传部石中军部长等人的帮助，在此一并表示感谢。

黄意明

2023.1.30

图书在版编目（CIP）数据

先秦儒道名篇精义阐微/黄意明著.

－－上海：上海三联书店，2023.6

ISBN 978－7－5426－8118－8

Ⅰ.①先…　Ⅱ.①黄…　Ⅲ.①儒家—研究—先秦时代
②道家—研究—先秦时代　Ⅳ.①B220.4

中国国家版本馆 CIP 数据核字（2023）第 089927 号

先秦儒道名篇精义阐微

著　　者　黄意明

责任编辑　钱震华

装帧设计　陈益平

出版发行　上海三联书店

　　　　　中国上海市漕溪北路 331 号

印　　刷　上海晨熙印刷有限公司

版　　次　2023 年 7 月第 1 版

印　　次　2023 年 7 月第 1 次印刷

开　　本　700×1000　1/16

字　　数　220 千字

印　　张　21

书　　号　ISBN 978－7－5426－8118－8/B·846

定　　价　88.00 元